Raimund Christian Behnes
Der Trust im chinesischen Recht

Schriften zum chinesischen Recht

SZCHR - Band 3

Schriften zum chinesischen Recht

Herausgegeben von

Professor Dr. Uwe Blaurock, Freiburg
Professor Dr. Ulrich Manthe, Passau
Dr. Knut Benjamin Pißler, Hamburg
Professor Dr. Christiane Wendehorst, Wien

im Auftrag der

Deutsch-Chinesischen Juristenvereinigung e.V.
(DCJV)

SZCHR – Band 3

W DE G RECHT

De Gruyter Recht · Berlin

Der Trust im chinesischen Recht

Eine Darstellung des chinesischen Trustgesetzes von 2001 vor dem Hintergrund des englischen Trustrechts und des Rechts der fiduziarischen Treuhand in Deutschland

Von

Raimund Christian Behnes

W DE G RECHT

De Gruyter Recht · Berlin

Dr. iur. *Raimund Christian Behnes*, Hamburg

∞ Gedruckt auf säurefreiem Papier,
das die US-ANSI-Norm über Haltbarkeit erfüllt.

ISBN 978-3-89949-636-9

Bibliografische Information der Deutschen Nationalbibliothek

Die Deutsche Nationalbibliothek verzeichnet diese Publikation in der Deutschen Nationalbibliografie; detaillierte bibliografische Daten sind im Internet über http://dnb.d-nb.de abrufbar.

Printed in Germany
Umschlaggestaltung: Christopher Schneider, Laufen
Datenkonvertierung/Satz: jürgen ullrich typosatz, Nördlingen
Druck und Bindung: Hubert & Co., Göttingen

Vorwort

Die nachfolgende Abhandlung lag dem Fachbereich Rechtswissenschaft der Georg-August-Universität zu Göttingen im Sommersemester 2007 als Dissertation vor. Meiner Doktormutter Frau Prof. Dr. Wendehorst möchte ich für die sehr gute und stets hilfreiche Betreuung und die zügige Erstellung des Erstgutachtens herzlich danken. Bedanken möchte ich mich auch bei Herrn Prof. Dr. Jürgen Costede für die Erstellung des Zweitgutachtens.

Mein besonderer Dank gilt der Deutsch-Chinesischen Juristenvereinigung e.V. (DCJV), die einen großzügigen Zuschuss zu den Kosten der Drucklegung dieser Arbeit gewährt hat.

Hamburg, im Juli 2009 Raimund Behnes

Inhaltsverzeichnis

Einführung

A. Gegenstand der Untersuchung

Im internationalen, insbesondere angloamerikanischen Rechts- und Wirtschaftsleben ist der Trust ein häufig anzutreffendes Instrument der Vermögensverwaltung. Kapitalanlage, Vermögens- und Nachfolgeplanung, Altersvorsorge oder die Erfüllung von wohltätigen Zwecken sind typische Bereiche, in denen auf das Rechtsinstitut des Trust zurückgegriffen wird. Grob skizziert kennzeichnet den Trust das Anvertrauen eines Vermögensgegenstandes durch einen Treugeber auf einen Treuhänder, der diesen Gegenstand zugunsten eines Dritten oder des Treugebers verwaltet. Ursprünglich entstanden im *Common Law*-System des mittelalterlichen England, hat der Trust nicht nur in England und anderen *Common Law*-Rechtsordnungen weite Verbreitung gefunden. Auch einige kontinentaleuropäisch geprägte Rechtssysteme wie die Liechtenstein, Schottland, Japan und Südkorea haben den Trust durch Gesetze in ihre Rechtsordnungen übernommen.

Die vorläufig letzte Kodifikation des Trust in einer *Civil Law*-Jurisdiktion hat die V.R. China im Jahre 2001 vorgenommen[1] und damit im Zuge der Modernisierung ihrer Rechts- und Finanzordnung die eigenwilligste und repräsentativste Schöpfung des *Common Law* inkorporiert. Ziel der Einführung des Trust war anfänglich vor allem, die bestehenden Trustaktivitäten sowie Trust- und Investmentgesellschaften zu regulieren.[2] Weiter war beabsichtigt, das allgemeine Trustrecht zu regeln und damit eine rechtliche Grundlage für speziellere Trustformen und insbesondere für das später verabschiedete Investmentfondsgesetz zu schaffen.[3] Historisch reichen die chinesischen Erfahrungen mit Trusts bis in die 20er Jahre des 20. Jahrhunderts zurück, in denen Banken und Trustgesellschaften unter der Verwendung der Bezeichnung „Trust“ Dienstleistungen anboten – die allerdings überwiegend typische Bank- und Wertpapiergeschäfte waren – und es schließlich nach einem Boom zur so genannten „Trust- und Börsenkrise“ kam. Während es in der Zeit nach der Gründung der V.R. China im Jahr 1949 aufgrund gewandelter politischen Vorzeichen zum Erliegen des Trustmarktes kam, ist seit der Öffnung Chinas im Jahr 1979 ein sprunghafter Anstieg der Zahl der Trust- und Investmentgesellschaften und eine rasante Ausweitung von Trustaktivitäten zu ver-

---

1 中国人民共和国信托法 v. 1. 10. 2001 in der Fassung vom 28. 4. 2001, deutsche Übersetzung in: Newsletter der Deutsch-Chinesischen Juristenvereinigung (nunmehr ZChinR), Heft 2/2001, S. 71 (www.zchinr.de).

2 *Grundmann*, Treuhandgesetz, S. 166; *Ho*, S. 3.

3 *Grundmann*, Treuhandgesetz, S. 166.

zeichnen. Seitdem ist seitens der chinesischen Regierung in mehreren Anläufen versucht worden, einen regulatorischen Rahmen für Trustgesellschaften und den Trustsektor zu schaffen. Erst das Trustgesetz von 2001 hat insoweit einen Schlusspunkt gesetzt, sich dabei aber entgegen der ursprünglichen Zielsetzung darauf beschränkt, nur den Trust als Rechtsfigur zu regeln.[4] Die Regulierung der Trustindustrie und insbesondere der Trustgesellschaften wurde hingegen im TrustG ausgeklammert.[5]

Die Einführung des Trust in ein kontinentaleuropäisch geprägtes Rechtssystem ist juristisch von Interesse, weil diese Rechtsfigur eng mit der Entwicklung des *Common Law* verzahnt ist und sich daher in einem *Civil Law*-System zunächst einmal als ein Fremdkörper ausnimmt. Der Trust entstand aufgrund des Zusammenspiels zweier Gerichtszweige im mittelalterlichen England und wurde durch die englische Rechtsprechung bis in die heutige Zeit weiterentwickelt. Die für das englische Rechtssystem eigentümliche Unterscheidung zwischen *Common Law* und *Equity* führte zu den markanten Besonderheiten dieser Rechtsfigur.[6] Das Zivilrecht der V.R. China ist demgegenüber von kontinentaleuropäischen Rechtsordnungen geprägt.[7] Das Recht des kaiserlichen Chinas wies bis Anfang des 20. Jahrhunderts vorwiegend nur strafrechtliche Vorschriften auf.[8] Erst mit den Reformbestrebungen unter der späten Qing-Regierung wurde mit der Übernahme ausländischen Zivilrechts begonnen. Die Entwürfe eines chinesischen Zivilgesetzbuches, die gegen Ende der Qing-Dynastie und während der republikanischen Zeit entstanden, waren maßgeblich durch die Begriffe und Systematik des deutschen BGB, aber auch durch das schweizerische Obligationenrecht und das japanische Zivilgesetzbuch beeinflusst. Während nach der Gründung der V.R. China sich das Rezeptionsinteresse zunächst auf die Sowjetunion und die sozialistischen Staaten Osteuropas verlagerte, ist seit Ende der 1980er Jahr nunmehr eine Tendenz zu einer „pluralistischen" Rezeption erkennbar, die sich sowohl kontinentaleuropäischen als auch angloamerikanischen Rechts bedient.[9] Die von der Zivilgesetzgebung verwendeten Begriffe, die Systematik und Prinzipien wie auch das in der juristischen Ausbildung verwendete Lehrmaterial und die Anwendung der Subsumtionsmethode zeugen aber nach wie vor von dem großen Einfluss des kontinentalen Zivilrechts, insbesondere des deutschen BGB.[10]

---

4 Vgl. § 1, 4 TrustG.

5 Das Organisationsrecht der Trustgesellschaften ist nicht Gegenstand dieser Arbeit. Das TrustG ermächtigt den Staatsrat in § 4 TrustG, spezielle Vorschriften zur Organisation und Verwaltung von Trustinstituten zu erlassen, die dieser zuletzt durch die Vorschriften zur Verwaltung von Trustgesellschaften (信托公司管理办法) vom 23. 1. 2007 genutzt hat.

6 Vgl. zur Geschichte von *Equity* und Trusts etwa *Hanbury/Martin*, S. 5 ff. sowie unten S. 8.

7 Siehe zur Rezeptionsgeschichte *Liang*, S. 68 ff.

8 *Liang*, S. 68.

9 Vgl. für das Zivilrecht *Liang*, S. 76. Das Vertragsgesetz von 1999 weist beispielsweise Regelungen aus den verschiedenen Rechtskreisen auf; der grundlegende Einfluss des Begriffssystems des deutschen BGB ist aber weiter noch erkennbar, vgl. *Liang*, a.a.O.

10 *Shao*, S. 132, 133.

Das neue chinesische Trustrecht[11] wird von chinesischen Kommentatoren ganz überwiegend in der Tradition des angloamerikanischen Trust stehend gesehen.[12] Gleichwohl ist das Trustrecht in das chinesische Zivilrecht eingebunden und durch dessen Grundsätze maßgeblich beeinflusst worden. Der Einfluss des chinesischen Zivilrechts offenbart sich insbesondere anhand des Problems der dinglichen Rechtszuständigkeit am Trustvermögen, das der chinesische Gesetzgeber wegen der aus dem kontinentalen Recht herrührenden Sachenrechtsprinzipien nicht durch eine einfache Übernahme des angelsächsischen Vermögensrechts hat lösen können. Die chinesische Rezeption ist auch durch die Nachbarstaaten Japan, Südkorea und Taiwan beeinflusst worden, deren Zivilrecht ebenfalls in der kontinentaleuropäischen Tradition steht und die bereits über spezielle Trustgesetze und damit Anschauungsmaterial für die chinesische Rezeption verfügten. Gerade im Hinblick auf den oft zitierten Ausspruchs *Maitlands*, der vom Trust sagte, er sei *„the greatest and most distinctive achievement performed by Englishmen in the field of jurisprudence“*[13], soll es Aufgabe dieser Arbeit sein zu untersuchen, in welcher Gestalt und mit welchen Modifikationen die traditionsreiche Rechtsfigur des Trust nunmehr im chinesischen Recht fortlebt.

---

11 Unter deutschen Autoren wird 信托 (xintuo) zumeist mit Treuhand übersetzt, vgl. beispielsweise *Grundmann*, Treuhandgesetz, S. 166 ff.

12 Vgl. nur die Einleitung des nach Erlass des Trustgesetzes erschienenen Kommentars der mit dem Gesetzesentwurf befassten *Arbeitsgruppe*, S. 1. Ferner *Jiang Ping*, S. 7 und *Guo Dexiang*, Finanztrust, S. 158.

13 *Maitland*, S. 23.

B. Ziel und Gang der Darstellung

Ziel der Arbeit ist damit die Untersuchung des geltenden Trustgesetzes der V.R. China. Diese erfolgt wegen des seitens chinesischer Wissenschaft überwiegend angenommenen Rezeptionsursprungs in erster Linie vor dem Hintergrund der Regelungen zum angelsächsischen Trust. Für den Zweck der Gegenüberstellung der angelsächsischen Trust- und kontinentaleuropäischen Treuhandordnungen ist eine Darstellung des englischen Trustrechts insoweit hinreichend. Darüber hinaus wird die fiduziarische Verwaltungstreuhand des deutschen Rechts ergänzend als Grundlage der Untersuchung herangezogen, um die Darstellung der durch das chinesische Recht gewählten Regelungsansätze um eine kontinentaleuropäische Perspektive zu erweitern. Die Beschreibung dieser beiden Treuhandordnungen soll Kern und Ausgestaltung eines universalen Treuhandgedankens erkennbar machen, der im weitesten Sinne als das Innehaben von Rechtsmacht in fremdem Interesse bezeichnet werden kann.[14] Für die Einordnung der chinesischen Treuhandlösung ist eine umfassende Aufbereitung dieser beiden Rechtsfiguren insoweit nicht erforderlich; hierzu existieren bereits zahlreiche Werke.[15] An dieser Stelle genügt vielmehr eine Einführung in die Grundzüge des Trust bzw. der Verwaltungstreuhand, um die Grundlagen für die Beschreibung und Beurteilung des chinesischen Rechts zu schaffen. Im Mittelpunkt der Arbeit steht daher die chinesische Lösung der mit der treuhänderischen Einräumung von Rechtsmacht auftretenden Sachfragen und Interessenkonflikte. Besonderes Augenmerk wird der Rezeption des angelsächsischen Vermögensrechts zu widmen sein, bei der der chinesische Gesetzgeber aufgrund dogmatisch und kulturell begründeter Motive zu einer ungewöhnlichen Konzeption gelangt ist.

Ausgangspunkt der Arbeit ist im ersten Kapitel zunächst eine kursorische Einführung in die Geschichte und die Darstellung der grundlegenden Strukturen des englischen Trust. Anhand der Geschichte des Trust soll nicht zuletzt verdeutlicht werden, welchen Weg diese Rechtsfigur vom mittelalterlichen England in das moderne China zurückgelegt hat. Im Anschluss werden die einzelnen Merkmale des Trust zu erörtern sein. Die Darstellung des englischen Trustrechts schließt in der Zusammenfassung mit einer Analyse der Kerneigenschaft des Trust. Im zweiten Kapitel sind dann die Regelungen und allgemeinen Merkmale der Verwaltungstreuhand des deutschen Rechts vorzustellen. Mit Blick auf das später darzustellende chinesische Trustrecht wird das deutsche Treuhandrecht dann mit dem englischen Trustrecht zu vergleichen sein. Beide Kapitel behandeln einige sich aus der Natur einer Treuhandregelung ergebende Fragen, wie die Art der Entstehung des Treuhandrechtsverhältnisses, der Umfang der dem Treuhänder eingeräumten Rechte und Pflichten, der Schutz des Treuguts in Insolvenz, vor dem Zugriff von

14 Vgl. *Coing*, S. 1. Die Arbeit beschränkt sich aus diesem Grund auf den Trust in seiner Verwaltungsfunktion bzw. die Verwaltungstreuhand.

15 Vgl. für den Trust beispielsweise die Werke von *Kötz, Bösch, Pluskat, Wolff* und *Seiler*. Zum Recht der Treuhand die Habilitation von *Bitter*.

Gläubigern und bei rechtswidrigen Verfügungen, und den Umfang der Berechtigung des Begünstigten am Treugut.

Es folgt im dritten Kapitel die Darstellung des chinesischen Trustrechts, für die ganz überwiegend die Kommentarliteratur der chinesischen Wissenschaft ausgewertet wurde. Wohl wegen der Neuheit des Trustrechts ist insoweit bei einigen Autoren die Neigung zu beobachten, weniger die Regelungen des 2001 in Kraft getretenen TrustG aufzuarbeiten als vielmehr das ausländische Recht, und hier ganz überwiegend das angelsächsische Trustrecht, zu beschreiben, ohne aber die gefundenen Ergebnisse mit dem geltenden TrustG in Beziehung zu setzen. Dabei ist auch zu beobachten, dass sich die Kommentarliteratur häufig um kaum mehr als eine allgemeine Umschreibung der gesetzlichen Norm bemüht. Die chinesische Trustdogmatik erscheint daher insgesamt zum gegenwärtigen Zeitpunkt noch als wenig entwickelt. Handgreiflich wird dies im Haftungsrecht, über das Aussagen, die über den Inhalt des Gesetzestexts hinausgehen, kaum getroffen werden können.

Die Behandlung des chinesischen Trustrechts beginnt mit der Darstellung der Geschichte des chinesischen Zivilrechts, da dieses den Hintergrund der Rezeption des angelsächsischen Trust bildet. Gerade im Hinblick auf das für die Rezeption des Trust bedeutsame sachenrechtliche Unteilbarkeitsprinzip wird sich die Prägung des chinesischen Zivilrechts durch die kontinentalen Rechtsordnungen zeigen. Es folgt die Geschichte des chinesischen Trustsektors bis zum Erlass des Trustgesetzes im Jahr 2001, die Motive für den Erlass des TrustG aufzeigt. Bevor die Rechte und Pflichten der einzelnen Beteiligten und die Eigenschaften des Trustvermögens in den übrigen Abschnitten dargestellt werden, ist in einem Mittelteil auf einige Besonderheiten des chinesischen Trustrechts einzugehen, in dem die Rezeption des angelsächsischen Vermögensrechts und einige der zentralen Erwägungen des chinesischen Gesetzgebers darzustellen sein werden.

Erstes Kapitel
Der Trust im englischen Recht

Das englische Recht ist Teil des angloamerikanischen Rechtskreises, dessen Recht in Abgrenzung zum *Civil Law* der kontinentalen Rechtsordnungen auch als *Common Law* bezeichnet wird.[16] In einem engeren Sinne bezeichnet der Begriff des *Common Law* daneben das von den königlichen Gerichten Englands geschaffene Recht, das vom Gesetzesrecht und dem in der folgenden Darstellung im Mittelpunkt stehende *Equity*-Recht zu unterscheiden ist. Der Trust gilt gemeinhin als eine der bedeutendsten Schöpfungen des *Common Law* (im weiteren Sinne),[17] ist er doch das exemplarische Ergebnis des Zusammenspiels von *Common Law* (im engeren Sinne) und *Equity*. Es ist daher unerlässlich, die Geschichte dieser Entwicklung nachfolgend kurz darzustellen.

---

16 *Zweigert/Kötz*, S. 185.
17 Vgl. nur *Zweigert/Kötz*, S. 185.

A. Geschichte

Die Entstehung des Trust verdankt sich der dem englischen Rechtssystem eigentümlichen Unterscheidung zweier Normgebiete, dem *Common Law* und *Equity.*[18] Die Rechtsprinzipien des *Equity* entstanden im mittelalterlichen England als Ergänzung zu den Regeln des von den königlichen Gerichten geschaffenen *Common Law*. Ursächlich für diese aus kontinentaleuropäischer Sicht ungewöhnliche und bis heute bestehende Zweiteilung des materiellen Rechts war vor allem, dass das *Common Law* dem Kläger in bestimmten Fällen keinen Rechtsbehelf zur Durchsetzung seiner Rechte bot. Die strenge Formalisierung des Klagewesens[19] und prozessrechtliche Beschränkungen, wie z.B. im Beweisrecht[20], führten dazu, dass trotz Bestehen eines materiellen Anspruchs die Gerichte häufig aus rein formellen Gründen nicht tätig wurden oder ihre Anrufung aus prozessrechtlichen Erwägungen nicht zweckdienlich war.[21] Personen, die ihre Rechte trotzdem durchsetzen wollten, wendeten sich daher mittels einer formlosen Petition unmittelbar an den König, die an den *Chancellor* zur Entscheidung weitergeleitet wurde. Der *Chancellor* übte dann als Vertreter des Königs dessen Rechtsprechungskompetenz aus und konnte auf diese Weise bei etwaigen Ungerechtigkeiten Abhilfe schaffen.[22] Rechtsgrundlage seiner Entscheidungen war aber nicht das *Common Law*, über das allein die königlichen Gerichte befinden konnten. Das Verhalten des Beklagten wurde vielmehr anhand des aus Billigkeitserwägungen hergeleiteten Begriffs des guten Gewissens (*good conscience*) [23] beurteilt und unbillige Verhaltensweisen sodann als „gewissenlos" beanstandet.[24] Aus der Befassung mit den Petitionen entstand im Laufe der Jahre eine eigene Zuständigkeit des *Chancellor* und führte schließlich zur Schaffung eines *Court of Chancery*. Aus seinen Urteilen, die zunächst nur Einzelfallentscheidungen waren, entwickelte der *Court of Chancery* über die Jahrhunderte vielfältige Maximen, die immer weiter verfeinert und systematisiert wurden. Es entstand so in einem zweiten Gerichtszweig der das *Common Law* flankierende Rechtsbereich des *Equity*. *Equity* wurde dadurch Teil des materiellen Rechts und ist gekennzeichnet durch seinen Ursprung in der Rechtsprechung des mittlerweile aufgegebenen *Court of Chancery*.[25] Seiner Funktion nach stellt *Equity* demnach ein ethisches Korrektiv für Situationen dar, in denen das *Common Law* eine als unbillig empfundene, gewissenlose Handlung unbeanstandet lässt.[26]

---

18 „*Equity*" kann übersetzt werden mit „Fairness", „Gerechtigkeit" oder „Billigkeit". Zur Geschichte siehe beispielsweise die Einführungen in das Recht des Trust bei *Edwards/Stockwell*, S.1 ff.; *Hanbury/Martin*, S.5 ff. sowie die Arbeit von *Wolff*, S.13 ff.

19 Vgl. *Wolff*, S. 27 f.

20 Siehe dazu *Wolff*, S. 28 ff.

21 Siehe ausführlich *Wolff*, S. 27 ff.

22 *Hudson*, S. 10; *Wolff*, S. 33 f.

23 Um dessen Rechtsnatur besteht ein jahrhunderte langer Streit. Vgl. *Thomas/Hudson*, S. 13 (1.01).

24 Ausführlich zum Begriff des Gewissens *Wolff*, S. 37 ff.

25 *Zweigert/Kötz*, S. 185.

26 Vgl. *Hudson*, S. 11.

Im Zusammenspiel von *Common Law* und *Equity* entstand der Trust aus der Rechtsfigur des *use*. Der *use* wurde im mittelalterlichen England verwendet, um beispielsweise die Rechte an einem Grundstück auf einen Verwalter zu übertragen, der dieses unter der Prämisse erhielt, es zugunsten der Familie des für längere Zeit abwesenden Eigentümers[27] zu verwalten.[28] Hielt sich der Verwalter nicht an die Absprache, so bestand nach den prozessualen Regeln des *Common Law* für die Familie keine Möglichkeit, eine ordnungsgemäße Verwaltung oder Nutzungsrechte am Grundstück einzuklagen, da das *Common Law* Rechte der Familie nicht anerkannte. Inhaber der Rechte am Grundstück war nach dieser streng formellen Sicht allein der Verwalter. Dieser rigide Standpunkt des *Common Law* wurde gemildert durch die Rechtssprechung des *Chancellor*, der dem Verwalter die ordnungsgemäße Erfüllung der versprochenen Verwaltungspflichten zu Gunsten des Dritten auferlegte.[29] Grundlage war auch hier das Gewissen des Verwalters, der sich bösgläubig und ungewissenhaft verhielt, wenn er die ihm übergebene Sache entgegen seines Wissens um den Verwendungszweck für sich gebrauchte.[30] Diese den Begünstigten[31] schützende Rechtssprechung differenzierte sich über die Jahrhunderte weiter aus und stellte ihm neben persönlichen Rechten gegen den Verwalter insbesondere auch Rechte zur Seite, die seine Rechtsposition gegenüber Dritten schützte.[32] Als Ergebnis dieser Fortentwicklung erkannte *Equity* schließlich eine nahezu umfassende Rechtsposition des Begünstigten an, die lediglich gegenüber einem gutgläubigen, entgeltlich erwerbenden Dritten nachrangig ist.[33] Die umfassende Anerkennung der Rechte des Begünstigten schaffte die Grundlage für die charakteristische Unterscheidung von *legal ownership* und *equitable ownership* an ein und demselben Vermögensgegenstand im (späteren) Trust.

Der *use* bot mit der Anerkennung der Rechte durch *Equity* nun die Möglichkeit, zwischen formellem Eigentümer und materiell Begünstigtem zu trennen und wurde daher häufig zur Vermeidung von feudalen Pflichten und Abgaben eingesetzt.[34] Starb beispielsweise der Lehnsmann und hinterließ einen minderjährigen Erben, so hatte der Lehnsherr für die Zeit der Minderjährigkeit das Recht Abgaben zu verlangen. Um diesen zu entgehen, konnte der Lehnsmann sein Lehen mittels eines *use* auf einen volljährigen Dritten übertragen, der dieses dann zugunsten des Minderjährigen verwaltete. Den mit solchen Umgehungen verbundenen Einbruch staatlicher Einnahmen versuchte Henry VIII. durch das *Statute of Uses* (1535) zu begegnen, indem für den Fall der Verwendung eines *use* der Begünstigte als der for-

---

27 Als Beispiel für die Abwesenheit wird zumeist die Teilnahme an den Kreuzzügen angegeben. Siehe beispielsweise *Kötz*, S. 14.
28 Der Begriff *use* leitet sich daraus ab, dass dem Verwalter das Grundstück „*to the use of*" übertragen wurde.
29 *Edwards/Stockwell*, S. 6.
30 *Wolff*, S. 47f. Rechtsgrundlage ist, das soll schon hier herausgestellt werden, damit nicht ein abgegebenes Versprechen des Verwalters. Siehe dazu noch unten S. 14.
31 Der Begünstigte wird, entsprechend seiner damaligen Bezeichnung, heute noch häufig „*cestui que use*" genannt.
32 Vgl. *Thomas/Hudson*, S. 174 (7.02).
33 Siehe dazu noch unten S. 36.
34 *Edwards/Stockwell*, S. 6.

melle Eigentümer betrachtet und dieser damit abgabenpflichtig wurde. Die Verwendung zweier hintereinander geschalteten *use* (*use upon use*) war wiederum die gestalterische Antwort auf dieses Gesetz, das den zweiten *use* und damit das *equitable right* des Begünstigten unberührt ließ. Aus diesem nachgeschalteten *use* wurde schließlich unter Veränderung der Terminologie der Trust.

B. Merkmale des englischen Trust

Die Mannigfaltigkeit der Erscheinungsformen des modernen Trust[35] hat zu der unter angelsächsischen Kommentatoren vorherrschenden Ansicht geführt, eine umfassende Definition des Trust sei schwierig und bisher nicht gelungen.[36] Entsprechend existiert eine in der angelsächsischen Jurisprudenz allgemein anerkannte Definition bis heute nicht.[37] Mag sich der englische Trust als ein rechtliches Phänomen mit vielfältigen Anwendungsformen seiner umfassenden Definition entziehen, so lassen sich seine Grundgedanken und Charakteristika doch gut erläutern. Mit Blick auf die Zielrichtung dieser Arbeit soll hauptsächlich der rechtsgeschäftlich entstehende Trust unter Lebenden, der sog. *private express trust*, Gegenstand der Darstellung sein.[38] Zunächst wird der Entstehungstatbestand darzustellen sein (unter I.), danach wird die Perspektive auf den werbenden Trust wechseln und die Pflichten- und Vermögensstruktur (unter II. und III.) behandeln. Im Anschluss sind andere Erscheinungsformen kurz vorzustellen, um einen Überblick über die Tragweite des Trustkonzeptes im angelsächsischen Recht zu erhalten.

I. Entstehung

Während beispielsweise das deutsche Treuhandrecht zu einer Betrachtung der Treuhand weniger als Dauerschuldverhältnis, sondern als Übertragungsakt neigt[39], richtet das angelsächsische Trustrecht traditionell das Augenmerk weniger auf den punktuellen Vermögenstransfer als vielmehr die mit der in der Regel langfristigen Verwaltung des Trustvermögens auftretenden Rechtsprobleme. Dies spiegelt sich auch in den zahlreichen Definitionen des Trust wider, die in der Regel nicht die Voraussetzungen der Entstehung, sondern die Rechte und Pflichten eines bestehenden Trustverhältnisses zum Gegenstand haben.[40] Dem Entstehungstatbestand des Trust ist trotzdem besondere Aufmerksamkeit zu widmen, da dieser sich von den rechtsgeschäftlichen Entstehungsformen des *Civil Law* unterscheidet.

In seiner Grundform entsteht ein Trust, wenn eine Person (*settlor*) einer anderen Person (*trustee*) sein Eigentum (*legal title*) an einem Vermögensgegenstand (*trust pro-*

---

35 Zu diesen siehe unten S. 32.
36 Vgl. etwa *Hanbury/Martin*, S. 47; *Edwards/Stockwell*, S. 7. Siehe dazu auch *Bösch*, S. 165.
37 Mit einer gewissen Häufigkeit ist aber die Definition von *Underhill/Hayton*, S. 3 anzutreffen, die wie folgt lautet: „*A trust is an equitable obligation, binding a person to deal with property owned by him, for the benefit of persons, of whom he may himself be one, and any one of whom may enforce the obligation.*" Eine oftmals in diesem Zusammenhang zitierte Vorschrift ist der Art. 2 der Haager Konvention zur Anerkennung des Trust, der eine Aufzählung von Merkmalen des Trust enthält.
38 Für die Zwecke des Vergleiches verschiedener Treuhandregelungen soll der *private express trust* in der Form des *special* sowie *fixed trust* dargestellt werden. Siehe zu diesen Formen unten S. 29.
39 Vgl. *Coing*, S. 87.
40 Vgl. die Definitionen bei *Parker/Mellows*, S. 12 ff.

perty) überträgt mit der Maßgabe, diesen Vermögensgegenstand zugunsten eines Dritten (*beneficiary*) zu verwalten.[41] Im Mittelpunkt der Trusterrichtung steht nach englischem Recht demnach die Übertragung eines Vermögensgegenstandes durch den *settlor*.[42] Der Empfänger des Gegenstandes, der *trustee*, erhält diesen aber nicht für sich, sondern muss ihn zugunsten einer anderen Person, den *beneficiary*, verwalten. Obwohl der *trustee* also Vollrechtsinhaber wird, soll der wirtschaftliche Nutznießer der Übertragung des Gegenstandes der *beneficiary* sein. Der *trustee* hat das Recht und die Pflicht zur Verwaltung des Trustvermögens, darf aber keinen Nutzen aus der Verwaltung ziehen und ist durch das Interesse des *beneficiary* an einer ordnungsgemäßen Verwaltung gebunden. Nicht dem *trustee*, sondern dem *beneficiary* stehen daher die Früchte der Verwaltung zu. Auf eine einfache, untechnische Formel gebracht handelt es sich beim Trust damit um eine Ausprägung des Gedankens der Überlassung eines Gegenstands „zu treuen Händen", mithin um eine Treuhandregelung.

Zwei Grundelemente lassen im englischen Trust eine Treuhandregelung erkennen[43]: die Einräumung von Rechtsmacht an einem Vermögensgegenstand durch Übertragung des Vollrechts sowie die Verwaltung durch den Empfänger nicht im eigenen, sondern im Interesse einer anderen Person. Anders gewendet lässt sich sagen, dass – anders als bei einem gewöhnlichen Verkehrsgeschäft – der *trustee* durch die Errichtung eines Trust die Rechtsmacht am Treugut erhält, vermindert aber um die Bindung an einen fremdnützigen Verwaltungszweck. Die Verpflichtung auf die Fremdinteressen wird dadurch verwirklicht, dass der *trustee* an die Anordnungen des *settlor* gebunden ist und ein detailliertes Pflichtenprogramm besteht, das die ordnungsgemäße Verwaltung des Trustvermögens sicherstellen soll. Mit der Durchsetzung dieser Rechte hat das englische Recht aber nicht den *settlor*, sondern den *beneficiary* betraut und dessen Position im Hinblick auf das Trustvermögen in so hohem Maße abgesichert, dass auch ihm der Vermögensgegenstand dinglich zugeordnet und weitestgehend vor Zugriffen Dritter geschützt ist.

Im Zeitpunkt der Entstehung ist der Trust im Regelfall eine dreiseitige Rechtsfigur, die eine vermittelte Vermögenszuwendung vom *settlor* zum *beneficiary* über den *trustee* kennzeichnet. Wegen dieser wirtschaftlichen Zielrichtung wird der Trust in der englischen Literatur bisweilen auch mit einer Schenkung verglichen.[44] Der *settlor* kann sowohl auf der Seite des *trustee* als auch des *beneficiary* beteiligt sein. Ist er alleiniger *beneficiary*, so entsteht ein der deutschen Verwaltungstreuhand vergleichbares zweiseitiges Rechtsverhältnis. Ebenso kann er auch alleiniger *trustee* sein, indem er erklärt, dass er einen Vermögensgegenstand nunmehr für einen an-

---

41 *Edwards/Stockwell*, S. 7; *Hanbury/Martin*, S. 47.

42 Vgl. *Hayton*, Trusts, S. 129: „*There cannot be a trust until property has been subjected to the terms of a trust.*"

43 Vgl. zur den über die einzelne Rechtsordnung hinausgehenden Grundelementen einer Treuhand *Coing*, S. 1. Diese Merkmale werden von *Siebert*, S. 1, auch als „Gemeingut aller Rechtskulturen" bezeichnet.

44 *Hayton*, Trusts, S. 135; *Hudson*, S. 251.

deren halte.[45] Ausgeschlossen ist aber, dass der einzige *beneficiary* auch alleiniger *trustee* ist, da es dann an einer treuhänderischen Rechtsbeziehung fehlt, Rechte und Pflichten in einer Person zusammenfallen und ein *equitable title* damit nicht entstehen kann.[46]

1) Errichtungsgeschäft

Die Entstehung eines Trust vollzieht sich nicht notwendigerweise mittels einer (vertraglichen) Einigung zwischen *settlor* und *trustee*. Für die Errichtung genügt vom Grundsatz her vielmehr eine einseitige Willenskundgebung des *settlor*, in der er seine Absicht kundtut einen Trust zu errichten.[47] Diesem aus kontinentaleuropäischer Sicht vielleicht überraschend erscheinenden Umstand steht die Auffassung des englischen Rechts gegenüber, die die Verfügungsfreiheit des *settlor* als Eigentümer in den Mittelpunkt stellt[48] und einen Schwerpunkt bei der Errichtung eines *private express trust* auf die rechtsgültige Übertragung des Vermögensgegenstandes legt.[49] Die Schaffung eines Trusts bedeutet letztlich nichts anderes, als dass der *settlor* als Eigentümer von seiner Verfügungsfreiheit Gebrauch macht und zu bestimmten Zwecken seine Eigentumsrechte in einen Trust überführt.[50] Während sich die insoweit notwendige Zweckbestimmung in der Erklärung des *settlor* findet, konstituiert sich der Trust damit in erster Linie über die grundsätzlich unilaterale Übertragung des Vermögens an den *trustee*. Eine Mitwirkung des *trustee* mag für die Übertragung bestimmter Vermögenswerte notwendig sein[51], für die Errichtung des Trust an sich ist sie oder eine vertragliche Einigung aber nicht erforderlich.[52] Im Gegenteil, das englische Recht unterscheidet strikt zwischen dem Trust- und dem Vertragskonzept, nicht zuletzt schon durch die Zuordnung des ersteren zum *Equity*, des letzteren zum *Common Law*, wodurch der Vertrag als Interpretationsmaßstab der *Equity*-Jurisdiktion entzogen ist: Ein Vertrag schafft nach Aushandeln von Leistung und Gegenleistung[53] der Parteien persönliche Rechte, die durch die am Vertrag beteiligten Parteien durchgesetzt werden können. Ein Trust ist demgegenüber von den Beteiligten grundsätzlich in seiner Existenz unabhängig und lässt (quasi-) dingliche Rechte entstehen, die gerade zugunsten Unbetei-

---

45 Sog. *declaration of trust.*

46 *Edwards/Stockwell*, S. 81; *Underhill/Hayton*, S. 273.

47 *Underhill/Hayton*, S. 9 ff.; *Bösch*, S. 174 f.

48 Vgl. *Edwards/Stockwell*, S. 122; *Moosmann*, S. 74, der die Freiheit des *settlor*, mit seinem Vermögen so zu verfahren, wie es ihm gerade beliebt, als eines der herausragenden Wesensmerkmale des Trustrechts herausstellt.

49 Vgl. etwa die Darstellung bei *Hanbury/Martin*, S. 69 ff. und S. 117 ff. Das bedeutet natürlich nicht, dass die Trusterklärung keine Bedeutung hätte, *Hanbury/Martin*, S. 117 f.

50 Vgl. *Hayton*, Trusts, S. 78; ferner *Penner*, S. 16 f.

51 Zur Art der Übertragung verschiedener Vermögenswerte siehe z. B. *Pettit*, S. 99.

52 *Edwards/Stockwell*, S. 17; *Hayton*, Trusts, S. 24. Der Grund liegt in der Eigenheit der sachenrechtlichen Übertragung im *Common Law*, der *conveyance*, die unilateral ist, vgl. *Lupoi* in: *Helmholz/Zimmermann*, S. 500.

53 Gerade das Versprechen einer Gegenleistung (*consideration*) ist zentral für das englische Vertragsrecht.

ligter (dem *beneficiary*) wirken, dem als neutral verstandenen Verwalter (*trustee*) aber üblicherweise keinerlei Nutzen gewähren.[54] Der *settlor* hat aus diesem Grunde, da kein Vertragspartner, grundsätzlich keine Handhabe den Trust durchzusetzen.

Verdeutlichen kann man diesen Unterschied durch die Möglichkeit des *settlor*, sich selbst durch einfache Erklärung, der *declaration of trust*, zum *trustee* zu machen.[55] *Hayton* spricht insoweit anschaulich davon, ein *settlor* könne sich zum *trustee* machen, indem er einen Gegenstand von seiner linken in seine rechte Hand gebe.[56] Auch die zum *Equity*-Recht gehörende Maxime „*A trust shall not fail for want of a trustee*" zeigt, dass im Zentrum der Trusterrichtung nicht eine Bindung zwischen *settlor* und *trustee*, sondern allein der Entschluss des *settlor* zur Übertragung des Eigentums steht. Ist der Trust nämlich bereits durch Eigentumsübertragung errichtet worden, lässt diese Maxime den Trust selbst dann bestehen, wenn der *trustee* die Verwaltung des Trustvermögens ablehnt.[57] Ebenso bleibt ein Trust weiter existent, wenn der *trustee* stirbt oder aufgelöst wird.[58]

Im Gegensatz zur Treuhand deutschen Rechts, die durch Abschluss eines schuldrechtlichen Vertrags entsteht, handelt es sich also bei der Errichtung eines Trust nicht um ein vertragliches Rechtsgeschäft, das die Pflichten zur Eigentumsübertragung und ordnungsgemäßen Verwaltung entstehen lässt. Eine Unterscheidung in Kausalgeschäft und Erfüllungsgeschäft ist diesem Rechtsakt vielmehr fremd.[59] Die Pflicht des *trustee* zur ordnungsgemäßen Verwaltung besteht nach *Equity*-Grundsätzen allein auf Grundlage seines Gewissens (*conscience*), seiner Loyalität zum *settlor* sowie dem Umstand, einen Gegenstand mit Wissen um die Intention des *settlor* entgegengenommen zu haben.[60] Die Annahme einer Bindung ohne Schuldverhältnis wird aus Sicht des kontinentalen *Civil Law* verständlich, wenn man die Geschichte des Trust mit ins Bild nimmt: Die Entwicklung des Trust basierte auf der *Equity*-Rechtsprechung, die den Verwalter, obwohl unbeschränkter Vollrechtsinhaber nach *Common Law*, dazu anhielt, das Grundstück zugunsten der begünstigte Familie zu verwalten. *Equity* stützte sich – wegen der Unverfügbarkeit rechtlicher Gesichtspunkte aus dem *Common Law*[61] – auf das Gewissen des Verwalters und verpflichtete ihn, entsprechend der Absichten des *settlor* zu verfahren.[62]

---

54 *Edwards/Stockwell*, S. 17; *Hayton*, Trusts, S. 78; *Pettit*, S. 28 f.
55 Ebenso *Wolff*, S. 85.
56 *Hayton*, Trusts, S. 129.
57 *Hayton*, Trusts, S. 24. Die Folge der Ablehnung ist, dass das Trustvermögen wieder an den *settlor* zurückfällt, obwohl diese Position nicht unumstritten ist. Siehe *Pettit*, S. 348 f.
58 *Underhill/Hayton*, S. 38.
59 *Wolff*, S. 86.
60 *Hudson*, S. 9; *Wolff*, S. 85.
61 Dazu zählt auch das Vertragskonzept, das im übrigen später als der Trust entwickelt wurde, vgl. *Lupoi* in: *Helmholz/Zimmermann*, S. 500 in Fußnote 18.
62 Die zentrale Rolle des *conscience* ist spätestens seit einer Entscheidung von Lord Browne-Wilkinson in *Westdeutsche Landesbank v Islington LBC* [1996] AC 669, [1996] 2 All ER 961, 988, gesicherter Bestand des englischen Trustrechts. Darin führt Lord Browne-Wilkinson aus: „*(i) Equity operates on the conscience of the owner of the legal interest. In the case of a trust, the conscience of the legal owner requires him to carry out the purposes for which the property was vested in him (express or implied trust) or which the law imposes on him by reason of his unconscionable conduct (constructive trust).*

Diese aus *Equity* entstehenden Pflichten eines *trustee* werden heute als *equitable obligation* verstanden,[63] die, da im Recht der *Equity*-Jurisdiktion verankert, zwar nicht ein gesetzliches Schuldverhältnis darstellen, den kontinental geschulten Juristen aber an ein solches erinnern lassen können.[64]

2) Voraussetzungen

Für die rechtsgeschäftliche Errichtung eines Trust bedarf es in der Regel lediglich einer bestimmten und zumeist formlosen Trusterklärung sowie einer wirksamen Übertragung des Vermögens. Die englische Trustrechtstheorie verlangt dafür gemeinhin die Erfüllung dreier Voraussetzungen, andernfalls ist der Trust unwirksam: inhaltliche Bestimmtheit der Trusterklärung (*certainty*), Einhaltung etwaiger Formvorschriften (*formality*) sowie, wie bereits herausgestellt, die wirksame Übertragung des Vermögensgegenstandes (*constitution*).[65]

Die erste der drei Voraussetzungen, die inhaltliche Bestimmtheit (*certainty*), konkretisiert den Trust inhaltlich in drei Richtungen: Zum einen verlangt sie, dass die Absicht, einen Trust zu errichten, erkennbar hervortritt, d.h. der *settlor* muss ausdrücken, dass der *trustee* den Vermögensgegenstand nicht zu seinen Gunsten, sondern zu Gunsten des *beneficiary* erhalten soll.[66] Diese Absicht muss nicht ausdrücklich oder unter Verwendung des Wortes „Trust" erklärt werden, sondern es genügt, wenn sie im Wege der Auslegung erkennbar wird.[67] Weiter ist der zu übertragende Vermögensgegenstand zu bestimmen. Tauglicher Vermögensgegenstand kann jedes übertragbare Vermögensrecht sein;[68] der Anwendungsbereich des Trust ist insoweit nahezu unbegrenzt.[69] Ferner ist – als drittes Erfordernis – die Person des Begünstigten zu bestimmen. Stehen die *beneficiary* nicht namentlich, sondern nur durch Bezugnahme auf eine Gruppe fest, so genügt, wenn der *trustee* zumindest eine Liste aller *beneficiary* aufstellen kann.[70] Diese drei Aspekte der inhaltlichen Bestimmtheit werden zusammenfassend als die sog. *three certainties* bezeichnet und umfassen also *certainty of intention*, *certainty of subject* und *certainty of object*. Die Auslegung der Trusterklärung im Hinblick auf diese Voraussetzungen ist zentrale

(ii) Since the equitable jurisdiction to enforce trusts depends upon the conscience of the holder of the legal interest being affected, he cannot be trustee of the property if and so long as he is ignorant of the facts alleged to affect the conscience..."

63 Vgl. *Thomas/Hudson*, S. 13 (1.01); *Underhill/Hayton*, S. 3, 36.

64 *Thomas/Hudson*, S. 21 (1.14) sprechen in Abgrenzung zu den vertraglichen Pflichten (*contractual obligations*) und mit Blick auf den Geltungsgrund der *equitable obligation* von einer Pflicht des guten Gewissens (*obligation of good conscience*).

65 Siehe beispielsweise *Edwards/Stockwell*, S. 79 ff.

66 *Edwards/Stockwell*, S. 91. Diese Anforderung wird als *certainty of intention* bezeichnet.

67 Es gilt insoweit die Equity-Maxime „Equity looks to the substance rather than the form." Vgl. Pettit, S. 45.

68 *Underhill/Hayton*, S. 182; *Pettit*, S. 47 f.

69 *Underhill/Hayton*, S.182.

70 Sog. *list principle*. Siehe *Edwards/Stockwell*, S. 96.

Aufgabe des *trustee* und hat wegen der zwangsläufig auftretenden Probleme zu umfangreicher Judikatur geführt.[71]

Ein Trust kann grundsätzlich formfrei, d.h. durch mündliche Erklärung errichtet werden, so dass sich die Anforderungen der zweiten Errichtungsvoraussetzung (*formality*) in vielen Fällen in einer eindeutigen Trusterklärung erschöpfen werden.[72] Das englische Recht kennt insbesondere keine allgemeine Registrierungspflicht für den *private express trust* in einem öffentlichen Register.[73] Es gibt also keinen spezifischen Publizitätsakt, anhand dessen eine Verstrickung eines Gegenstandes als Trustvermögen erkennbar werden könnte. Anforderungen an die Form des Trustgeschäfts werden aber durch Gesetz auferlegt, so beispielsweise für die Übertragung von Land die Schriftform.[74]

Um Auslegungsschwierigkeiten zu verringern, wird aber die Willenserklärung des *settlor* häufig in einer Urkunde, dem *trust instrument*, verkörpert sein und je nach Erfordernis umfangreiche Anordnungen enthalten. Neben der notwendigen Konkretisierung des Trustvermögens, des *trustee* und des *beneficiary* gibt der *settlor* mittels dieser Anordnungen in der Trusterklärung dem Trust das an seinen Zielvorstellungen orientierte Gepräge. Hier eröffnet sich der ganze Rahmen der Gestaltungsmöglichkeiten, für die der Trust in der angelsächsischen Rechtswissenschaft und Praxis bekannt ist, und die zusammen mit der Form- und Registrierungsfreiheit Grund für die flexible Verwendbarkeit und Wandelbarkeit dieser Rechtsfigur sind.[75]

Für die Entstehung eines englischen Trust ist schließlich als dritte Voraussetzung notwendig, dass eine wirksame Übertragung von Vermögen stattfindet (*constitution*). Das englische Recht unterscheidet dementsprechend zwischen *completely constituted trusts* und *incompletely constituted trusts*.[76] Die Entstehung des Trust ist erst dann abgeschlossen und der Trust gerichtlich durchsetzbar, wenn der *settlor* alles getan hat, was zur Übertragung des Vermögensgegenstandes erforderlich ist.[77] Dies kann abhängig vom Vermögensgegenstand ganz unterschiedlich sein. Eine wirksame Übertragung erfordert, da es sich um einen Vorgang zwischen *settlor* und *trustee* handelt, die Beachtung der allgemeinen Übertragungsregeln des *Common Law*, wobei abhängig von der Art des Vermögensgegenstandes häufig die Einhaltung bestimmter Formvorschriften oder die Erfüllung von Registrierungspflich-

---

71 Beispielhaft seien mit Blick auf die Frage, ob *certainty of intention* vorliegt, die Fälle erwähnt, in denen eine Person Eigentum zugewendet wird verbunden mit der Hoffnung oder dem Wunsch, dass dieses zugunsten anderer verwendet werde. In *Lambe v. Eames (1871) L.R. 6 Ch. 597*, übertrug der Ehemann sein Eigentum an seine Ehefrau *„to be at her disposal in any way she may think best, for the benefit of herself and her family."* Dies genügte nicht für die Annahme der Absicht, der Ehemann habe einen Trust errichten wollen. Siehe ferner *Hanbury/Martin*, S. 94ff.

72 *Edwards/Stockwell*, S. 81; *Pettit*, S. 85.

73 Anders ist dies beim *charitable trust*, siehe *Hayton*, Trusts, S. 16.

74 Vgl. Law of Property Act 1925 s53(1)(b). Es handelt sich genau genommen nur um eine Regelung des Beweismittels, nicht aber eine Wirksamkeitsvoraussetzung. Dazu *Edwards/Stockwell*, S. 82.

75 Vgl. *Underhill/Hayton*, S. 39.

76 *Parker/Mellows*, S. 135.

77 *Edwards/Stockwell*, S. 97; *Hayton*, Trusts, S. 129.

ten erforderlich sein kann.[78] Hierhin gehört beispielsweise auch die Einhaltung der Form zur Übertragung eines *equitable interest* des *settlor* an einem Trust.

II. Treuhänderische Rechtsbeziehung

Mit der Errichtung entsteht ein zweiseitiges Rechtsverhältnis, das Dreh- und Angelpunkt des Trust ist und dessen Inhalt durch die Trusterklärung des *settlor*, die Grundsätze der *Equity*-Rechtsprechung sowie Gesetzesrecht bestimmt wird. Die Beteiligten dieses Rechtsverhältnisses sind allerdings nicht, wie vielleicht zu vermuten wäre, *settlor* und *trustee*. Die Rechtsprechung des *Chancellor* hat vielmehr die Rechte des *beneficiary* in den Mittelpunkt gestellt und diesen als Nutznießer der Eigentumsübertragung in die Lage versetzt, die Erfüllung der dem *trustee* obliegenden Pflichten durchsetzen zu können; ihm ist damit die Aufgabe der Überwachung des *trustee* zugewiesen.[79] Stand also bei den Fragen der Errichtung des Trust der *settlor* im Mittelpunkt, so verlagert sich für die Lebensdauer des Trust die Perspektive nun auf das Verhältnis zwischen *trustee* und *beneficiary*. Zwischen diesen besteht fortan ein Rechtsverhältnis, das die *Equity*-Rechtsprechung vor allem im Hinblick auf die ordnungsgemäße Verwaltung des Trustvermögens durch den *trustee* und den Schutz der Rechte des *beneficiary* rechtlich ausgestaltet hat.

1) Beteiligte des werbenden Trust

Entsprechend des oben Gesagten ist für das englische Trustrecht charakteristisch, dass der *settlor* nach Errichtung des Trust ohne weiteres aus dem Geschehen ausscheidet, so dass sich aus dem Trustverhältnis für ihn keinerlei Rechte oder Pflichten ergeben. Eine Erklärung hiefür ist darin zu sehen, dass sich der *settlor* ähnlich wie ein Schenker bewusst seines Eigentums am Trustvermögen begeben hat, was einem Verbleib bestimmter Mitsprache- oder Verwaltungsrechte widersprechen würde.[80] Der *settlor* kann sich freilich in der Trusterklärung einzelne Rechte vorbehalten. So kann er sich beispielsweise das Recht einräumen den Trust zu widerrufen (*power of revocation*), Bestimmungen der Trusterklärung nachträglich zu ändern oder den *trustee* zu ersetzen. Auch Konsultations- und Vetorechte im Hinblick auf die Verwaltung des Vermögens sind denkbar.[81] Mit dem Vorbehalt von Rechten ist aber die Gefahr verbunden, dass ein Gericht das Vorliegen eines Trust verneint, wenn der Trust nicht mehr von einer Vertretung (*agency*) oder Partnerschaft (*partnership*) unterschieden werden kann.[82]

---

78 Siehe mit einigen Beispielen *Hayton*, Trusts, S. 129 f. oder *Edwards/Stockwell*, S. 97 f.
79 *Bösch*, S. 208 f., *Hayton*, Trusts, S. 4, 135.
80 Vgl. *Penner*, S. 18.
81 *Hayton*, Trusts, S. 135.
82 *Hayton*, Trusts, S. 136 f.

Der *trustee* ist nicht verpflichtet, die Aufgabe der Verwaltung des Trustvermögens zu übernehmen. Solange jemand das Amt des *trustee* noch nicht akzeptiert hat[83], kann er die Verwaltung ablehnen,[84] und muss dies ausdrücklich tun, wenn er die Aufgabe nicht übernehmen will. Lehnt er trotz Kenntnis der Übertragung des Gegenstandes zugunsten des Dritten nicht ab, wird er *trustee*, da *Equity* ihn insoweit an seiner Treue zum *settlor* und seinem Gewissen festhält.[85] Für das Entstehen der Pflichten eines *trustee* ist daher eine ausdrückliche Willenserklärung nicht erforderlich, sondern es genügt bereits die Kenntnis der Trusterrichtung.[86] Das englische Recht stellt sich den *trustee* als einen unabhängigen, eigenverantwortlichen und neutralen Verwalter vor, der für einen Ausgleich der Interessen insbesondere mehrerer *beneficiary* zu sorgen hat.[87] Praktisch besteht allerdings immer die Gefahr, dass dem *trustee* die Fähigkeiten, Sorgfalt oder auch Zeit fehlen, um das ihm übertragene Trustvermögen im Sinne des *settlor* und des *beneficiary* ordnungsgemäß zu verwalten. Das englische Recht legt ihm daher zahlreiche, noch näher darzustellende Pflichten auf. Ihm obliegen zuvörderst die Auslegung der Anordnungen der Trusterklärung und deren minutiöse Ausführung zugunsten des Trust und des *beneficiary*. Die Trusterklärung stellt damit so etwas wie eine Handlungsanweisung des *settlor* dar, die der *trustee* genau zu befolgen hat. Als *trustee* kann sowohl eine natürliche als auch eine juristische Person eingesetzt werden. Handelt es sich um natürliche Personen, so werden in der Praxis in der Regel mehrere *trustee* anzutreffen sein.[88] Professionelle Verwaltung von Vermögen erfolgt häufig durch Fachleute einer Gesellschaft, die als *trustee* das Trustvermögen hält. Der *trustee* kann unter bestimmten Voraussetzungen, die sich entweder aus dem *trust instrument* oder aus Gesetzesrecht ergeben, ersetzt werden.[89]

Eine besondere Stellung nehmen die Gerichte ein. Diese sind zwar nicht Beteiligte des Rechtsverhältnisses, nehmen aber über die Aufgabe der Streitentscheidung und des Schutzes des *beneficiary* hinaus auch die Aufgabe eines Aufsichts- und Beratungsorgans für den *trustee* wahr. Zum einen ist das Gericht Ratgeber des *trustee*, das in Situationen, in den der *trustee* sich im Zweifel über Auslegung der Trusturkunde oder die korrekte Vorgehensweise ist, über Rechts-, Tat- und Zweckmäßigkeitsfragen entscheidet und den *trustee*, so er sich entsprechend der Weisung des Gerichtes verhält, damit von der Haftung befreit.[90] Zum anderen kann das Gericht Abweichungen von den bindenden Anordnungen der Trusterklärung bei der Verwaltung des Trustvermögens autorisieren und den *trustee* damit von einem *breach of*

---

83 Dies kann auch konkludent durch Aufnahme von Verwaltungstätigkeiten geschehen, vgl. *Pettit*, S. 373.
84 *Pettit*, S. 373.
85 *Wolff*, S. 85.
86 *Thomas/Hudson*, S. 16; *Wolff*, S. 84.
87 *Bösch*, S. 191, 242; *Edwards/Stockwell*, S. 305.
88 Vgl. *Bösch*, S. 193.
89 *Parker/Mellows*, S. 552 ff.
90 *Bösch*, S. 184, der diese Einbindung des Gerichts als ein mögliches Korrektiv für den außerordentlich strengen Sorgfaltsmaßstab ansieht.

trust freizeichnen. Eine solche Autorisierung der Abweichung von der Trusterklärung ist in der Praxis aber die Ausnahme.[91]

Der *beneficiary* steht als eigentlicher Nutznießer der Trusterrichtung im Vordergrund des Trustverhältnisses. Ist die Verwaltung durch den *trustee* nicht zu beanstanden, muss er nichts weiter tun, als die ihm zustehenden Vorteile in Empfang zu nehmen. Nicht dem *settlor*, sondern dem *beneficiary* obliegt aber die Durchsetzung der Verwaltungspflichten des Trust, sollte der *trustee* das Vermögen nicht ordnungsgemäß verwalten. Ein *beneficiary* genießt nicht nur persönliche Rechte gegen den *trustee*, sondern ist auch Inhaber von Eigentumsrechten am Trustvermögen. Der *beneficiary* kann den Trust aber erst ab dem Zeitpunkt durchsetzen, da dieser vollständig errichtet, also das Vermögen an den *trustee* wirksam übertragen ist (*completely constituted trust*).[92] Eine Einflussnahme auf die aktive Verwaltung des Trust durch den *trustee* steht dem *beneficiary* trotz seiner umfangreichen Rechte aber nicht zu.[93]

2) Inhalt der Verwaltungsaufgabe

Das Rechtsverhältnis zwischen *trustee* und *beneficiary* ist gekennzeichnet durch die einseitige Verpflichtung des *trustee* und die spiegelbildliche Berechtigung des *beneficiary*, was die englische Literatur dazu bewegt, von einer beschwerlichen Aufgabe des *trustee* zu sprechen.[94] Das englische Recht hat dieses Rechtsverhältnis detailliert ausgestaltet, und zwar nicht nur durch Fallrecht der *Equity*-Rechtsprechung, sondern auch durch Gesetzesrecht.[95] Da der zentrale Inhalt dieses Rechtsverhältnisses die ordnungsgemäße Verwaltung des Trustvermögens ist, steht entsprechend die Verwaltungstätigkeit des *trustee* im Mittelpunkt, die mit den Begriffen *powers* und *duties* umschrieben wird.[96] Erstere ermächtigen den *trustee*, in einer bestimmten Weise im Hinblick auf den Trust und den *beneficiary* zu handeln, letztere verpflichten ihn dazu.[97]

Obgleich der *trustee* formell Eigentümer des Trustvermögens ist, ist eine rechtmäßige Verwaltung nur auf Basis der *powers*, oder „Befugnisse“ möglich,[98] da bei

---

91 *Bösch*, S. 183.
92 *Parker/Mellows*, S. 135 f.
93 *Bösch*, S. 210 ff.
94 Siehe etwa *Edwards/Stockwell*, S. 306: „*The office of trustee can be very onerous, involving difficult financial and administrative decisions, and discharging the duties may well occupy a great deal of time.*“ Vgl. auch *Hanbury/Martin*, S. 503 f.
95 Hier spielen insbesondere der *Trustee* Act 1925, der *Trustee* Act 2000 sowie *Trustee* Investments Act 1961 eine bedeutende Rolle.
96 Vgl. etwa *Edwards/Stockwell*, S. 343 ff.
97 *Edwards/Stockwell*, S. 343.
98 Der dogmatische Grund für diesen Umstand liegt darin, dass der *trustee* lediglich den *legal title* am Trustvermögen innehat, nicht aber den *equitable title*, der dem *beneficiary* zusteht, vgl. *Thomas/Hudson*, S. 436 (13.02); vgl. auch *Pluskat*, S. 79.

Überschreiten der Befugnisse seine persönliche Haftung droht.[99] Der Inhalt der *powers* wird in erster Linie durch den *settlor* im *trust instrument* bestimmt (*express powers*), der dadurch seine Vorstellungen über die Verwaltung des Trustvermögens umsetzt. Aber auch detailliertes Gesetzesrecht verleiht dem *trustee* Befugnisse (*statutory powers*), soweit der *settlor* diese nicht ausgeschlossen hat.[100] Typische gesetzliche Befugnisse des *trustee* sind beispielsweise das Recht, das Trustvermögen zu verkaufen[101], zu investieren[102] oder zu versichern[103], Land zu erwerben[104] oder auch seine Pflichten zu delegieren.[105] Bei der Ausübung solcher Ermächtigungen hat der *trustee* Ermessensspielraum, so dass es ihm überlassen bleibt, von ihnen Gebrauch zu machen. Ein *trustee* ist auch nicht verpflichtet, die Gründe für seine Entscheidung über den (Nicht-)Gebrauch offen zu legen.[106]

Besonderes Augenmerk erfährt im englischen Recht die Befugnis zur Investition des Trustvermögens.[107] Der *trustee* ist verpflichtet, das Trustvermögen im besten (finanziellen[108]) Interesse des oder der *beneficiary* anzulegen. Die insoweit zu verfolgende und von der Investitionsbefugnis gedeckte Anlagestrategie ist schon deshalb nicht immer leicht zu bestimmen, weil unterschiedlich an Kapital und Ertrag berechtigte *beneficiary*[109] im Hinblick auf Risiko und Ertrag verschiedene Anlageformen bevorzugen werden. Die traditionelle Leitlinie ist die, dass der *trustee* das Trustvermögen zu erhalten und Risiken, die zum Verlust des Trustvermögens führen können, zu vermeiden hat.[110] Seit dem Trustee Act 2000[111] ist der *trustee* generell befähigt, jede Art von Investment vorzunehmen, so als ob er vollständig am Trustvermögen berechtigt wäre, was die vormals restriktiven Vorschriften beseitigt hat und eine Ertragsmaximierung zulassen soll.[112] Der Trustee Act 2000 definiert darüber hinaus Anlagekriterien, die insbesondere die Diversifikation der Anlage sicherstellen sollen.[113]

---

99 *Bösch*, S. 197; *Wolff*, S. 91. Das englische Recht unterscheidet zwischen *administrative powers* und *dispositive powers*. Letztere werden hier nicht dargestellt, da sie im Wesentlichen im Zusammenhang mit *discretionary trusts* eine Rolle spielen. Siehe hierzu *Parker/Mellows*, S. 179.
100 Vgl. vor allem den *Trustee* Act 1925 und *Trustee* Act 2000. Einige dieser Befugnisse sind allerdings nicht disponibel, vgl. *Bösch*, S. 197 f.
101 *Pettit*, S. 465.
102 *Trustee* Act 2000 s 3.
103 *Trustee* Act 2000 s 34. Vgl. *Pettit*, S. 468 f.
104 *Trustee* Act 2000 s 8.
105 *Trustee* Act 2000 s 11.
106 *Edwards/Stockwell*, S. 368.
107 Siehe zu diesem komplexen Gebiet etwa *Pettit*, S. 412 ff.; *Thomas/Hudson*, S. 327 ff. (10.58 ff.), 1595 ff. (52.01 ff.).
108 Vgl. zu anderen, wie politischen, moralischen oder religiösen Faktoren, die grundsätzlich nicht berücksichtigt werden müssen *Edwards/Stockwell*, S. 379.
109 Ein Trust mag beispielsweise den *trustee* verpflichten, zunächst der ersten Generation regelmäßigen Unterhalt zu gewähren, der nachfolgenden Generation aber das Kapital auszuzahlen.
110 *Hanbury/Martin*, S. 544.
111 Der Trustee Act 2000 gilt nicht für *pension funds* und genehmigte *unit trusts*. *Hudson*, S. 323.
112 *Hanbury/Martin*, S. 545.
113 *Hanbury/Martin*, S. 547.

Auf der anderen Seite hat das englische Recht eine Reihe von Pflichten (*duties*) entwickelt, die die Aufgabenerfüllung durch den *trustee* prägen. Bereits vor Annahme des Amtes entsteht die Pflicht zu prüfen, ob Interessenkonflikte bestehen, und gegebenenfalls entsprechende Tatsachen offen zu legen.[114] Auch soll ein *trustee* nach Annahme prüfen, ob die Bestellung rechtmäßig war, das Eigentum am Trustvermögen rechtswirksam übertragen wurde und ob der Trust aus anderen Gründen unwirksam sein könnte.[115] Die Ausübung der Befugnisse[116] wie überhaupt das gesamte Handeln des *trustee* wird durch eine gesetzlich fixierte[117] und objektivierte Sorgfaltspflicht (*duty of care*) begrenzt, die von ihm die Sorgfalt eines durchschnittlichen, vernünftig handelnden Geschäftsmannes verlangt, der seine eigenen Geschäfte tätigt.[118] Etwaige besonderen Kenntnisse oder Erfahrungen, insbesondere die eines professionellen *trustee*, heben den Sorgfaltsmaßstab an.[119]

Neben diese allgemeine Sorgfaltspflicht treten zahlreiche konkrete Pflichten, von denen hier nur einige wenige angeschnitten werden können.[120] Am wenigsten überraschend erscheint die Pflicht, das Trustvermögen gemäß der Anordnungen der Trusterklärung zu verwalten.[121] Sie ist aber die wichtigste Pflicht, da ihre Verletzung durch Überschreitung der Anordnungen des *settlor*, insbesondere der eingeräumten Befugnisse, zur Haftung des *trustee* führt.[122] Insbesondere ist ein Gewinn an den *beneficiary* entsprechend der Anordnungen auszukehren.[123] Unerlässlich ist im Rahmen der Verwaltung von fremden Vermögen die Pflicht, dem *beneficiary* Rechenschaft und Auskunft zu geben. Dazu muss der *trustee* Bücher und Konten führen, diese auf dem laufenden Stand halten und dem *beneficiary* jederzeit Einblick gewähren. [124] Grosse Bedeutung hat auch die Pflicht, das Trustvermögen nicht mit eigenem Vermögen oder anderem Trustvermögen zu vermischen.[125] Gibt es mehrere *trustee*, so müssen sie gemeinschaftlich handeln.[126] Auch die Pflicht zur Leistung von Schadensersatz lässt sich im Rahmen dieses Pflichtenkatalogs anführen.[127]

---

114 *Underhill/Hayton*, S. 485.
115 *Pettit*, S. 391 ff.; *Underhill/Hayton*, S. 485.
116 Nicht aber die Ausübung eines Ermessenspielraums selbst, vgl. *Pettit*, S. 394.
117 *Trustee* Act 2000 s 1.
118 *Pettit*, S. 394.
119 *Pettit*, S. 394.
120 Siehe dazu etwa *Pettit*, S. 389 ff.
121 Vgl. dazu *Underhill/Hayton*, S. 493 ff.
122 *Underhill/Hayton*, S. 494 f.
123 *Pettit*, S. 400; *Underhill/Hayton*, S. 496.
124 *Edwards/Stockwell*, S. 367 f.; *Underhill/Hayton*, S. 671 ff.
125 *Hayton*, Trusts, S. 141.
126 *Pettit*, S. 395 f.
127 Vgl. *Hayton*, Trusts, S. 141. Siehe dazu noch unten 4).

3) *fiduciary relationship*

Auch wenn der Trust historisch eine eigenständige Rechtsentwicklung des *Court of Chancery* ist, so wird er heute in der englischen Rechtswissenschaft zu den *fiduciary relationship* gezählt.[128] Charakteristisches Merkmal einer solchen treuhänderischen Rechtsbeziehung ist die Unterordnung der Eigeninteressen des *fiduciary* unter die des *principal.*[129] Eine *fiduciary relationship* erfordert aber nicht die Übertragung von Rechten des *principal*, es genügt vielmehr die Einflussmöglichkeit auf seine Interessen.[130] Dies zeigt sich z.B. an der *agency*, einer Vertretungsregelung des *Common Law*, die als *fiduciary relationship* in einigen Punkten dem Trust ähnlich ist.[131] Wie der *trustee* hat der *agent* zugunsten des ihn beauftragenden *principal* zu handeln und dessen Interessen zu wahren. Im Gegensatz zum Trust erhält der *agent* aber kein Eigentum an Vermögensgegenständen, selbst wenn er diese zu verwalten hat.[132] Der Trust erfordert auf der anderen Seite aber gerade die Übertragung von Eigentum. Das englische Recht zieht damit durch das Erfordernis der Eigentumsübertragung eine scharfe Trennlinie zwischen den im Hinblick auf den Aspekt der Treuhänderschaft ähnlichen Rechtsinstituten Trust und *agency.*[133]

Aus der Unterordnung unter die fremden Interessen leitet sich als zentraler Inhalt einer treuhänderischen Rechtsbeziehung die Loyalität und Treue des *fiduciary* zum Prinzipal ab (*duty of loyalty*). Diese Treuepflicht hält einen *fiduciary* dazu an, sich bei der Verwaltung, insbesondere der Ausübung von Ermessen, ausschließlich von den Interessen des Prinzipals leiten zu lassen und alles zu vermeiden, was ihn möglicherweise in einen Konflikt mit seiner treuhänderischen Aufgabe bringt.[134] Als Generalklausel fungiert die Pflicht, dass ein *fiduciary* aus seiner Vertrauensstellung keinen Nutzen ziehen darf (*duty not to profit from his trust*).[135] Es ist offensichtlich, dass diese Anforderungen auch für einen *trustee* gelten müssen, der das Trustvermögen nicht für sich, sondern zur Verwaltung zugunsten des *beneficiary* erhält. Die Ausbildung solcher Pflichten liegt auch darin begründet, dass dem *trustee* durch die Übertragung des Volleigentums umfangreiche Verfügungsrechte in die Hand gegeben und damit potentielle Missbrauchsmöglichkeiten eröffnet werden.[136]

---

128 *Edwards/Stockwell*, S. 318 ff.; *Hudson*, S. 45; *Pettit*, S. 442 ff.; *Underhill/Hayton*, S. 21. Neben dem Trust ordnet das englische Recht z.B. auch die Beziehung zwischen *director* und *company* oder zwischen *agent* und *principal* den *fiduciary relationship* zu.
129 *Underhill/Hayton*, S. 21.
130 *Underhill/Hayton*, S. 20 mit Verweis auf eine Definition von *Ford* und *Lee*, Principles of the Law of Trusts, 2. Auflage, S. 1002.
131 Zu den Unterschieden und Gemeinsamkeiten siehe *Bösch*, S. 238 ff.
132 *Underhill/Hayton*, S. 7; *Bösch*, S. 235.
133 Vgl. *Bösch*, S.234 ff.
134 *Edwards/Stockwell*, S. 318 ff.
135 Vgl. zu diesen Kernsätzen des Rechts des *fiduciary Hudson*, S. 45 mit Verweis auf die Leitentscheidung von Millet LJ in *Bristol & West Building Society v Mothew* [1998].
136 Dieser Gesichtspunkt findet sich explizit in der von *Underhill/Hayton* zitierten Definition von *Ford* und *Lee*, siehe *Underhill/Hayton*, S. 20.

Aus der Charakterisierung als *fiduciary relationship* werden einige konkrete treuhänderische Pflichten abgeleitet, die zu den oben dargestellten, allgemeinen (Verwaltungs-)Pflichten des *trustee* treten und potentielle Interessenkonflikte bei der Erfüllung seiner Aufgaben vermeiden sollen. Es ist dem *trustee* beispielsweise untersagt, Trustvermögen selbst zu erwerben (*self-dealing rule*).[137] Ein solches Geschäft ist unwirksam, auch wenn der Marktpreis gezahlt wurde. Auch darf er nicht in Wettbewerb zu dem Trust treten und ein Handelsgewerbe im selben Geschäftszweig wie das des Trust betreiben.[138] In dieselbe Richtung zielt der Grundsatz, nach dem der *trustee* für seine Tätigkeit grundsätzlich keine Vergütung verlangen kann - soweit nicht eine andere Regelung durch den *settlor* vorgesehen ist, was zumeist, insbesondere im professionellen Umfeld, der Fall ist. Mit der Vergütung sieht das englische Recht die Gefahr einer Interessenverschiebung verbunden, da der *trustee* Entscheidungen nicht zugunsten des Trust, sondern seiner Vergütung willens treffen könnte.[139]

4) *breach of trust*

Die Durchsetzung der Pflichten obliegt dem *beneficiary* und wird insbesondere aktuell bei Pflichtverletzungen des *trustee*. Der Ausgangspunkt ist das Recht des *beneficiary* auf eine ordnungsgemäße Verwaltung des Trust in Übereinstimmung mit der Trusterklärung und dem Gesetzesrecht.[140] Bleibt die Verwaltungstätigkeit des *trustee* hierhinter zurück, liegt ein *breach of trust* vor.[141] Nach den *Equity*-Regeln genügt jede Verletzung einer der genannten Pflichten für einen *breach of trust*, wobei es sich um eine Pflichtverletzung durch Tun und durch Unterlassung handeln kann.[142] Das englische Recht lässt bereits jeden objektiven Verstoß gegen die Anordnungen in der Trusterklärung genügen.[143] Die Haftung ist streng, d.h. Schäden sind verschuldensunabhängig zu ersetzen, so dass es auf Absicht oder Wissen des *trustee* nicht ankommt.[144]

Die Rechtsfolgen lassen sich grundsätzlich in drei Bereiche aufteilen[145]: persönliche Rechte gegen den *trustee*, persönliche Rechte gegen Dritte[146] und dingliche

---

137 *Edwards/Stockwell*, S. 320.
138 *Edwards/Stockwell*, S. 322.
139 *Edwards/Stockwell*, S. 322. Anders ist das mit dem Trustee Act 2000 nunmehr für Trust Corporations, die eine angemessene Entschädigung verlangen können, vgl. *Parker/Mellows*, S. 547 f.
140 Siehe *Target Holdings Ltd v. Redferns* (1995) 3 All ER 785.
141 Beispiele nach *Parker/Mellows*, S. 760: Verwendung von Trustgeldern für unzulässige Investitionen, Herausgabe oder Zahlung von Trustvermögen an die falsche Person, Ermessensfehlgebrauch etc.
142 *Pettit*, S. 520.
143 *Edwards/Stockell*, S. 388; *Underhill/Hayton*, S. 851.
144 *Pettit*, S. 520 f.
145 Von anderen sog. *equitable remedies*, wie *injunction*, sei hier abgesehen.
146 Hierunter fallen vor allem die Fälle, in denen der Dritte von einem *breach of trust* wusste und dennoch das Trustvermögen entgegen genommen hat, dieses aber nicht mehr mittels eines *proprietary claim* zurückgeholt werden kann. Siehe *Penner*, S. 365 ff. und 334 f.

Rechte in Bezug auf das Trustgut.[147] Das Vorgehen gegen den *trustee* ist eng verbunden mit dessen Pflicht, über seine Tätigkeit und Vermögensstand Rechenschaft abzulegen.[148] Ergibt sich, dass der *trustee* über Geld oder anderes Vermögen rechtswidrig verfügt hat, so wird das Trustvermögen so angesehen, als ob das Vermögen nicht herausgegeben worden wäre. Es wird dagegen angenommen, der *trustee* habe mit eigenem Vermögen gehandelt[149]; entsprechend erfolgt eine Korrektur der Unterlagen der Rechenschaftslegung.[150] Der *trustee* hat dann das Trustvermögen in natura wiederherzustellen. Ist dies nicht möglich, muss er die Differenz in Geld ersetzen. Verwendet der *trustee* daher zum Beispiel Geld für nicht zulässige Investitionen, so wird angenommen, dass der *trustee* sein eigenes Geld verwendet habe, und er muss einen etwaigen Verlust ersetzen. Sind dem Trust auf der anderen Seite durch die Tätigkeit des *trustee* Gewinne entgangen, so hat der *trustee* auch diese zu ersetzen.[151] Immer steht also die Wiederherstellung des (hypothetisch) geschädigten Trustvermögens durch den *trustee* im Mittelpunkt.[152] Erwirtschaftet der *trustee* Vorteile durch ein treuwidriges Geschäft, so erhält der *beneficiary* ebenfalls ein *beneficial interest* an diesen.[153]

Auf der dinglichen Seite hat der *beneficiary* Ansprüche, mit Hilfe derer er die Herausgabe des Trustvermögens einschließlich etwaiger Wertzuwächse und Früchte verlangen kann. Der Vorzug solcher *proprietary claims* liegt in ihrem Vorrang gegenüber allgemeinen Gläubigern.[154] Das englische Recht unterscheidet in Anknüpfung an die Rechtsposition des Klägers zwischen *legal proprietary claims* und *equitable proprietary claims*, mit denen die Rechte des *legal* owner bzw. *equitable owner* wiederhergestellt werden können.[155] Entsprechend kann der *beneficiary* regelmäßig nur einen dinglichen Anspruch in *Equity* geltend machen, in dessen Folge das Eigentum des Dritten mit einem *equitable interest* belastet wird und gegebenenfalls herauszugeben ist. Voraussetzung hierfür ist aber, dass der *beneficiary* die Zugehörigkeit des Gegenstandes zum Trustvermögen darlegen kann.

Das englische Recht hat hierzu die sog. *tracing*-Methode entwickelt, um rechtswidrig aus dem Trustvermögen ausgeschiedene Vermögensgegenstände wiederherzustellen.[156] Beim *tracing* geht es darum, einen Gegenstand, der sich unrechtmäßig im Vermögen des *trustee* oder eines Dritten befindet, als zum Trustvermögen zugehö-

---

147 *Parker/Mellows*, S. 762.
148 *Parker/Mellows*, S. 764.
149 *Wolff*, S. 107.
150 „*Falsifying accounts*", vgl. *Underhill/Hayton*, S. 853; *Hayton*, Trusts, S. 28.
151 „*Surcharging accounts*", vgl. *Underhill/Hayton*, S. 853 f.; *Hayton*, Trusts, S. 28.
152 *Parker/Mellows*, S. 765; *Edwards/Stockwell*, S. 389; *Hayton*, Trusts, S. 29 mit Zitat aus *Target Holdings Ltd v Redferns* [1996] A.C. 412 at 434.
153 Im Rahmen eines *constructive trust*.
154 *Parker/Mellows*, S. 800.
155 *Parker/Mellows*, S. 802, 809.
156 Das englische Recht unterscheidet auch beim *tracing* nach *Common Law* und *Equity*. Hier kommt, da ein *beneficiary* Kläger ist, der keinen *legal title* hält, nur das *tracing* nach *Equity* in Betracht.

rig zu identifizieren, um dem *beneficiary* Zugriff darauf zu gewähren.[157] Anwendung findet es vor allem in Fällen, in denen der *trustee* das Trustvermögen mit seinem eigenen Vermögen oder einem anderen Vermögen vermischt.[158] Darüber hinaus erstreckt sich das *tracing* auch auf Surrogate und lässt diese Spurfolge entlang einer Kette von Surrogationen zu, deren Ziel ist, das Surrogat ebenfalls dem Trustvermögen zuzuordnen.[159] Das *tracing* ist aber nur ein Verfahren, durch das der Kläger sein Recht am Gegenstand darlegen kann.[160] Am Ende des *tracing*-Verfahrens steht daher die Behauptung des Klägers eines Anspruchs an dem Gegenstand.[161] Für den *beneficiary* heißt dies, dass er seinen *equitable interest* behaupten und die Rückgewähr des Gegenstandes verlangen kann.[162] Ist der ursprüngliche Gegenstand noch vorhanden, hat er ein Wahlrecht, ob er das Surrogat oder das ursprüngliche Trustgut zurückführen will.[163]

III. Vermögensrechtliche Struktur

Das besondere Merkmal des englischen Trustrechts sind die für das Trustvermögen geltenden Regeln, die auf dem dualen Eigentumskonzept basieren. Durch einen Trust können Vermögenswerte einem anderen Rechtssubjekt, dem *trustee*, zugeordnet und zugunsten eines Zweckes isoliert werden, ohne dass dies einen gleichzeitigen Rechtserwerb auf Seiten des Begünstigten an diesem Vermögen hindern würde oder eine juristische Person errichtet werden müsste. Entgegen eines landläufigen (Miss-)Verständnisses ist „der Trust" daher kein selbständiges Rechtssubjekt, vielmehr wird der *trustee* Rechtsträger des Trustvermögens.[164] Grundlage dieses Mechanismus ist also die anlässlich der Trusterrichtung erfolgende Übertragung des Eigentums am Trustvermögen an den *trustee*. Die Einräumung einer Verfügungsbefugnis wie beispielsweise im deutschen Recht ohne Übertragung des Vollrechts genügt nicht, sondern es ist zwingend erforderlich, dass der *settlor* alle Rechte am Trustvermögen zugunsten des *trustee* verliert.[165]

1) Schutz des Trustvermögens

Der *trustee* wird zwar Eigentümer des Trustvermögens, dieses unterliegt jedoch anderen Regeln als sein übriges Vermögen. Das vom *trustee* gehaltene Trustvermö-

---

157 Teilweise wird zwischen *following* und *tracing* unterschieden, wobei *following* die Identifizierung desselben Gegenstandes, *tracing* hingegen die Identifizierung seiner Surrogate meint. Siehe dazu *Parker/Mellows*, S. 800.
158 Siehe dazu *Hayton*, Trusts, S. 170 ff.
159 *Hayton*, Trusts, S. 169.
160 *Edwards/Stockwell*, S. 398; *Penner*, S. 335.
161 *Pettit*, S. 551.
162 *Parker/Mellows*, S. 807.
163 *Pettit*, S. 551.
164 Vgl. *Hayton*, Trusts, S. 3.
165 *Hayton*, Trusts, S. 4, 135.

gen wird rechtlich strikt von seinem übrigen Vermögen geschieden, so dass die dem *trustee* übertragenen Vermögensgegenstände als eine eigenständige Vermögensmasse anzusehen sind.[166] Charakteristisch für das englische Trustrecht ist, dass die durch die Errichtung des Trust eingetretene Sonderstellung des Trustvermögens sich nicht auf die unmittelbar an den Trust übergebenen Vermögensgegenstände beschränkt, sondern sich an den Gegenständen fortsetzt, die der *trustee* als Ersatz für das Trustvermögen, beispielsweise durch Verkehrsgeschäfte, erhält.[167] Verkauft der *trustee* also ein zum Trust gehörendes Gemälde, so fällt der Kaufpreis nunmehr in das Trustvermögen. Verwendet der *trustee* sodann das Geld, um eine Vase zu kaufen, wird diese Teil des geschützten Trustvermögens. Diese Surrogation ermöglicht also eine (gewinnbringende) Verwendung des Trustvermögens, in deren Folge ein einmal in den Trustfond übergebener Gegenstand durch verschiedene Vermögensgüter ausgetauscht werden kann.

Die Trennung von Trustvermögen und übrigen Vermögen des *trustee* und der Schutz des Trustvermögens stellt eine der wesentlichen Eigenschaften und Vorzüge des Trust dar. Für den Schutz des Trustvermögens hat das englische Recht weitreichende Mechanismen geschaffen, die sicherstellen sollen, dass das einem Trust übertragene Vermögen nicht entgegen der Anordnungen des *settlor* verwendet wird und abhanden kommt. So fällt im Falle einer Insolvenz des *trustee* dieses Sondervermögen nicht in die Insolvenzmasse.[168] Die Gegenstände des Trustvermögens unterliegen ferner einer weitreichenden Verstrickung. Erfolgt ein Verkehrsgeschäft des *trustee* im Einklang mit den Vorgaben der Trusterklärung, so erlischt der *equitable title* am Trustgegenstand. Gibt der *trustee* hingegen einen Trustgegenstand unter Verletzung seiner Pflichten (*breach of trust*) an einen Dritten, so bleibt dieser Gegenstand auch in der Hand des Dritten durch den Trust gebunden.[169] Rechtstechnisch geschieht dies dadurch, dass der Dritte zwar den *legal title* vom *trustee* erwirbt, dieser jedoch beschwert ist um einen *equitable title* des *beneficiary*,[170] der diesen mittels des *tracing* bis in die Surrogate des weggegebenen Vermögensgegenstands behaupten kann. Auch beim Dritten ist der Gegenstand vor der Insolvenz geschützt.[171] Wenn also ein *trustee* Trustvermögen zweckwidrig dazu verwendet, einen Gegenstand zu kaufen um diesen dann weiterzuverschenken, und der Beschenkte im Anschluss in Insolvenz fällt, kann der *beneficiary* verlangen, dass das Geschenk an den Trust herausgegeben wird.

Diese weitreichende Verstrickung des Trustvermögens wird erst und nur dann aufgehoben, wenn ein Dritter gutgläubig und entgeltlich erwirbt.[172] Hierhinter

---

166 *Hayton*, Trusts, S. 4; *Hudson*, S. 46 f.

167 Ausführlich *Wolff*, S. 128 ff.; *Hudson*, S. 42; *Kötz*, S. 30 f.

168 *Hayton*, Trusts, S. 169.

169 Dies führt offenbar bei einem pflichtwidrigen Verkehrsgeschäft zu einer Verdopplung der Rechte des *beneficiary*, dem nunmehr ein *equitable title* an der alten Sache sowie am Surrogat zusteht. Nach *Wolff*, S. 132, erlischt aber das Recht an der alten Sache mit dem Verlangen nach dem Surrogat.

170 Nach englischem Recht hält der Dritte den Gegenstand nunmehr unter einem *constructive trust* für den *beneficiary*, vgl. *Hayton*, Trusts, S. 33.

171 *Pettit*, S. 552.

172 Sog. „*bona fide purchaser for value without notice*". Siehe dazu *Hanbury/Martin*, S. 34 ff.

steht die Überlegung, dass es in dieser Situation zu einem Interessenkonflikt kommt, bei dem *Equity* keinen Vorrang mehr beanspruchen kann. Anders als in den Fällen, in denen der Begünstigte wissentlich durch den *trustee* oder einen Dritten geschädigt wird, geht die Rechtssprechung nicht von einem Vorrang des Rechtes des *beneficiary* aus, wenn der Dritte gutgläubig ist und entgeltlich erworben hat. Im Falle der Gleichwertigkeit der Interessen gilt insoweit der Grundsatz „*When the equities are equal the law prevails*".[173] Der Dritte erwirbt damit unbelastetes Volleigentum.

Trotz dieses weitgehenden Schutzes des *beneficiary* gegenüber Dritten kann das Trustgut im Falle der Insolvenz des Dritten trotzdem häufig nicht wiederhergestellt werden. *Hayton* weist darauf hin, dass der Dritte nämlich das Trustgut verkaufen und den Erlös an den gutgläubigen Insolvenzgläubiger zahlen wird, so dass die Verstrickung des Trustgutes durch den *equitable title* letztlich gelöst wird.[174]

2) Rechtsposition des *beneficiary*

Mit der Übertragung des Vermögensgegenstandes an den *trustee* wird der *beneficiary* Inhaber einer Rechtsposition am Trustvermögen, dem sog. *equitable interest*.[175] Für das Verständnis der Rechtsnatur des *equitable interest* ist entscheidend, die im Hinblick auf die Unterscheidung von *Common Law* und *Equity* bestehende „Zweidimensionalität" des englischen Rechts im Auge zu behalten, weil beide Normgebiete Eigentumsrechte anerkennen. Nach *Common Law* ist der *trustee* Vollrechtsinhaber, da ihm alle Rechte durch den *settlor* übertragen wurden. Daneben hat der *beneficiary* aber nach den Maßstäben der *Equity*-Rechtsprechung ebenfalls „Eigentum" erlangt, da ihm in den Augen von *Equity* aufgrund der Zielrichtung der Zuwendung letztlich das Vermögen zustehen soll. Neben der sachenrechtlichen „Dimension" des *Common Law* kommt also die sachenrechtliche „Dimension" des *Equity* in der Gestalt des *equitable interest* hinzu, der sich auf den nämlichen Gegenstand im (*Common Law*-) Eigentum des *trustee* bezieht.

Es lässt sich ersehen, dass eine Beschreibung des *equitable interest* als wirtschaftliches Eigentum oder der häufig anzutreffende Begriff von der Aufspaltung der Eigentumsrechte[176] die Sache nicht genau trifft. Der *equitable interest* ist nicht nur wirtschaftlich mit einem Eigentumsrecht vergleichbar, sondern verleiht dem *beneficiary* im Normgebiet *Equity* eigene Rechte. Auch eine Aufspaltung ist nicht gegeben, da die aus dem Eigentum herrührende Rechtsmacht auf Ebene des *Common Law* unverändert bleibt und nicht in ihrem Umfang beschnitten wird.[177] Am ehes-

173 *Hanbury/Martin*, S. 35.
174 *Hayton*, Trusts, S. 33.
175 Andere, gleichbedeutende Bezeichnungen sind *equitable title, equitable right*.
176 So z. B. *Bernstorff*, S. 642.
177 Eine Aufspaltung könnte höchstens unter Zugrundelegung eines ideellen, naturrechtlichen Eigentumsbegriffs angenommen werden.

ten lässt sich der *equitable interest* noch als quasidingliches Recht bezeichnen, das neben dem *legal title* des *trustee*, d.h. dem Eigentumsrecht nach *Common Law*, besteht.

Allerdings ist weniger eine Beschreibung mit scheinbar äquivalenten Begriffen als das geschichtliche Herkommen aus der *Equity*-Rechtsprechung für die Einordnung letztlich entscheidend.[178] Der im englischen Recht nach wie vor lodernde Streit um die Rechtsnatur des *equitable interest* und seine Einordnung als ein *right in rem* oder *right in personam* soll daher an dieser Stelle nicht ein weiteres Mal erörtert werden, da er sich als unfruchtbar erweisen muss, weil er die historische Dimension des *equitable interest* außer Acht lässt.[179] Am ehesten lässt sich der *equitable interest* als eine Belastung des *Common Law*-Eigentums charakterisieren[180], die aus der *Equity*-Jurisdiktion herrührt und deren Inhalt und Reichweite sich an den historisch durch die *Equity*-Rechtsprechung entwickelten Ansprüchen und Rechten des *beneficiary* bemisst. Diese Rechte richteten sich ursprünglich nur gegen die Person des *trustee*, da der *Chancellor* in der *Equity*-Rechtsprechung auf der Basis des Gewissens des *trustee* entschied. Im Laufe der Zeit erkannte das englische Recht dann an, dass das *equitable right* gegenüber Dritten Wirkung und Bestandskraft hat und dem *beneficiary* damit ein Recht an der Sache selbst verleiht.

Man kann daher sagen, dass die durch *Equity* zugebilligten Rechte des *beneficiary* sich historisch zu einer einem dinglichen Recht des *Common Law* vergleichbaren, „quasidinglichen" Rechtsposition in *Equity* verdichtet haben, die neben dem formellen *Common Law*-Eigentum des *trustee* besteht. Wenn der *trustee* Eigentümer nach *Common Law* ist, dann liegt es nahe, den *beneficiary* angesichts des Umfangs seiner Rechte als Eigentümer *„in Equity"* anzusehen.[181] Neben den nach zivilrechtlicher Terminologie rein schuldrechtlichen Rechten gegenüber dem *trustee* umfasst die Rechtsposition des *beneficiary* daher auch dingliche Rechte am Trustvermögen selbst. Die „Dinglichkeit" des *equitable title* offenbart sich insbesondere auch daran, dass dieser an die Existenz des Trustvermögens gebunden ist. Geht dieses unter, geht auch der *equitable title* unter und mit ihm Ansprüche gegenüber dem *trustee*.[182] Veranschaulichen kann man das Gewicht dieser verdinglichten Rechtsposition des *beneficiary* anhand der Entscheidung *Saunders v. Vautier*[183], in der einem allein und umfassend berechtigen *beneficiary* das Recht zugebilligt wurde, das Trustvermögen aufgrund seines *equitable interests* herauszuverlangen und damit den Trust bereits

---

178 Zur Kritik an dem Verständnis des *equitable rights* als quasidingliches Rechte und der Entwicklung dieses Begriffes siehe aber *Wolff*, S. 71, 76.

179 Siehe zu diesem Streit etwa *Hanbury/Martin*, S. 17ff., *Kötz*, S. 35. Ein chinesischer Kommentator merkt in diesem Zusammenhang an, dass der englische Trust ein hoch entwickeltes Vermögensverwaltungssystem darstelle, interessant sei aber, dass man bis heute nicht mit Sicherheit sagen könne, welche Rechtsnatur das Recht des *beneficiary* denn nun habe. Siehe *Cha Zhigang*, S.118.

180 Vgl. *Hayton*, Trusts, S. 23; die Definition von *Underhill/Hayton*, oben FN 37, der von einer *equitable obligation* spricht. Ferner *Penner*, S. 14f.

181 So etwa *Hanbury/Martin*, S. 19.

182 *Penner*, S. 28.

183 *Saunders v. Vautier*, (1841) 4 Beav 115.

vor dem Ende seiner Laufzeit zu beenden.[184] Nach englischem Recht kann also – wenn auch so unumwunden nur unter besonderen Bedingungen – das „wirtschaftliche Eigentum" des *beneficiary*, d.h. die durch den *equitable interest* verliehenen Rechte, so stark sein, dass damit eine Herausgabe vom *legal owner* verlangt werden kann.

Die Existenz von *legal* und *equitable title* führt der Wirkung nach daher zu der Entstehung eines dualen Eigentums an einem Gegenstand. Der wesentliche Unterschied zwischen den beiden Eigentumsarten ist aber, dass der *equitable owner* seine Rechte nur indirekt über den *legal owner* als eine Form der Erfüllung der Trustverpflichtungen geltend machen kann.[185] Hinzu kommt, dass die Rechte aus dem *equitable title* den im *trust instrument* bestimmten Umfang haben, der Begriff „*equitable title*" für sich also nichts über seinen Inhalt aussagt, während der *legal title* das dingliche Vollrecht am Vermögensgegenstand bezeichnet.[186]

Eine Folge der Verdinglichung ist, dass der *beneficiary* als Inhaber dieser Rechtsposition seinerseits über diese verfügen und damit ein *equitable right* an einen Dritten übertragen oder beispielsweise auch zum Gegenstand eines Trust machen kann.[187] Führt man sich vor Augen, dass es sich letztlich um ein und denselben Vermögensgegenstand handelt und der *trustee* weiterhin den *legal title* innehat, zeigt sich hieran die besondere Eigentumskonzeption des englischen Rechts, das es zulässt, bestimmte Eigentumsaspekte eines Gegenstandes auf verschiedene Rechtssubjekte beliebig zu verteilen.

IV. Arten

Der Trust in seiner dargestellten Struktur stellt die einfachste und in der Praxis wohl am häufigsten vorkommende Form des *private express trust* dar, den die rechtsgeschäftliche Errichtung zugunsten natürlicher Personen kennzeichnet. Neben diesem haben sich andere Formen etabliert, die kurz dargestellt werden sollen und einen Eindruck von der Formen- und Funktionsvielfalt des Trust im englischen Recht geben sollen.[188]

Das englische Recht unterscheidet als drei grundlegende Kategorien den *express trust*, den *resulting trust* und den *constructive trust*. Die beiden letztgenannten Formen unterscheiden sich dabei vom *express trust* dadurch, dass sie nicht mittels rechtsgeschäftlicher Erklärung eines *settlor* errichtet werden, sondern „*by operation of law*", also kraft Gesetzes entstehen. Daneben ist ihr Zweck nicht die längerfristige Vermögensverwaltung, sondern die Korrektur von Vermögensverschiebun-

---

184 Vgl. *Hudson/Thomas*, S. 175 (7.05).
185 *Penner*, S. 15.
186 *Penner*, S. 26.
187 *Hanbury/Martin*, S. 48.
188 Siehe zu den Funktionen des Trustkonzepts *Kötz*, S. 38 ff.

gen.[189] Eine vierte Form, der sog. *implied trust*, die ebenso wie die anderen im Law of Property Act 1925 erwähnt wird,[190] verliert im englischen Recht als eigenständige Kategorie zunehmend an Bedeutung als sie mittlerweile nur als Oberbegriff des *resulting* und *constructive trust* verstanden wird.[191]

1) *express trust*

Der *express trust* lässt sich nach zahlreichen Gesichtspunkten untergliedern und ist daher für sich genommen schon ein sehr schillernder Begriff. Einendes Merkmal ist die bewusste Errichtung des Trust durch den *settlor*. Die dargestellte Form des *private express trust* fällt zum einen in die Kategorie des *special trust*, bei dem im Gegensatz zum *bare* oder *simple trust* der *trustee* das Trustgut nicht nur verwahren und herausgeben, sondern auch aktiv nach bestimmten Vorgaben verwalten soll.[192] Das Begriffspaar *fixed trust* und *discretionary trust* unterscheidet den Trust danach, ob dem *beneficiary* ein eigenes, in der Trusturkunde bezeichnetes Vermögensrecht zusteht oder ob dem *trustee* im Hinblick auf die Verteilung des Trustvermögens bzw. der Erträge ein Ermessenspielraum eröffnet ist.[193] Bei der bislang behandelten Form des Trust handelte es sich entsprechend um einen *fixed trust*, der den Begünstigten ein *equitable right* gewährt und die aufgezeigten sachen- und treuhandrechtlichen Folgen eintreten. Im Gegensatz dazu kann der *trustee* beim *discretionary trust* den Umfang der Rechte der *beneficiary* bestimmen.[194] Entsprechend erhält ein Begünstigter eines *discretionary trust* kein Eigentumsrecht, sondern nur das Recht, vom *trustee* bei seinen Entscheidungen berücksichtigt zu werden. Erst wenn diese Entscheidung zugunsten des *beneficiary* gefallen ist, steht dieser sich mit einem *beneficiary* beim *fixed trust* gleich.

Ist der Trust nicht zugunsten von Personen, sondern für gemeinnützige Zwecke errichtet worden, handelt es sich nicht um einen *private express trust*, sondern um einen *public* oder *charitable trust*.[195] Der *charitable trust* stellt eine Ausnahme von der Regel dar, dass ein Trust nur zu Gunsten von Personen und nicht für bestimmte Zwecke errichtet werden darf. Er ist steuerlich begünstigt und wird, mangels eines *beneficiary*, durch den *Attorney-General* durchgesetzt.

---

189 *Wolff*, S. 97.
190 Law of Property Act 1925, s 53 (2).
191 *Underhill/Hayton*, S. 54. Ursprünglich wurde mit dem Begriff ein Trust bezeichnet, bei dem der *settlor* nicht ausdrücklich die Errichtung eines Trust erklärt hatte, das Gericht aber die Erklärung bzw. Handlung entsprechend ausgelegt hat. Diese fallen heute aber unter die Form des *express trust*, vgl. *Thomas/Hudson*, S. 24 (1.20).
192 *Edwards/Stockwell*, S. 15 f.; *Underhill/Hayton*, S. 57 f.
193 *Underhill/Hayton*, S. 63 f.
194 *Edwards/Stockwell*, S. 15.
195 *Hanburg/Martin*, S. 67, 397 ff.

2) *resulting trust*

Im Anschluss an eine bereits zitierte Entscheidung von *Lord Browne-Wilkinson*[196] tritt ein *resulting trust* überwiegend in zwei Situationen auf.[197] Überträgt der *settlor* Eigentum an den *trustee* und stirbt der *beneficiary*, ohne dass der Zweck des Trust bereits erreicht ist, so hält der *trustee* das Eigentum nunmehr im Rahmen eines *resulting trust* für den *settlor*. Ein *resulting trust* entsteht auch, wenn jemand Rechte überträgt, aber unklar ist, zu welchem Zweck diese Zuwendung, beispielsweise als Geschenk oder Darlehen, erfolgen sollte. Der Empfänger dieser Rechte hält diese dann als *trustee* für den vormaligen Rechtsinhaber. Die Konstruktion des *resulting trust* ist somit ein Hilfsmittel, um bei Vermögensübertragungen eine ungenügende Beweislage nicht zu Lasten des früheren Rechtsinhabers gehen zu lassen.[198]

3) *constructive trust*

Der *constructive trust* leitet sich aus dem Begriff „*construe*" ab und ermöglicht den Gerichten einen Beklagten als *trustee* anzusehen und ihn den Trustregeln zu unterwerfen. Die Basis für die Annahme eines Trust ist auch hier das unrechtmäßige, ungewissenhafte Verhalten des Beklagten im Hinblick auf ein Vermögensrecht.[199] Der *constructive trust* wird daher als ein Beispiel dafür angesehen, wie *Equity* gewissenhaftes Verhalten praktisch durchsetzt.[200] Wichtigste Folge ist, dass der Kläger ein *proprietary right* an der Sache erhält. Der *constructive trust* ist daher im Gegensatz zum *private trust* nicht auf die langfristige Vermögensverwaltung, sondern auf die sofortige Herausgabe gerichtet.[201]

---

196 *Westdeutsche Landesbank v Islington LBC* [1996] A.C. 669, 708.
197 Siehe *Hayton*, Trusts, S. 17ff.
198 Vgl. *Underhill/Hayton*, S. 54f.
199 *Underhill/Hayton*, S. 55f.
200 *Thomas/Hudson*, S. 25 (1.22).
201 *Kötz*, S. 76f.

C. Der Trust in der Praxis

Seit der Entstehung aus dem mittelalterlichen *use* hat der Trust seinen Anwendungsbereich auf zahlreiche, sehr heterogene Lebenssachverhalte ausgeweitet. Im Folgenden seien kursorisch einige Anwendungsgebiete herausgegriffen, auf denen der Trust am häufigsten anzutreffen ist.[202] Der Trust wird dazu genutzt, um (1) Eigentum Personen zuzuordnen, die persönlich dieses nicht innehaben können. Dies ist beispielsweise bei Minderjährigen im Hinblick auf Grundstückseigentum der Fall. Mittels eines Trust können auch (2) Zuwendungen in privatschriftlicher, d.h. nichtöffentlicher Form getätigt werden, beispielsweise an außereheliche Nachkommen. Beim Testament besteht demgegenüber die Gefahr der Kenntniserlangung durch die Allgemeinheit. Die Vermögensnachfolgeplanung (3) lässt sich mit dem Trust individuell gestalten, z.B. indem zunächst ein Ehepartner und dann die Nachkommen am Trustvermögen berechtigt werden, oder es können im Hinblick auf die Gefahr des raschen Verzehrs des Familienvermögens aufgrund einer verschwenderischen Lebensweise der Nachkommen Vorkehrungen getroffen werden. Trusts haben ferner einen großen Anwendungsbereich (4) im Rahmen der Steuerplanung und –minimierung und (5) im Bereich des Investmentrechts als Investmentvehikel. Der Trust wird auch verwendet (6) für die Verwirklichung gemeinnütziger Zwecke. Schließlich, aber von Bedeutung und Kapitalisierung eines der wichtigsten Anwendungsfelder, wird (7) die Altersvorsorge (*pension funds*) mittels Trusts geregelt.

Abschließend soll zur Erläuterung der Funktionsweise des Trust dieser der Gesellschaft gegenübergestellt werden, da im Wirtschafts- und insbesondere im Investmentrecht der Trust häufig als Gestaltungsalternative zur Gesellschaft fungiert.[203] Ein *investment trust* ist nach englischem Verständnis eine Kurzbezeichnung für eine *investment trust company*, die an der *London Stock Exchange* notiert ist und Anlagen in Wertpapiere durchführt.[204] Anders als in den Vereinigten Staaten ist der *investment trust* daher in England kein Trust im eigentlichen Sinne. Dort findet sich für diesen Typ vielmehr die Bezeichnung *unit trust*. Die Idee hinter einem solchen *unit trust* ist, Vermögen auf dem Kapitalmarkt einzusammeln und nach den Grundsätzen der Diversifizierung und Risikostreuung professionell anzulegen. Zweck des Trust ist also die Vermögensverwaltung, der das Vermögen haltende *trustee* ist häufig eine Vermögensverwaltungsgesellschaft, beispielsweise eine Bank oder *trust company*. Die Verwaltung des Vermögens übernimmt ein professioneller *fund manager*, der die Anlageentscheidungen trifft.[205] Entscheidend für die Attraktivität einer solchen Anlage ist, dass die Anteile an diesem Vermögen übertragbar und umlauffähig sind. Daher halten die Kapitalgeber typischerweise einen verbrieften Anteil

---

202 Der folgende Überblick orientiert sich an *Parker/Mellows*, S. 6ff. Siehe ferner *Hanbury/Martin*, S. 41ff.; *Hayton*, Trusts, S. 44ff.; *Edwards/Stockwell*, S. 53ff.; *Kötz*, S. 38ff.

203 Vgl. zu den verschiedenen Gestaltungsansätzen im deutschen Recht bei der Verwaltung von Vermögen zugunsten einer Personenmehrheit *Kötz*, S. 120ff.

204 *Underhill/Hayton*, S. 45.

205 *Edwards/Stockwell*, S. 61.

am *equitable interest* des Anlagevermögens, wenn nicht - wie in der Praxis ist bei einem *unit trust* üblich - zumeist eine Anlagegesellschaft zwischengeschaltet ist, die den *equity interest* hält und ihrerseits verbrieften Anteile an die Anleger ausgibt.

Ein Vergleich zwischen der oben angesprochenen *investment trust company* und einem *unit trust* zeigt gut die Unterschiede dieser beiden Investitionsvehikel auf.[206] Der Anteilseigner einer *investment trust company* hält verbriefte Anteile, beispielsweise Aktien, die Anteile an der Gesellschaft sind, nicht aber unmittelbare Rechte am Gesellschaftsvermögen selbst geben. Der Wert der Anteile bestimmt sich daher nicht allein nach dem Gesellschaftsvermögen, sondern auch nach der Geschäftsführung und Ausschüttungspolitik des Unternehmens. Im Gegensatz dazu hält ein Inhaber von Anteilen an einem *unit trust* Anteile an dem verwalteten Vermögen selbst, dessen Wert sich unmittelbar nach den Vermögenswerten bestimmt. Auch von der Binnenstruktur her unterscheiden sich Trust und Gesellschaft. So ist die Geschäftsleitung einer Gesellschaft auf Basis der Gesellschaftssatzung generell freier in ihrer Entscheidung als der *trustee*, dessen Tätigkeit durch die Trusterklärung weitgehend vorgezeichnet wird. Die Anteilseigner einer Gesellschaft besitzen Mitwirkungsrechte, die sie in der Gesellschafterversammlung ausüben können; der *beneficiary* hat solche Rechte dagegen nicht.

---

206 Vgl. zum Folgenden vor allem *Underhill/Hayton*, S. 45.

D. Zusammenfassung

Hayton fasst die Eigenschaften des Trust wie folgt zusammen[207]:

„It has been seen that a trust is, essentially, a fiduciary relationship with respect to property, subjecting the trustee who owns the property to duties to deal with the property for the benefit of persons (including himself if so designated). Any one of these persons, known as beneficiaries, can enforce the obligations of the trustee, which arise as the result of a manifestation of an intention to create a trust by a person known as the settlor. The trustee is the legal person who acts on behalf of the trust because it has no legal personality of its own, unlike a company. However, the assets of the trust constitute a separate fund available only for the beneficiaries and not for the trustee's creditors if the trustee becomes insolvent. The beneficiaries are regarded as having equitable ownership of the assets in the legal ownership of the trustee. If the trustee in breach of trust wrongfully transfers the legal ownership in particular assets to a third party, then the beneficiaries can still assert their equitable ownership against those assets and so trace such assets (or, even, the product of such assets) into the hands of anyone who is not a bona fide purchaser of the assets without notice of the breach of trust or protected by special statutory provisions.
It can therefore be seen that strong security is provided for beneficiaries by virtue of their equitable ownership of trust assets. Furthermore, the settlor has freedom to lay down all the terms of the trust creating whatever rights and duties he wishes in the trustee, so long as they are not uncertain, illegal or contrary to public policy, and he does not have to comply with the formal rules for the incorporation and regulation of a company.
The trust is, therefore, a very flexible, useful device: its uses are as unlimited as the imagination of lawyers in taking account of the wishes of bankers and businessmen in the commercial context."

Die vorangegangene Darstellung des englischen Trustrechts hat einen Überblick über das Rechtsinstitut des englischen Trust gegeben, das Ausgangspunkt und Leitbild der chinesischen Rezeption war. Ziel einer solchen Darstellung ist aber weniger, die zahlreichen Einzelheiten des englischen Trustrechts zu referieren, als vielmehr das englische Trustrecht als eine Ausformung eines universalen Treuhandgedankens erkennbar zu machen, der in wechselnder Form in verschiedenen Rechtsordnungen zur Geltung kommen kann, im englischen Recht aber gerade eine ganz spezifische Prägung erhalten hat. In der Einleitung zu seiner Monographie zum deutschen Treuhandrecht stellt *Coing* insoweit heraus, dass es im Privatrecht Rechtsgestaltungen gebe, die in allen entwickelten Rechtsordnungen auftauchten, weil sie offenbar immer wiederkehrenden Bedürfnissen entsprächen, und zu denen auch die Treuhand in ihren verschiedenen Erscheinungsformen gehöre.[208]

---

207 *Underhill/Hayton*, S. 39.
208 *Coing*, S. 1.

Aufgabe jeder Treuhandregelung ist es, die sich aus der Natur der Treuhand ergebenden typischen Konflikte zu lösen.[209] Im Vordergrund steht dabei, dass die Einräumung von Rechtsmacht an einem Vermögen zur Verwirklichung bestimmter Zwecke immer die Gefahr eines Missbrauchs durch den Treuhänder birgt und damit die Frage nach sich zieht, wie die Bindung des Treuhänders an den Zweck und das Fremdinteresse, d.h. das Interesse des Begünstigten, zu gewährleisten ist. Neben der Gefahr von rechtswidrigen Verfügungen durch den Treuhänder besteht vor allem auch die Gefahr, dass persönliche Gläubiger des Treuhänders in das Treugut vollstrecken.

Zur Vermeidung des Missbrauchs der treuhänderischen Stellung und der Verletzung des Treuhandzweckes bedient sich das englische Trustrecht zum einen des Mittels der treuhänderischen Pflichten, den *fiduciary duties*, die es dem *trustee* auferlegt. Diese verpflichten den *trustee*, ausschließlich im Interesse des Begünstigten tätig zu werden. Wie der Vergleich mit der *agency* gezeigt allerdings hat, stellen diese *fiduciary duties* durchaus keine Besonderheit des Trustrechts dar.

Der signifikante Beitrag des Trustrechts zu den übrigen Instituten des *Common Law*, insbesondere des Vertragsrechts, ist vielmehr, dass die Kernkonflikte des Treuhandrechts mithilfe einer im Außenverhältnis, also gegenüber Dritten wirkenden Vermögenstrennung gelöst werden.[210] Die Errichtung eines Trust lässt eine von den Beteiligten unabhängigen Einheit zugunsten der Interessen des *beneficiary* – ein Sondervermögen – entstehen, so dass Gläubigern der Beteiligten, insbesondere denen des *trustee*, das Trustvermögen als Haftungsmasse entzogen ist.[211] Mittels des Trust lassen sich damit Vermögensgegenstände ausgliedern und bestimmten Zwecken widmen.[212]

Von diesen Rechtsfolgen ist das konstruktive Mittel zu unterscheiden, mit dem das angelsächsische Trustrecht die Vermögenstrennung umsetzt. Das englische Trustrecht hat die genannten Wirkungen auf dem Schnittpunkt der nur dem englischen Recht bekannten Normgebiete des *Common Law* und *Equity* entwickelt. Es war die *Equity*-Rechtsprechung des *Chancellor*, die das Vorliegen einer Treuhandregelung anerkannte und aus Schutzzweckgesichtspunkten ein eigenes Eigentumsrecht des *beneficiary* ausbildete. Dem *beneficiary* wurde nicht nur ein schuldrechtlicher Anspruch gewährt, sondern eine verdinglichte Rechtsposition eingeräumt, die sowohl gegenüber dem *trustee* als auch gegenüber Dritten besteht und die allein durch einen gutgläubigen Erwerb zerstört werden kann. Es ist die Eigenheit des englischen Rechts, dass es die Absicht des *settlor*, dem *trustee* das Vollrecht mit dem Ziel der Begünstigung des *beneficiary* zukommen zu lassen, als die Absicht interpretiert, über sein Eigentumsrecht in der Weise zu verfügen, dass der erste das *legal ownership*, der zweite das *beneficial ownership* erhält. Dieser Mechanismus unterscheidet den englischen Trust substantiell von den noch darzustellenden Rechts-

209 Vgl. *Siebert*, S. 19; *Kötz*, S. 127; *Coing*, S. 101; *Bitter*, S. 7 ff.
210 *Hansmann/Mattei*, S. 454 ff., 466; *Hayton*, Principles, S. 30; *Ho*, Reception, S. 291.
211 *Hansmann/Mattei*, S. 454 ff., 469 ff.; *Hayton*, Principles, S. 35.
212 *Hansmann/Mattei*, S. 466.

ordnungen, die den Treugeber nur eine ungeteilte Übertragung seines Vermögens an den Treuhänder erlauben und den Begünstigten daher im Grundsatz nur schuldrechtlich berechtigen können.

Als Charakteristikum des englischen Trustrechts zeigt sich im Ergebnis damit der (quasi-)dingliche Schutz der Rechtsposition des *beneficiary*. Anders gewendet können die mit der Begründung einer Treuhänderschaft verbundenen Absichten des Treugebers und die Bindung des Treuhänders an die Fremdinteressen im englischen Recht gewissermaßen verdinglicht werden. Entscheidend ist aber, dass das duale Eigentumskonzept letztlich nur das konstruktive Mittel des englischen Trustrechts ist, die für die Funktionsfähigkeit dieser Treuhandregelung entscheidende Vermögenstrennung herbeizuführen. Soweit die Vermögenstrennung in anderen Rechtsordnungen auf andere Weise geschaffen werden kann, bedarf es einer Rezeption des dualen Eigentums also nicht.

Zweites Kapitel
Die Verwaltungstreuhand im deutschen Recht

Anders als im englischen Recht muss die Darstellung des deutschen Treuhandrechts als Teil einer *Civil Law*-Rechtsordnung ihren Ausgangspunkt im Gesetzesrecht nehmen. Das Bürgerliche Gesetzbuch regelt mit dem Auftrag und Geschäftsbesorgung in §§ 662, 675 ff. BGB zwei Vertragstypen, bei denen der Schuldner für die Interessen des Gläubigers tätig wird. Eine eigenständige Regelung der Treuhand als ein rechtsgeschäftliches Institut, das ein auf einen Vermögensgegenstand bezogenes Handeln im fremden Interesse regelt, findet sich im BGB indes ebenso wenig wie eine Legaldefinition der Treuhand oder überhaupt die Begriffe Treuhand oder Treuhänder. An ihre Stelle tritt eine allgemeine Lehre der rechtsgeschäftlich begründeten Treuhand, die Rechtsprechung und Rechtswissenschaft entwickelt haben und die Grundlage der hier darzustellenden (fiduziarischen) Verwaltungstreuhand ist.[213]

213 Das Recht der Sicherungstreuhand wird im Hinblick auf die Ziele dieser Arbeit ausgeklammert.

A. Merkmale der fiduziarischen Verwaltungstreuhand

In der Literatur und Rechtsprechung zur Treuhand hat sich ebenso wie im englischen Trustrecht bisher keine allgemein anerkannte Definition der Treuhand durchsetzen können.[214] Wie beim Trust sind es auch hier die wenn auch nicht so zahlreichen, so doch ebenfalls heterogenen Anwendungsfelder und Formen der Treuhand, die die Bildung eines einheitlichen Treuhandbegriffs bislang entgegenstanden und eine Klassifizierung der Treuhandtypen in den Vordergrund gestellt haben.[215] Es ist freilich nahezu unbestritten, dass solche Sachverhalte auszuscheiden sind, in denen der Treuhänder lediglich fremde Interessen ohne Bezug auf einen konkreten Vermögensgegenstand zu wahren hat. Gibt es kein Treugut, gibt es keine Treuhand.[216] Beschränkt man sich auf die hier im Mittelpunkt stehende Verwaltungstreuhand, so liegt eine Treuhand nach allgemeiner Ansicht dann vor, wenn der Treugeber aus seinem Vermögen einen Gegenstand (Treugut) dem Treuhänder zu eigener Rechtszuständigkeit überträgt mit der Maßgabe, dass der Treuhänder die Rechtsmacht nur gemäß dem Treuhandvertrag auszuüben hat.[217]

Die Definition, die von *Siebert* als „uralt und Gemeingut aller Rechtskulturen" beschrieben wurde[218], bezeichnet einen Treuhänder auch als jemanden, der „Rechte als Eigenrechte empfangen hat mit der Bestimmung, sie nicht im eigenen Interesse zu gebrauchen."[219] Anhand dieser Beschreibung eines universalen Treuhandgedankens zeigt sich zwar die Verwandtschaft von Trust und Treuhand, die Abstraktheit der Beschreibung verdeckt aber, dass das deutsche Treuhandrecht in einigen Aspekten beträchtlich vom Trustrecht abweicht. Die deutsche Treuhanddogmatik unterscheidet sich vom englischen Trustrecht gerade auch darin, dass es auf Vorgaben aus dem geschriebenen Recht trifft, die der Umsetzung des Treuhandgedankens Schranken setzen. Weil das BGB ein den Zielen der Vertragsparteien adäquates Rechtsinstitut nicht zur Verfügung stellt, würde eine rein auf die formale Eigentümerstellung des Treuhänders abstellende Anwendung des BGB und der insolvenz- und vollstreckungsrechtlichen Vorschriften zu einer Beschränkung des Parteiwillens führen, der den Treuhänder gerade auf einen bestimmten Treuhandzweck verpflichten will. Das BGB enthält insoweit eine Regelungslücke[220], die folgerichtig durch Rechtsprechung und Lehre ausgefüllt worden ist.[221] Das deutsche Treuhandrecht ist damit einem eigentümlichen Spannungsverhältnis zwischen Dogmatik und Wirklichkeit[222] unterworfen, das zu einer im Folgen-

---

214 *MüKo/Schramm*, Vor § 164 Rn. 28; *Hirschberger*, S. 5.
215 Vgl. die Übersicht bei *Gernhuber*, S. 355.
216 *Soergel/Leptien*, Vor § 164 Rn. 52.
217 Vgl. *Soergel/Leptien*, Vor § 164 Rn. 51; *Heinsus*, S. 388; *MüKo/Schramm*, Vor § 164 Rn. 28. Diese Definition umfasst allerdings nicht den Fall der Ermächtigungstreuhand.
218 *Siebert*, S. 1.
219 Vgl. auch *Bitter*, S. 32; *Henssler*, S. 41 f.
220 *Coing*, S. 28; *Henssler*, S. 45.
221 Zur Geschichte der Treuhand im deutschen Recht siehe den Überblick bei *Becker*, S. 77 ff. sowie ausführlich *Coing*, S. 28 ff.
222 So der Titel des Aufsatzes von *Henssler*, AcP 196 (1996), S. 37 ff.

den darzustellenden gewohnheitsrechtlichen bzw. richterrechtlichen Ergänzung und Fortbildung der für Treuhandabreden geltenden Grundsätze und Rechtsfolgen geführt hat.

I. Entstehung

Der Charakter des Treuhandrechtsverhältnisses als eine Ausübung von Rechtsmacht zugunsten fremder Interessen lässt die Lehre bei der rechtsgeschäftlichen Treuhand einen persönlichen und einen sachlichen Aspekt unterscheiden.[223] Den sachlichen Aspekt bezeichnet die Einräumung von Rechtsmacht am Treugut zugunsten des Treuhänders, der die Treuhand von anderen, auf Wahrung allgemeiner fremder Interessen gerichtete Verhältnisse wie z.B. dem Auftrag gem. §§ 662 ff. BGB unterscheidet. Der persönliche Aspekt bezieht sich demgegenüber auf die Bindung des Treuhänders an die durch den Treugeber gesetzten Zwecke der Treuhand. Das Treuhandverhältnis wird damit durch ein zweiaktiges Rechtsgeschäft, bestehend aus Treuhandabrede (*pactum fiduciae*) und Verfügungsgeschäft geschaffen.[224] Während die Eigentümerstellung des Treuhänders sein (unbeschränktes) rechtliches Können bestimmt, bestimmt die Treuhandabrede sein rechtliches Dürfen, das wegen der Fremdnützigkeit seiner Aufgabe in seinem Umfang hinter dem rechtlichen Können zurückbleiben muss.[225]

1) Schuldrechtliches Rechtsgeschäft

Zur Begründung einer Treuhand ist entsprechend der aufgezeigten Struktur zum einen eine schuldrechtliche Treuhandabrede erforderlich. Diese bestimmt den Inhalt und Umfang der Rechte und Pflichten von Treuhänder, Treugeber und, soweit vorhanden, Drittbegünstigten und organisiert damit das Treuhandrechtsverhältnis. Sie legt ferner den Zweck der Übertragung des Treugutes fest und stellt damit die sie rechtfertigende causa dar.[226] Es handelt sich bei der Treuhandabrede um einen Vertrag gem. §§ 145, 311 ff. BGB, den das BGB nicht typisiert hat. Der Inhalt wird daher in erster Linie durch die Abreden und Zwecksetzungen der Parteien bestimmt, wobei ergänzend auf geeignete Regelungen des BGB, insbesondere das Auftrags- und Geschäftsbesorgungsrecht, zurückgegriffen werden kann. Je nachdem, ob Entgeltlichkeit vereinbart wurde, kann daher ein unvollkommen zweiseitiger Auftragsvertrag oder gegenseitiger Geschäftsbesorgungsvertrag vorliegen.[227] Die Bindung des Treuhänders findet damit ihren Rechtsgrund in der zwischen ihm und dem Treugeber geschlossenen Vertragsabrede, der nach den Regelungen des allgemeinen Teils durch die Abgabe zweier übereinstimmender

223 Vgl. *Coing*, S. 85; *Soergel/Leptien*, Vor § 164 Rn. 52.
224 *Coing*, S. 106.
225 *MüKo/Schramm*, Vor § 164 Rn. 28; *Larenz/Wolf*, § 46 Rn. 31; *Gernhuber*, S. 356.
226 *Gernhuber*, S. 357.
227 *Soergel/Leptien*, Vor § 164 Rn. 57.

Willenserklärungen, des Angebots und der Annahme, entsteht, §§ 145ff. BGB. Anders als im englischen Recht scheidet eine einseitige Erklärung des Treugebers zur Begründung der Treuhand aus, da durch diese eine Bindung des Treuhänders nicht bewirkt werden kann.

Mangels ausdrücklicher Regelung der Treuhand gibt es auch keine gesetzliche Formvorschrift für Treuhandabreden. Eine Formbedürftigkeit kann sich daher nur aus dem Umstand der Übertragung eines Vermögensgegenstandes auf den Treuhänder ergeben.[228] Besondere Anforderungen an die Form bestehen insbesondere bei Grundstücken gem. § 311b Abs. 1 BGB und GmbH-Anteil gem. § 15 Abs. 4 GmbHG.[229]

2) Dingliches Rechtsgeschäft

Das dingliche Rechtsgeschäft stellt die Rechtsmacht des Treuhänders her und verändert die sachenrechtliche Rechtszuständigkeit am Treugut. Nach deutschem Recht bestehen im Wesentlichen drei Möglichkeiten, den Treuhandgedanken konstruktiv zu verwirklichen: mittels einer Vollrechtsübertragung (fiduziarische Vollrechtstreuhand), durch eine auflösend bedingte Eigentumsübertragung (deutschrechtliche Treuhand) oder durch Einräumung einer Verfügungsermächtigung (Ermächtigungstreuhand).[230] In allen drei Varianten kann der Treuhänder damit im eigenen Namen über das Treugut verfügen.

Für die Vollrechtsübertragung muss der Treugeber das Treugut entsprechend der allgemeinen Regeln übertragen, also bewegliche Gegenstände gem. §§ 929 ff. BGB, Grundstücke gem. §§ 873, 925 BGB, Forderungen gem. § 398 BGB. Die Vollrechtsübertragung kann grundsätzlich auch unter einer auflösenden Bedingung gem. § 158 Abs. 2 BGB erfolgen. Die Bedingung kann an die Erreichung des Zwecks der Treuhand oder die Verletzung von Pflichten durch den Treuhänder geknüpft werden, so dass das Eigentum wieder an den Treugeber zurückfällt. Die Vereinbarung einer auflösenden Bedingung ist bei manchen Vermögensgegenständen, wie beispielsweise Grundstücken gem. § 925 Abs. 2 BGB, allerdings ausgeschlossen. Eine besondere Publizitätsvorschrift, nach der ein Treuhandverhältnis und damit die Berechtigung des Treuhänders bzw. Begünstigten bei eintragungspflichtigen Gegenständen offenkundig würde, kennt das BGB nicht. So ist im Grundbuch ein Treuhändervermerk nicht eintragungsfähig.[231]

Während in den Fällen des (bedingten) Vollrechtserwerbs der Treuhänder im Außenverhältnis mehr kann als er im Innenverhältnis darf, erlaubt die Ermächtigungstreuhand die Begrenzung der Rechtsmacht des Treuhänders im Einklang mit seiner Aufgabenstellung. Der Treugeber ermächtigt gem. § 185 Abs. 1 BGB

---

228 *Liebich/Mathews*, S. 83.
229 Vgl. hierzu ausführlich *Liebich/Mathews*, S. 83 ff.
230 Vgl. *Coing*, S. 94ff. und 114ff.
231 *Soergel/Leptien*, Vor § 164 BGB Rn. 58. Dies ist nicht unumstritten, vgl. *Coing*, S. 120ff.

den Treuhänder durch einseitige Erklärung über das in seinem Eigentum verbliebene Treugut in eigenem Namen zu verfügen. Eine Ermächtigung ist inhaltlich beschränkbar, so dass er bei Überschreitung seiner Befugnis als Nichtberechtigter handelt und getroffene Verfügungen unwirksam sind. In diesem Aspekt kommt die Ermächtigungstreuhand dem englischen Trustrecht damit näher als die beiden anderen Treuhandformen. Das mit der Ermächtigung entstehende Problem der Doppelzuständigkeit von Treuhänder und Treugeber am Treugut soll dadurch gemildert werden, dass dem Treuhänder etwaige Papiere, die zur Ausübung des Rechts notwendig sind, übertragen werden.[232]

II. Treuhänderische Rechtsbeziehung

Die treuhänderische Rechtsbeziehung zwischen Treugeber und Treuhänder wird durch die schuldrechtliche Abrede zwischen diesen organisiert, ergänzend kommt das Auftrags- bzw. Geschäftsbesorgungsrecht des BGB zur Anwendung. Die Ähnlichkeiten der Treuhand zum Trust sind im Bereich der treuhänderischen Pflichten wohl größer als in jedem anderen Bereich des Treuhandrechts. Wie der *trustee* unterliegt der Treuhänder einer generellen Treuepflicht, die um weitere Sorgfalts- und Einzelpflichten ergänzt wird.

1) Beteiligte

Die Verwaltungstreuhand ist im Regelfall ein zweiseitiges Rechtsverhältnis zwischen Treugeber und Treuhänder. Die Ursache hierfür liegt darin, dass sich fiduziarische Treuhandgeschäfte historisch vor allem anhand von Sicherungsgeschäften ausgebildet haben.[233] In diesem zweiseitigen Rechtsverhältnis nimmt der Treugeber also auch die Rolle des Begünstigten ein, da die Verwaltung des Treuguts zu seinen Gunsten erfolgen soll – in der Terminologie des Trust wäre er also gleichzeitig *beneficiary*. Eine dem englischen Trustrecht entsprechende dreiseitige Rechtsbeziehung eröffnet hingegen das Institut des Vertrags zugunsten Dritter, bei dem Treugeber und Begünstigter auseinander fallen. Je nach Vertragszweck bestimmen Treugeber und Treuhänder, in welcher Weise der Drittbegünstigte berechtigt werden soll. Auf eine Mitwirkung des Dritten kommt es dabei nicht an. Soll dieser ein eigenes Forderungsrecht erhalten, liegt ein sog. echter Vertrag zugunsten Dritter iSd. § 328 Abs. 1 BGB vor. Dieser vermittelt dem Dritten eigene Forderungsrechte gegen den Treuhänder, aber keine dinglichen Rechte am Treugut. Im Falle des sog. unechten Vertrages zugunsten Dritter erhält der Dritte einen solchen Anspruch nicht; hier ist es der Treugeber, der verlangen kann, dass an den Dritten geleistet wird (§ 335 BGB).

---

232 *Coing*, S. 124.
233 Zur Geschichte siehe *Coing*, S. 28 ff.

2) Inhalt

Den Inhalt der treuhänderischen Tätigkeit bestimmen in erster Linie die Parteien in der Treuhandabrede, nicht zuletzt weil das BGB den Treuhandvertrag nicht typisiert hat. Typischerweise enthält die Treuhandabrede Aussagen über den Treuhänder, insbesondere hinsichtlich des Innenverhältnisses zwischen mehreren Treuhändern sowie dessen bzw. deren etwaige Vergütung. Ferner ist das Treugut ebenso zu bestimmen wie der Verwaltungszweck der Treuhand und die Art der Verwaltung des Treuguts bzw. der Ausübung der eingeräumten Rechtsmacht. Ergänzend kommt entweder das Auftrags- (§ 662 BGB) oder Geschäftsbesorgungsrecht (§ 675 BGB iVm. § 611 BGB oder § 631 BGB) zur Anwendung.

Hauptpflicht des Treuhänders ist die Besorgung des ihm vom Treugeber übertragenen Geschäfts.[234] Die Besorgung dieser Geschäfte schließt auch die Eingehung von Verbindlichkeiten im eigenen Namen ein, für diese der Treuhänder grundsätzlich allein haftet.[235] Um das Treugut ordnungsgemäß zu verwalten, muss der Treuhänder allgemein gesprochen alle Maßnahmen ergreifen, die zur Sicherung, Erhaltung und Verwirklichung der ihm übertragenen Rechte erforderlich sind.[236] Der Treuhänder hat das Treugut so zu verwahren und zu verwalten, dass der vom Treugeber erstrebte wirtschaftliche Zweck erreicht und der Schutz des Treugebers im Außenverhältnis zu Dritten optimiert wird.[237] Der Treuhänder hat das Treugut ferner von seinem eigenen persönlichen Vermögen getrennt zu halten und ein Verzeichnis über das Treugut aufzustellen.[238] Gem. § 664 Abs. 1 S. 1 BGB muss er die Treuhandgeschäfte, wenn nicht etwas anderes gewollt ist, persönlich erledigen, was insoweit auch in der Natur des Treuhandverhältnisses begründet liegt.[239] § 666 BGB verpflichtet den Treuhänder zu Rechenschaft und Auskunft.[240] Der Treugeber ist gegenüber dem Treuhänder grundsätzlich zum Aufwendungsersatz verpflichtet (§ 670 BGB). Dieser schließt einen Anspruch auf Befreiung von im eigenen Namen, aber für den Treugeber eingegangenen Verbindlichkeiten des Treuhänders ein.[241]

Die Aufgabe eines Treuhänders kennzeichnet insgesamt seine Unterordnung unter die Interessen des Treugebers. Dieser hat dem Treuhänder die Rechtsmacht am Treugut nicht bedingungslos eingeräumt, sondern ihn im Rahmen der Treuhandabrede auf die Verwaltung zugunsten eines bestimmten Zweckes verpflichtet. Ausdruck dessen ist die Treuepflicht des Treuhänders gegenüber dem Treugeber.[242] Dem Treuhänder ist es deshalb untersagt, günstige Angebote, die er in sei-

---

234 *Liebich/Mathews*, S. 97.
235 *Pluskat*, S. 72.
236 BGHZ 56, 123, 128.
237 *Henssler*, S. 47.
238 *Coing*, S. 142 f.; *Liebich/Mathews*, S. 97.
239 *Liebich/Mathews*, S. 99.
240 Siehe dazu *Liebich/Mathews*, S. 101 ff.
241 *Pluskat*, S. 73.
242 *Coing*, S. 137.

ner Funktion als Treuhänder erhält, selbst zu verwenden und auf eigene Rechnung anzunehmen.[243]

Ein *settlor* hat im englischen Recht nach Errichtung des Trust grundsätzlich keine weiteren Einflussrechte auf den werbenden Trust, und der *beneficiary* besitzt lediglich Kontrollrechte, aber keine Weisungsrechte gegenüber dem *trustee*. § 665 BGB geht demgegenüber vom Grundsatz aus, dass der Beauftragte an die Weisungen des Auftraggebers grundsätzlich gebunden ist, unter gewissen Voraussetzungen aber abweichen darf oder sogar muss.[244] Das aus dem Auftragsrecht stammende Weisungsrecht des Treugebers macht damit den Treugeber im deutschen Recht zum Herrn des Geschehens, der Verwaltungsentscheidungen des Treuhänders dirigieren kann. Allerdings kann gerade ein sachkundiger Treuhänder gegenüber dem in Verwaltungsdingen weniger bewanderten Treugeber bei Bedenken gegen erteilte Weisungen zur Beratung und Warnung verpflichtet sein.[245]

III. Vermögensrechtliche Struktur

Die das Treugut betreffenden vermögensrechtlichen Regelungen sind Hauptgegenstand der anhaltenden wissenschaftlichen Kontroversen im deutschen Treuhandrecht. Im Vordergrund steht dabei das Außenverhältnis der Treuhand, das angesichts der Diskrepanz zwischen Außen- und Innenverhältnis die Frage nach einer interessengerechten Verwirklichung des Treuhandgedankens sowie ihrer dogmatischen Begründung aufwirft. Dieser Bereich des Treuhandrechts ist mangels materieller Regelungen in weitem Umfang durch die Rechtsprechung und Literatur insbesondere im Hinblick auf die Gefahren durch Einzel- und Gesamtvollstreckung in das Treugut fortgebildet worden.

1) Umfang und Veränderungen des Treuhandvermögens

Im Treuhandvertrag bestimmen die Parteien, welches Vermögen Gegenstand der Treuhand sein soll. Sie sind frei in der Bestimmung der einzelnen Gegenstände, bei denen es sich um Sachen, Rechte und beispielsweise auch aus Einzelrechten bestehende Mitgliedschaftsrechte an einer Gesellschaft handeln kann. Die Parteien können ferner bestimmen, ob nur das direkt aus dem Vermögen des Treugebers stammende Treugut oder auch durch Verkehrgeschäfte oder Ersatzleistungen erhaltene Surrogate dem schuldrechtlichen Treuhandvertrag unterworfen und damit Gegenstand der Verpflichtung des Treuhänders sein sollen.[246]

Der herrschenden Auffassung im Treuhandrecht nach unterliegt allerdings nur das Treugut, das der Treugeber dem Treuhänder unmittelbar übergeben hat, den

243 *Pluskat*, S. 72.
244 *Palandt/Sprau*, § 665 Rn. 1.
245 Vgl. *Palandt/Sprau*, § 665 Rn. 5; *Liebich/Mathews*, S. 98.
246 *Liebich/Mathews*, S. 25.

für Treuhandvermögen geltenden besonderen Schutzbestimmungen in Insolvenz und Zwangsvollstreckung.[247] Dieser Rechtsprechung zum Unmittelbarkeitsprinzip liegt die Befürchtung zugrunde, der Treuhandbegriff könne ins Unbestimmte zerfließen, wenn von einem „Anvertrauen zu treuen Händen" ganz abgesehen würde[248], da so eine Abgrenzung insbesondere zwischen mittelbarer Stellvertretung und Treuhand kaum mehr möglich sei. Das von der Rechtsprechung entwickelte sog. Unmittelbarkeitsprinzip schränkt die Rechtsfolgen des deutschen Treuhandrechts im Vergleich zum Trust damit im Außenverhältnis beträchtlich ein, ist aber trotz der anhaltenden Kritik in der Literatur, die dieses Prinzip generell für ungeeignet hält, bislang nicht aufgegeben worden.[249] In der Konsequenz unterliegen Vermögensgegenstände, die durch Dritte an den Treuhänder gegeben werden (sog. Seitenzugang), nicht den für das unmittelbar übergegebene Vermögen geltenden Schutzwirkungen. Auch Surrogate des Treugutes, also Gegenstände, die unmittelbar vom Treugeber stammende Gegenstände wegen Veräußerung oder Zerstörung ersetzen, verwehrt die Rechtsprechung Schutz und statuiert damit ein Surrogationsverbot.[250]

Tatsächlich macht die Rechtsprechung in einigen Fällen Ausnahmen von dem Unmittelbarkeitsprinzip. Ausnahmen gelten beispielsweise für Treuhand- und Anderkonten, bei denen Zinsen und Überweisungen Dritter ebenfalls geschützt sind.[251]

2) Schutz des Treugutes

Die Besonderheit des Treuhandvermögens zeigt sich wie im Trustrecht anhand einiger typischer Gefährdungslagen. Das Treugut unterliegt besonderen Regeln und ist daher eine neben das Vermögen des Treuhänders tretende Vermögensmasse, ein „Sondervermögen", das der Treuhänder getrennt von seinem übrigen Vermögen verwalten muss und das für Eigenverbindlichkeiten des Treuhänders nicht haftet.[252] Obwohl der Treuhänder also Rechtsträger dieses Sondervermögens ist, unterscheidet es die Bindung auf einen bestimmten Treuhandzweck von seinem übrigen Vermögen.[253] Das geltende Recht kennt allerdings keinen Umstand, an dem eine geteilte Zuordnung als solche nach außen erkennbar wäre.[254]

a) Zweckwidrige Verfügungen des Treuhänders

Einer der wohl markantesten Unterschiede zum englischen Trustrecht findet sich darin, dass bei einer fiduziarischen Vollrechtstreuhand der Treuhänder trotz eines

247 RGZ 84, 214, 217; BGH NJW 1959, 1224 f.; *Larenz/Wolf*, § 46 Rn. 30.
248 RGZ 84, 214, 217.
249 Vgl. nur *Soergel/Leptien*, Vor § 164 Rn. 56 m.w.N.; *Reinhardt/Erlinghagen*, S. 47 f. Ausführlich *Bitter*, S. 51 ff.
250 Vgl. *Bitter*, S. 64 ff.
251 *Reinhardt/Erlinhagen*, S. 47 f.
252 *Kötz*, S. 137.
253 *Coing*, S. 86.
254 *Gernhuber*, S. 360.

Verstoßes gegen die Treuhandabrede wirksam über das Treugut verfügen kann.[255] Als Eigentümer verfügt der Treuhänder als Berechtigter, da etwaige Beschränkungen in der schuldrechtlichen Treuhandabrede gem. § 137 S. 1 BGB keine dingliche Wirkung entfalten können.[256] Die Diskrepanz zwischen (dinglichem) Können und (schuldrechtlichem) Dürfen tritt damit an dieser Stelle deutlich zutage. Selbst im Falle einer erkennbaren Überschreitung seiner Zweckbindung kommt es daher auf die Gutgläubigkeit des Erwerbers nicht an. Die Rechtsprechung weicht diese Regel – anders als im Recht der Stellvertretung – selbst in solchen Fällen nicht auf, in denen ein Missbrauch seiner Rechtsposition evident ist.[257] Sie beharrt damit bei treuwidrigen Verfügungen auf einer rein dinglichen Sichtweise der Treuhand, weil sie anders als in Insolvenz und Zwangsvollstreckung der Treuhandabrede keinerlei Außenwirkung beimisst.[258]

Missbräuchen des Treuhänders wirken nur die Vorschriften § 138 BGB und §§ 826, 823 Abs. 2 BGB i.V.m. § 266 StGB entgegen. Ein deliktischer, auf Herausgabe gerichteter Schadensersatzanspruch wird aber gegenüber dem Dritten regelmäßig nur dann Erfolg haben, wenn dieser vorsätzlich an einer bewusst treuwidrigen Verfügung des Treuhänders teilgenommen hat.[259]

Einer Regelung wie im englischen Trustrecht, bei dem Innen- und Außenberechtigung zusammenfallen und die Zweckbindung das Außenverhältnis dominiert, ist daher zumindest nach Auffassung der Rechtsprechung durch die Grundsätze des BGB Grenzen gesetzt. Abhilfe kann hier lediglich dadurch geschaffen werden, dass dem Treuhänder nicht das Vollrecht übertragen, sondern lediglich die der Ermächtigungstreuhand zugrunde liegende Verfügungsermächtigung eingeräumt wird, die inhaltlich und mit Außenwirkung beschränkbar ist.

b) Insolvenz und Einzelvollstreckung

Kristallisationspunkt der Fragen des Außenverhältnisses ist demgegenüber seit jeher die Behandlung des Treugutes in Einzelvollstreckung und Insolvenz.[260] Wirtschaftlich betrachtet widerspricht ein Zugriff von Gläubigern des Treuhänders auf das Treugut der Zielsetzung der fiduziarischen Treuhand, weil das Treugut letztlich nicht dem Treuhänder zustehen soll. Die formal-dingliche Rechtsposition des Treuhänders zieht aber gerade die Gefahr nach sich, dass Gläubiger in das Treugut vollstrecken können. Die Rechtsprechung hat dieser Konsequenz durch zahlreiche Grundsätze entgegengewirkt.

In der Einzelvollstreckung kann der Treugeber mittels der Drittwiderspruchsklage gem. § 771 ZPO sein Recht am Treugut geltend machen.[261] In der Insolvenz des

---

255 Ausführlich zu diesem Problemkreis *Staudinger/Wiegand*, Anh. zu §§ 929 ff., Rn. 331 ff.
256 *MüKo/Schramm*, Vor § 164 Rn. 33; vgl. ferner *Henssler*, S. 66 ff.
257 *Assfalg*, Treuhandbegünstigter, S. 1902; ausführlich *Gruber*, S. 435 ff.; ferner *Gernhuber*, S. 359.
258 *Bitter*, S. 10, 453 ff.; *Soergel/Leptien*, Vor § 164 Rn. 60.
259 *Soergel/Leptien*, Vor § 164 Rn. 60.
260 Siehe hierzu *Staudinger/Wiegand*, Anh. zu §§ 929 ff., Rn. 326 ff.
261 BGH NJW 1996, 1543; *Zöller/Herget*, § 771 Rn. 15.

Treuhänders erhält der Treugeber gem. § 47 InsO ein Aussonderungsrecht am Treugut. Nach Maßgabe des Unmittelbarkeitsgrundsatzes gilt dies aber nur für Vermögensgegenstände, die unmittelbar aus dem Vermögen des Treugebers stammen. Das Recht des Treugebers stützt die Rechtsprechung und Literatur auf eine „wirtschaftliche" Zuordnung des Treugutes an den Treugeber.[262] In der Insolvenz des Treugebers kann hingegen der Insolvenzverwalter das Treugut vom Treuhänder herausverlangen, da in der Regel der Treuhandvertrag gem. §§ 115 Abs. 1, 116 S. 1 InsO erlischt und das Treugut in die Insolvenzmasse zurückfällt. Gegenüber einem etwaigen Rückübertragungsanspruch des Insolvenzverwalters kann der Treuhänder kein Aussonderungsrecht geltend machen.[263]

c) Begründungsansätze

Die dargestellten treuhandrechtlichen Wirkungen in Einzelvollstreckung und Insolvenz stärken die Rechtsposition des Treugebers in dinglicher Hinsicht bzw. beschränken die (überschießende) Rechtsmacht des Treuhänders gegenüber Gläubigerzugriffen. Nur überblicksartig sollen einzelne Ansätze vorgestellt werden, mit denen die Beschränkung der überschießenden Rechtsmacht im Außenverhältnis im deutschen Treuhandrecht erklärt wird.

Zur Begründung der vollstreckungsrechtlichen Wirkungen ist im Anschluss an die Rechtsprechung des Reichsgerichts die Formel verbreitet, der Treugeber sei „wirtschaftlich" oder „materiell" am Treugut berechtigt, während der Treuhänder nur „formeller" Rechtsträger des Treugutes sei.[264] In der Literatur wird diese Begründung abgelehnt, weil sich hinter dem Begriff „wirtschaftliches Eigentum" ein reines Billigkeitsargument verberge, insbesondere da das allgemeine Zivilrecht, anders als beispielsweise das Steuerrecht in § 39 Abs. 2 AO, die wirtschaftliche Zuordnung von Vermögensgegenständen nicht anerkenne.[265] Grosses Gewicht hat dagegen die Vorstellung einer (teilweisen) Verdinglichung der Rechte des Treugebers, die eine „Minderung der Zuordnung am Treugut" nach sich ziehe.[266] Andere Autoren treten dem entgegen und halten eine normzweckkonforme Auslegung der einschlägigen Gesetze für den allein geeigneten Erklärungsansatz.[267] Neuerdings wird ein einheitliches, sich an § 392 Abs. 2 HGB anlehnendes Treuhandmodell vertreten, das die Kernprobleme des Treuhandrechts mithilfe der Figur der Rechtsträgerschaft für fremde Rechnung bewältigen will, das auf dem Phänomen des Auseinanderfallens von Rechtsträgerschaft und Gefahrtragung basiert.[268]

---

262 Vgl. nur *Baur/Stürner*, § 3 B II Rn. 34. Siehe ferner sogleich unter c).
263 *Soergel/Leptien*, Vor § 164 Rn. 66.
264 RG JW 1890, 373; BGH NJW 1959, 1224; BGH NJW-RR 1993, 301; *Assfalg*, Wirtschaftliches Eigentum, S. 1582 ff.; *Baur/Stürner*, § 3 B II Rn. 34; vgl. auch die Darstellung bei *Bitter*, S. 22 f.
265 Vgl. *Henssler*, S. 49, 52.
266 So *Gernhuber*, S. 359. Im Sinne einer (teilweisen) Verdinglichung ferner *Canaris*, S. 406 f.; *Westermann*, § 3 I. 1. b); *Reinhart/Erlinghagen*, S. 49 f.; *Einsele*, S. 1011. Mit dem Ziel der Rechtsfortbildung *Wiegand*, S. 136.
267 *Henssler*, S. 51 f.
268 *Bitter*, S. 518 ff.

B. Die Bedeutung des Problems der dinglichen Rechtszuständigkeit

Es hat sich gezeigt, dass das Bürgerliche Gesetzbuch und seine Systematik Hauptursache der spezifischen Prägung des deutschen Treuhandrechts ist. Dieser Prägung liegt ein im Folgenden darzustellender Konflikt zwischen wirtschaftlichem Ziel und juristischem Mittel zugrunde, um dessen Überwindung sich Literatur und Rechtsprechung mittels verschiedener Ansätze bemühen. Diese Situation weist in ihrem Ausgangspunkt große Ähnlichkeit mit der Situation im chinesischen Recht vor Erlass des TrustG auf, in der der chinesische Gesetzgeber sich fragen musste, wie in den Grenzen des kontinentaleuropäisch geprägten chinesischen Zivilrechts das Trustrecht zu rezipieren ist. Wegen dieser Ähnlichkeit soll im Folgenden das „als Grundproblem des gesamten Treuhandrechts“[269] bezeichnete Treuhandproblem im deutschen Recht für die spätere Darstellung der chinesischen Rezeption fruchtbar gemacht werden.

Wie gesehen beruht die rechtsgeschäftliche Treuhand wie der Trust im Ausgangspunkt auf dem Gedanken der Überlassung eines Vermögensgegenstandes „zu treuen Händen“. Die prinzipielle Notwendigkeit einer Vollrechtsübertragung, zu der die Parteien durch das Bürgerliche Recht regelrecht gezwungen werden, obwohl ihrem Willen an sich ein minus bereits gerecht würde[270], führt im Außenverhältnis zu Gefahren, die im Widerspruch mit der Treuhandabrede und der Zweckbindung des Treuguts stehen: Als Eigentümer kann der Treuhänder zum einen über das Treugut abredewidrig verfügen, seine Gläubiger können in das zweckgebundene Vermögen des Treuhänders vollstrecken oder mit Forderungen aufrechnen, das Treugut kann ferner in die Insolvenzmasse des Treuhänders fallen etc. Die Rechtsordnung setzt den Treugeber somit unnötigen Risiken aus.[271]

Siebert hat herausgearbeitet, dass aus wirtschaftlicher Sicht die Rechtsmachtstellung des Treuhänders widerspruchsvoll erscheint, weil einem Interessenvertreter die volle rechtliche Herrschaft über das nur beschränkt auszuübende Recht übertragen wird, der wahre Interessenträger sich dadurch aber in gefährlichem und nicht notwendigem Maße seiner Rechte begibt.[272] Die Rechtsordnung stelle für diese Form der Interessenvertretung nur die Vollrechtsübertragung zur Verfügung und presse sie damit in eine gewisse Form. Das allgemeine Grundproblem des gesamten Treuhandrechts sei daher die Beziehung von rechtlicher Form und wirtschaftlichem Zweck.[273]

Siebert, und ihm nachfolgend die überwiegende deutsche Treuhandwissenschaft[274], begreift damit die durch das Treuhandrecht aufgeworfene Problematik vorwie-

---

269 *Siebert*, S. 2.
270 Vgl. *Henssler*, S. 45.
271 *Henssler*, S. 45.
272 *Siebert*, S. 2.
273 *Siebert*, S. 2 f. Siehe auch *Henssler*, S. 46.
274 Z.B. *Coing*, S. 101; *Henssler*, S. 46.

gend als ein auf am Außenverhältnis orientiertes Schutzproblem, aus dem sich in letzter Konsequenz ein Rechtszuständigkeitsproblem ableite.[275] Die Rechtsordnung müsse in erster Linie den Treugeber schützen, der infolge der Selbständigkeit des Treuhänders zu Schaden kommen könne. Andererseits verdienten aber auch diejenigen Dritten Schutz, denen die Treuhänderstellung und ihre besondere Zweckbindung nicht erkennbar seien:

„Rechtlich gesehen kann sich der Treugeber gegen die Gefahren des Missbrauchs durch den Treuhänder nur dann schützen, wenn er sich noch irgendeine Berechtigung an dem Treugut oder gegenüber dem Treuhänder erhält. Er muss also danach streben, das Eigenrecht des Treuhänders weitgehend zu seinen Gunsten zu beschränken. Da andererseits die wirtschaftlichen Bedürfnisse eine eigenrechtliche Stellung des Treuhänders verlangen, kann die Rechtsgestaltung über eine T e i l u n g der Berechtigung an dem zu verwaltenden Gut nicht hinausgehen. Bei der Frage der zweckentsprechendsten Gestaltung dieser Berechtigung muss dann aber auch das Schutzinteresse Dritter berücksichtigt werden. Je stärker nämlich die Rechtszuständigkeit des Treugebers ist, desto schlechter sind diejenigen gestellt, die mit dem in selbständiger Machtstellung auftretenden Treuhänder in Rechtsverkehr treten. Die Geschäftsgegner (einschließlich der Gläubiger) verlangen also ihrerseits Schutz dahin, dass die treuhänderische Beschränkung ihnen gegenüber, zum mindesten im guten Glauben, unwirksam ist, also auf das Innenverhältnis beschränkt bleibt.“[276]

Aus diesem Schutzproblem leitet *Siebert* sodann das Rechtszuständigkeitsproblem ab, weil das Schutzproblem nur durch eine gerechte Verteilung der Rechtsinnehabung, d.h. einer gerechten und zweckentsprechenden Gestaltung der Rechtszuständigkeit gelöst werden könne. Sobald der Treuhänder mit eigener Rechtszuständigkeit an dem Treugut ausgestattet sei, ergebe sich als selbständiges und in sich geschlossenes Grundproblem des Treuhandverhältnisses das Rechtszuständigkeitsproblem, nämlich die Frage der zweckentsprechenden Gestaltung (Teilung) der Rechtszuständigkeit von Treuhänder und Treugeber am Treugut.[277] Einer beliebigen Teilung der Rechtszuständigkeit stünden allerdings § 137 BGB und der *numerus clausus* der Sachenrechte entgegen. Als die durch das Gesetz vorgegebenen Möglichkeiten und Formen zur Teilung der Rechtszuständigkeiten identifiziert *Siebert* sodann die Vollrechtsübertragung, die bedingte Übertragung und die Einräumung einer Verfügungsermächtigung gem. § 185 BGB.

Es ist ersichtlich, dass die „dingliche Lösung“ des englischen Trustrechts, das den Begünstigten neben dem Treuhänder eine Berechtigung am Treugut einräumt, dem von *Siebert* beschriebenen Rechtszuständigkeitsproblem am weitesten gerecht wird. Anders als das englische Recht kann das deutsche Recht diese Schutzwirkungen nicht in einem *equitable title* des Begünstigten verdinglichen bzw. mit dessen Existenz begründen.

---

275 *Siebert*, S. 19ff.
276 *Siebert*, S. 19.
277 *Siebert*, S. 20. Für die Zwecke des Rechtsvergleichs ist der Treugeber im zweiseitigen Rechtsverhältnis als Begünstigter anzusehen.

Mit Blick auf die chinesische Rezeption ist aber entscheidend, dass es einer solchen, auf einem dualen Eigentum basierenden Verdinglichung in einem kontinentaleuropäischen Zivilrecht prinzipiell nicht bedarf. Im ersten Kapitel ist herausgestellt worden, dass im Mittelpunkt des englischen Trustrechts die sich aus der Vermögenstrennung und dem Entstehen eines Sondervermögens herleitenden Schutzwirkungen stehen. Diese lassen sich in einem *Civil Law*-System aber auch anhand anderer Kriterien ableiten, wie die Darstellung insbesondere im Hinblick auf die Wirkungen im Zwangsvollstreckungs- und Insolvenzrecht gezeigt hat – auch wenn gerade im deutschen Treuhandrecht über diese Kriterien und den Umfang der Außenwirkungen immer noch Streit bestehen mag. Die weitere Entwicklung des Treuhandrechts in Deutschland war dementsprechend durch die Anpassung der Form an den Zweck, d.h. durch Eingrenzung der überschießenden Rechtsmacht des Treuhänders im Außenverhältnis, und ihre dogmatische Fundierung in Literatur und Rechtsprechung geprägt.[278] Eine Rezeption des dualen Eigentums ist – zumindest unter dem Gesichtspunkt des Außenverhältnisses – für die Schaffung einer funktionsfähigen Treuhandregelung in einem *Civil Law*-System damit aber nicht erforderlich, weil trotz der strengen Unterscheidung von Sachenrecht und Schuldrecht das Treugut als Sondervermögen in Einzelvollstreckung und Insolvenz geschützt werden kann.[279]

Die Einführung eines dualen Eigentumsrechts sähe sich auch – neben den bereits genannten § 137 BGB und dem *numerus clausus*-Grundsatz – angesichts der Geltung des Grundsatzes der Unteilbarkeit und Absolutheit des Eigentums im deutschen Sachenrecht mit erheblichen dogmatischen Schwierigkeiten konfrontiert.[280] In § 903 BGB ist der Inhalt des Eigentums dahingehend beschrieben, dass der Eigentümer „mit der Sache nach Belieben verfahren" und „andere von jeder Einwirkung ausschließen" kann. Das BGB versteht das Eigentum als das umfassendste Herrschaftsrecht an einer Sache, das als solches unwandelbar und unteilbar ist. Unter den Verfassern des BGB bestand Einigkeit darüber, den römisch-klassischen Eigentumsbegriff, der sich in der Pandektenwissenschaft des 19. Jahrhunderts durchgesetzt hatte, mit der unbeschränkten und ausschließlichen Herrschaftsmacht des Eigentümers als Kriterium zu übernehmen.[281] Damit wurde die sog. Summentheorie verworfen, wonach einzelne Befugnisse als Teileigentum dritten Personen zugewiesen werden können.[282] Das deutsche Sachenrecht kennt damit kein abgestuftes Eigentum, das die Existenz von zwei Eigentümern an einer Sache

---

278 Neben *Siebert* (1933) ist ferner *Coing* (1973) und zuletzt die Habilitation von *Bitter* (2006), der einen neuen Begründungsansatz findet, zu nennen. *Grundmann*, Treuhandvertrag (1997) wählt insoweit einen sich am Innenverhältnis orientierenden Ansatz, der überwiegend, teilweise deutliche Kritik erfahren hat, siehe *Henssler*, S. 44, 60; ferner *Bitter*, S. 287 ff.

279 Zuzugeben ist indes, dass der von der Rechtsprechung angewandte Grundsatz der Unmittelbarkeit sowie der mangelnde Schutz vor treuwidrigen Verfügungen des Treuhänders evidente Mängel des deutschen Treuhandrechts darstellen. Allerdings gibt es im jüngeren Schrifttum neue Ansätze, diese zu überwinden. Siehe dazu die Habilitation von *Bitter*.

280 Siehe zu diesem Problem *Allen*, S. 25 ff., 35 ff.; *Pluskat*, S. 329 ff.; *Becker*, S. 383 ff.

281 *Krauss*, S. 81 f.

282 *Olzen*, S. 335.

anerkennen würde. Durch die vorübergehende Übertragung von Einzelbefugnissen wird der Dritte lediglich beschränkt dinglich Berechtigter, nicht aber Eigentümer. Eine Rezeption eines dem englischen Recht vergleichbaren dualen Eigentums müsste daher an dem Unteilbarkeitsgrundsatz scheitern, soweit nicht eine dieses Prinzip aufgebende Gesetzesänderung erfolgte.[283]

283 Vgl. *Olzen*, S. 335.

C. Zusammenfassung

Trust und Treuhand ist gemein, dass die Vermögenszuwendung des *settlor* bzw. Treugebers eine Übertragung des Vollrechts an bestimmten Vermögensgegenständen voraussetzt. Die Rechtsmacht, die der *trustee* bzw. Treuhänder erhalten muss, damit er den Treuhandzweck verwirklichen kann, ist damit in beiden Treuhandordnungen die eines Eigentümers. Das deutsche Treuhandrecht kennt daneben aber auch die Möglichkeit, die Vollrechtsübertragung durch eine Ermächtigung zu ersetzen und erkennt damit eine Konstellation an, in denen der Treugeber bzw. *settlor* das Vollrecht zurückbehält. Dies wird gerade im Kontext des chinesischen Trustrechts Bedeutung erlangen, weil dieses im Regelfall vom Eigentum des *settlor* ausgeht, was aus Sicht des *Common Law*-Trust kaum erklärlich erscheinen kann.

Augenfälligster Unterschied zwischen Trust und Treuhand ist die zugrunde liegende dingliche Konzeption. Das von *Siebert* beschriebene Rechtszuständigkeitsproblem am Treugut findet man im englischen Trustrecht nahezu optimal gelöst. Der Grund liegt, wie im ersten Kapitel beschrieben, in den besonderen historischen und gesellschaftlichen Umständen, unter denen das englische Recht das Trustrecht entwickeln konnte, und die insbesondere das Fehlen der strengen Unterscheidung von Sachen- und Schuldrecht kennzeichnet.

Trotzdem kann auch das deutsche Treuhandrecht als eine Treuhandregelung des *Civil Law* die Bindung des Treuhänders an die Fremdinteressen gewährleisten, weil es wie das Trustrecht dessen Kerneigenschaft – die Trennung zweier Vermögensmassen in der Hand des *trustee* bzw. Treuhänders – anerkennt und in bestimmten kritischen Situationen wie der Zwangsvollstreckung oder Insolvenz wirksam durchsetzt. Der Mangel des deutschen Rechts besteht damit nicht darin, dass das Rechtszuständigkeitsproblem nicht mithilfe eines dualen Eigentums gelöst werden könnte, sondern dass bis heute die Funktionalität der deutschen Treuhand wegen der Geltung des Unmittelbarkeitsprinzips oder der Möglichkeit der pflichtwidrigen Verfügung mit Wirksamkeit im Außenverhältnis deutlich eingeschränkt ist.

Für eine kontinentaleuropäisch geprägte Rechtsordnung wie die V.R. China, die den Trust rezipieren will, stellen aber gerade die letzteren Punkte keine besondere Hürde dar, weil insoweit angemessene Regelungen gesetzlich geschaffen werden können. Entscheidend für die Rezeption des Trustrechts in ein *Civil Law*-System ist damit vielmehr, dass ein effektiver Schutz des Sondervermögens geschaffen wird. Einer Rezeption des dualen Eigentumsrechts bedarf es dann nicht.

Drittes Kapitel
Der Trust im Recht der V.R. China

Mit dem TrustG vom 28. April 2001 hat die V.R. China den Trust in ihr Zivilrecht aufgenommen, dessen Wurzeln im kontinentaleuropäischen Zivilrecht zu finden sind. Bevor die Hauptmerkmale des Trust erläutert werden, ist daher zunächst ein Überblick über das chinesische Zivilrecht und seine Rezeptionsgeschichte zu geben, vor dessen Hintergrund die Rezeption des angloamerikanischen Trustrechts stattfand.

A. Geschichte und Grundlagen des chinesischen Zivilrechts

Die Rezeption des Trust durch das Trustgesetz im Jahr 2001 geschah wegen der vergleichsweise kurzen und von Zäsuren geprägten Zivilrechtstradition Chinas vor dem Hintergrund eines selbst in Grundbegriffen und Systematik noch in der Entwicklung befindlichen und nur in Teilen gesetzlich ausgebildeten Zivilrechts. Zum Zeitpunkt des Gesetzeserlasses waren trotz einer an Tiefe und Umfang gewinnenden Zivilrechtswissenschaft die maßgeblichen zivilrechtlichen Normen immer noch auf verschiedene Einzelgesetze verteilt sowie Teilbereiche nicht ausreichend geregelt. Dieser Umstand geht maßgeblich zurück auf die Entscheidung des Gesetzgebers, das chinesische Zivilrecht nicht in einer legislativen Anstrengung, sondern schrittweise durch Teilbereichsgesetze zu kodifizieren.[284] Grundlage des chinesischen Zivilrechts sind die Allgemeinen Grundsätze des Zivilrechts (AGZ) aus dem Jahr 1986, die einzelne allgemeine zivilrechtliche Institute enthalten. Diese sind nunmehr schrittweise durch Teilbereichsgesetze ergänzt und konkretisiert worden. 1999 wurde ein Vertragsgesetz erlassen, das vertragliche Rechtsgeschäfte umfänglich normiert. Nach langjährigen Beratungen wurde ferner der Entwurf eines Sachenrechtsgesetzes im März 2007 angenommen und trat im Oktober 2007 in Kraft. Der Erlass der beiden letztgenannten Kodifikationen und die fortwährenden Arbeiten an einem chinesischen Zivilrechtsgesetzbuch zeigen, dass sich das chinesische Zivilrecht in einem kontinuierlichen Entwicklungsprozess befindet und Rechtswissenschaft und Praxis aus diesem Grund auch in den kommenden Jahren grundlegende Neuerungen gewärtigen müssen.

Für die Einordnung des Trustgesetzes in das bestehende Umfeld eines sich solcherart entwickelnden Zivilrechts ist die Darstellung der noch jungen Zivilrechtstradition des Landes unerlässlich. Trotz des Fehlens einer zentralen Zivilrechtskodifikation wird sie die Verwurzelung des chinesischen Zivilrechts in kontinentaleuropäischen Traditionen zeigen und damit den Boden für die Betrachtung des angelsächsischen Trust im chinesischen Recht bereiten. Die allgemeine Zivilrechtsgeschichte soll freilich nur einführend vorgestellt werden (unter I.), da die Rezeption ausländischen Zivilrechts schon Gegenstand zahlreicher Darstellungen war.[285] Besondere Aufmerksamkeit wird hingegen der Rezeption eines Grundsatzes des kontinentalen Sachenrechts gewidmet, dessen Geltung im chinesischen Zivilrecht zu einer folgenreichen Weichenstellung bei der Rezeption des Trustrechts geführt hat (unter II.).

---

284 Siehe hierzu *Epstein*, Evolution, S. 707; *Julius*, S. 271.

285 Einen ersten guten Überblick gibt beispielsweise *Baumann*, S. 22 ff. Ferner *Bünger*, S. 167; *Chen*, Chinese Law, S. 3 ff., 219 ff.; *Luney*, S. 129 ff.; *Liang*, S. 68 ff. und *Münzel*, S. 1 ff.

I. Geschichte des chinesischen Zivilrechts

Die Geschichte des chinesischen Zivilrechts ist die Geschichte der Rezeption ausländischer Rechtsnormen. Dies gilt ungeachtet der Tatsache, dass die chinesische Kultur auf eine Jahrtausend alte Rechtstradition verweisen kann[286], die ihrerseits die Rechtsordnungen asiatischer Nachbarstaaten geprägt hat.[287] Die chinesische Rechtsgeschichte zerfällt prinzipiell in zwei große Perioden: eine traditionell-chinesische Periode des kaiserlichen China, die ein in erster Linie durch den Konfuzianismus geprägtes Rechtsverständnis aufwies, und eine moderne, sich über verschiedene Staats- und Verfassungsformen spannende Periode, in der es zur Auseinandersetzung mit dem westlichen (Zivil-)Recht sowie seiner Übernahme kam, und die bis heute andauert.[288]

Beeindruckendes Zeugnis der in die Antike zurückreichenden Rechtstradition sind die umfangreichen Gesetzesbücher, die zu verschiedenen Zeiten in der chinesischen Geschichte verfasst worden sind, wie beispielsweise der Tang-Kodex aus dem Jahr 653 n.Chr.[289] Die sich in diesen Gesetzbüchern spiegelnde Rechtstradition hatte allerdings nicht die Regelungen der Rechtsbeziehungen autonomer Individuen zum Ziel, sondern war in ganz überwiegendem Maße durch die Interessen des Staates und der Aufrechterhaltung der Ordnung der Gesellschaft geprägt. Die für die chinesische Kultur und Gesellschaft entscheidende Frage war im ersten vorchristlichen Jahrtausend gestellt worden und betraf die grundlegende Entscheidung, ob die Gesellschaft entweder durch auf Vorbild und Moral basierende Sozialnormen, d.h. Gewohnheitsrecht, oder durch Gesetze zu ordnen sei.[290] Die chinesische Kultur hat mit der Wahl des konfuzianischen Weltbildes diese Frage bis in das 20. Jahrhundert hinein zugunsten der konfuzianischen Morallehre entschieden. Nach dieser sollte der Mensch in erster Linie nach (konfuzianischen) Moralvorstellungen und Prinzipien (*li*)[291] erzogen, erst im zweiten Schritt durch Gesetze (*fa*)[292] bestraft werden. Gesetze wurden also prinzipiell nur als subsidiäres Mittel zur Ordnung der Gesellschaft in den Fällen begriffen, in denen die konfuzianische Morallehre versagte. Zweck gesetzlicher Regelungen war damit die Sanktion von Verstößen gegen allgemein anerkannte gesellschaftliche Wertvorstellungen oder staatliche Interessen.[293] Hieraus erklärt sich, dass das Recht des kaiserlichen China überwiegend aus strafrechtlichen Normen bestand, also nicht zwischen zivil- und strafrechtlichen Normen unterschied und damit ein Zivilrecht

286 Siehe nur *Chen*, Chinese Law, S. 6.
287 *Baumann*, S. 23 f.
288 Vgl. *Shao*, S. 86. Es soll damit nicht verkannt werden, dass die Staatsgründung 1949 und die Öffnung des Landes 1979 besondere Zäsuren darstellen. Entsprechend unterscheidet *Theusner*, S. 81 f., drei Rezeptionsphasen.
289 Zu diesem *Heuser*, S. 103 ff.
290 *Wang*, S. 349 f.; *Heuser*, S. 66 ff.
291 礼. Zu diesem Begriff *Bodde/Morris*, S. 19 f.
292 法.
293 *Glück*, S. 26.

als eigenständiges Rechtsgebiet überhaupt nicht kannte.[294] Der Schutz der Rechte von Individuen oder Gruppen gegenüber anderen Individuen oder Gruppen war daher kein zentrales Anliegen des chinesischen Rechts.[295] Trotz der Aufgabe des Konfuzianismus als Staatsideologie nach dem Untergang der Qing-Dynastie (1648–1911) lassen sich aus diesen Besonderheiten des traditionell-chinesischen Rechtsverständnisses verschiedene Denkmuster und Konzepte ableiten, die zum kulturellen Erbe Chinas gehören dürften.[296]

Der Beginn der Entstehung eines modernen chinesischen Zivilrechts ist auf die Endphase der Qing-Dynastie Anfang des 20. Jahrhundert zu datieren.[297] Auch der chinesische Begriff für Zivilrecht *minfa*[298] stammt aus dieser Zeit und wurde der japanischen Zivilrechtsterminologie entlehnt, die bei der Rezeption des europäischen Zivilrechts durch das sich modernisierende Japan geschaffen worden war.[299] Die Gründe für eine Rezeption ausländischen (Zivil-)Rechts sind eng mit der Geschichte Chinas im 19. und 20. Jahrhundert verknüpft. Neben innenpolitischen Umwälzungen sah sich das kaiserliche China unter der Qing-Dynastie ab Mitte des 19. Jahrhunderts zunehmend mit der Verbreitung westlicher Ideen und schließlich dem territorialen Zugriff der europäischen Kolonialmächte und asiatischen Nachbarn konfrontiert. Für die Reform des chinesischen Rechts hatte insoweit besondere Bedeutung, dass die infolge des ersten Opiumkriegs (1840) geschlossenen Vertrags von Nanjing (1842) den Kolonialmächten in den von ihnen besetzten Küstenregionen des Landes Exterritorialität gewährten. Dadurch entstand eine Konsulargerichtsbarkeit, die ausländische Staatsbürger dem Anwendungsbereich des chinesischen Rechts entzog. Die Zusage der Kolonialmächte, auf diese exterritorialen Rechte zu verzichten, wenn China sein Rechtssystem modernisiere, wird als einer der leitenden Gründe angesehen, warum der Kaiserhof die Rechtsreformen beförderte.[300]

In den letzten Jahren der Qing-Dynastie kam es zu der Ausarbeitung eines ersten Entwurfes eines chinesischen Zivilgesetzbuches (1911), der sich inhaltlich und strukturell nah an das deutsche BGB und das japanische Zivilgesetzbuch anlehnte. Die Übernahme der Strukturprinzipien des BGB zeigte sich beispielsweise in der Aufteilung in verschiedene Bücher. Der erste Entwurf orientierte sich an der deutschen Pandektenwissenschaft und enthielt neben den Büchern Allgemeiner Teil, Schuldrecht, Familienrecht und Erbrecht ein eigenes Buch zu den Sachenrech-

---

294 *Glück*, S. 23 ff., unter Hinweis auf die abweichenden Ansichten in der chinesischen Literatur.
295 *Chen*, Private Law, S. 8 m.w.N. Ferner *Baumann*, S. 22 f. auch mit Blick auf die Struktur der Wirtschaft einer feudalistischen, agrarisch geprägten Gesellschaft.
296 Hierzu gehören beispielsweise der Gegensatz von Moral und Gesetz, das Verständnis des Gesetzes als Mittel der Bestrafung und als Werkzeug der Regierung, vgl. *Chen*, Chinese Law, S. 14 f.
297 *Liang*, S. 68.
298 民法.
299 Vgl. *Chen*, Private Law, S. 7; *Glück*, S. 26.
300 *Chen*, Private Law, S. 9 f.; *Bünger*, S. 170 f.; *Liang*, S. 68; ferner *Manthe*, S. 13, der auch auf die in den Augen der chinesischen Staatsführung bestehende Überlegenheit des westlichen Rechtssystems hinweist. Zu den innenpolitischen Motiven der Einführung westlichen Rechts siehe *Wang*, S. 345 f.

ten.[301] Das Buch war unterteilt in die Kapitel Eigentum, Besitz und beschränkt dingliche Rechte, wobei letztere wiederum dingliche Nutzungsrechte und Sicherheiten unterschieden. Das Sachenrecht des ersten Entwurfs stellte das erste geschlossene Sachenrecht Chinas dar und beeinflusste insbesondere den nachfolgenden zweiten Entwurf sowie das chinesische Zivilgesetzbuch aus dem Jahr 1929.[302] Mit der Übernahme von Struktur und Begriffssystematik des BGB hat dieser erste Entwurf eines Zivilgesetzbuches daher über die Richtung des modernen chinesischen Zivilrechts und der chinesischen Zivilrechtswissenschaft entschieden.[303]

Die Aufnahme europäischen Zivilrechts erfolgte in China somit nicht graduell über eine langjährige Verwaltungspraxis oder Gerichtsgebrauch, sondern vollzog sich vielmehr am „grünen Tisch“ durch wissenschaftliche Ausarbeitung und einen abschließenden Gesetzgebungsakt.[304] Die Ursachen der Rezeption kontinentaleuropäischen Rechts liegen zum einen darin, dass sich das geschriebene kontinentaleuropäische Gesetzesrecht besser für eine Rezeption eignete als das weniger übersichtliche anglo-amerikanische Fallrecht.[305] Ferner mag die jahrhundertealte Tradition des geschriebenen Rechts in den Gesetzesbüchern eine Rolle gespielt haben.[306] Die Rezeption gerade des deutschen Rechts ist dagegen nicht auf den Einfluss deutscher Wissenschaftler zurückzuführen, die in keiner Weise an der Entstehung mitgewirkt, ja nicht einmal von dieser Kenntnis gehabt haben sollen.[307] Das deutsche Recht galt zu dem Zeitpunkt vielmehr als das fortschrittlichste Zivilrecht[308] und dürfte sich daher auch wegen seiner Präzision und Qualität gewissermaßen selbst empfohlen haben. Seine Übernahme wurde auch dadurch befördert, dass China sich am Vorbild Japan zu orientieren suchte, das eindrucksvoll die Modernisierung eines traditionell-asiatischen Landes demonstriert hatte, indem es nicht nur die Entwicklung von Technik und Wissenschaft, sondern auch die Schaffung eines modernen Staatswesens vorangetrieben hatte. Entsprechend war der Einfluss des japanischen Zivilrechts auf die chinesische Rezeption groß. Das japanische Zivilrecht aber führt seine Wurzeln vor allem auf das deutsche Zivilrecht zurück.[309]

Der erste Entwurf eines Zivilgesetzbuches trat freilich ebenso wie ein zweiter Entwurf (1925) aus der Zeit der Republik, der sich an dem ersten aus der Qing-Zeit orientierte und damit ebenso wie dieser auf dem deutschen BGB, aber auch dem Schweizer Obligationenrecht beruhte, aufgrund politischer Umwälzungen nie in Kraft.[310] Erst ein von der Regierung der Guomindang in Auftrag gegebenes Zivilgesetzbuch wurde in den Jahren 1929–1930 offiziell in Kraft gesetzt und stellt

301 *Wang/Qu*, S. 35; *Theusner*, S. 82 f.
302 *Zhang Yihua*, S. 18.
303 *Liang*, S. 69. Ferner *Baumann*, S. 31; *Wang*, S. 347; *Shao*, S. 80 f.
304 *Wang*, S. 344.
305 *Chen*, Chinese Law, S. 22; *Liang*, S. 69.
306 *Shao*, S. 82; *Baumann*, S. 30.
307 *Bünger*, S. 178; *Shao*, S. 81 f.
308 *Bünger*, S. 178; *Manthe*, S. 14; *Liang*, S. 69.
309 *Chen*, Chinese Law, S. 21 f.
310 Siehe *Shao*, S. 81.

damit das erste Zivilgesetzbuch in der Geschichte Chinas dar, auch wenn es in der Rechtspraxis „fremdes Recht“ geblieben sein dürfte.[311] Dieses Zivilgesetzbuch lehnte sich an die früheren Entwürfe an und ließ daher, obwohl es neuere europäische Gesetze wie das Schweizerische Zivilgesetzbuch und das überarbeitete Obligationenrecht sowie eine Reihe anderer Gesetzbücher heranzog und insgesamt einen deutlich eigenständigeren Ansatz hatte[312], nach wie vor den großen Einfluss des BGB erkennen.[313]

Nachdem nach der Gründung der V.R. China im Jahr 1949 das gesamte Recht der Guomindang für abgeschafft erklärt worden war, gab es sowohl in den fünfziger Jahren als auch in den sechziger Jahren Arbeiten an einem neuen Zivilgesetzbuch, die bis zum Bruch mit der Sowjetunion im Jahr 1959 unter dem Einfluss der sowjetischen Rechtstheorie standen[314], aber beide wegen innenpolitischer Kampagnen abgebrochen wurden. Nach der Öffnung des Landes im Jahr 1979 wurden die Arbeiten an einem umfassenden Zivilgesetzbuch wieder aufgenommen, so dass bis zum Jahr 1982 bereits vier Entwürfe eines Zivilgesetzbuches entstanden waren. Wegen der rasch fortschreitenden wirtschaftlichen Entwicklung und der andauernden theoretischen Diskussionen nahm der Gesetzgeber aber Abstand von der Inkraftsetzung eines umfassenden Zivilgesetzbuches und entschied sich für eine pragmatische Rechtssetzung in kleinen Schritten.[315] Die 156 Paragraphen der in kurzer Zeit entworfenen Allgemeinen Grundsätzen des Zivilrechts (AGZ) traten im Januar 1987 in Kraft und stellen eine Kodifizierung einzelner allgemeiner zivilrechtlicher Institute und Grundsätze, aber kein detailliertes und umfassendes Zivilgesetzbuch dar. Der nach wie vor bestehende Einfluss sowjetischen Zivilrechts[316] konnte allerdings die kontinentaleuropäische Prägung des chinesischen Zivilrechts vielfach nur überlagern, nicht aber wirklich ersetzen, was im Folgenden anhand eines Grundprinzips des römisch-rechtlichen bzw. kontinentalen Sachenrechts zu zeigen sein wird.

II. Der Grundsatz der Unteilbarkeit des Eigentums im chinesischen Sachenrecht

Die Herkunft des chinesischen Zivilrechts aus dem kontinentaleuropäischen Zivilrecht zeigt sich an dem klassisch-römischen Grundsatz der Absolutheit und Unteilbarkeit des Eigentums, der auch dem Sachenrecht des deutschen BGB zugrunde liegt. Als Prinzip des „eine Sache, ein Recht“[317] hat er die Weichen der Rezeption des Trust in China gestellt, so dass das Verständnis der Rezeption des Trust in Chi-

---

311 *Bünger*, S. 180f.; *Liang*, S. 70. *Luney*, S. 131, weist darauf hin, dass dieses Recht überwiegend in den Städten bei Geschäften mit Ausländern zur Anwendung kam.
312 *Shao*, S. 81f.; *Theusner*, S. 84ff.
313 *Münzel*, S. 7.
314 Zum Entwurf aus den 1950er Jahren *Liang*, S. 70.
315 *Epstein*, Evolution, S. 707f.
316 Vgl. *Liang*, S. 72.
317 一物一权原则.

na nur durch die Darstellung dieses Prinzips und seiner Grundlagen erhellt werden kann. Trotz der Geltung des neuen Sachenrechtsgesetzes ist eine einführende Besprechung des Eigentumsbegriffs der AGZ hilfreich, weil anhand dieser sich die Besonderheiten des chinesischen Eigentumsbegriffs gerade aus dem historischen Kontext heraus aufzeigen lassen. Dies gilt umso mehr, als das Eigentum in beiden Gesetzen gleich definiert ist.

Die AGZ weichen in ihrer Struktur und Begriffsbildung deutlich von den Zivilgesetzbüchern aus der Zeit vor der Gründung der V.R. China ab und sind daher auch als „Zivilrecht mit chinesischen Besonderheiten“ bezeichnet worden.[318] Sie wurden erlassen in einer Zeit des Übergangs von einer zentralistischen Planwirtschaft zu einer sozialistischen Marktwirtschaft, in der der Staat bzw. die Kollektive zwar weiterhin Eigentümer an den Produktionsmitteln sind, einzelnen Akteuren, insbesondere den Staatsunternehmen, aber immer mehr Freiräume eingeräumt wurden. Trotz der Abweichungen und des eher rudimentären Charakters ihrer Vorschriften sind die AGZ im Kern doch durch das kontinentale *Civil Law* geprägt.[319]

Diese Prägung findet sich allerdings erst unter der Oberfläche der neu geschaffenen Begrifflichkeiten. Anders als beispielsweise das erste chinesische Zivilgesetzbuch, das noch ein eigenes Sachenrechtsbuch kannte, verwenden die AGZ nicht den Begriff „Sachenrecht“[320], sondern trennen vielmehr zwischen „zivilen Rechten“ und „zivilen Pflichten“. Zu den zivilen Rechten gehört das (Vermögens-) Eigentum, das in § 71 AGZ als das Recht definiert wird, einen Gegenstand „zu besitzen, ihn zu nutzen, Früchte aus ihm zu ziehen, oder über ihn zu verfügen.“[321] Diese vier Inhalte des Eigentums werden in der Literatur unter dem Stichwort „Befugnisse und Funktionen“[322] des Eigentums diskutiert und sind bis heute Bestandteil der chinesischen Eigentumsdogmatik. Diese Art der Definition des Eigentums mag auf den ersten Blick den Schluss nahe legen, die AGZ hätten mit dem römischrechtlichen Prinzip der Unteilbarkeit des Eigentums gebrochen. Werden ausdrücklich verschiedene Eigentumsaspekte unterschieden, könnte das Eigentum (nur) als die Summe seiner Teilaspekte zu verstehen sein und als solches die Zuweisung einzelner Befugnisse des Eigentums als Teileigentum an dritte Personen (im Sinne der vom BGB verworfenen Summentheorie) ermöglichen.

Tatsächlich war Motiv der Einführung dieser Definition jedoch, eine beliebige Zuteilung von Eigentumsfunktionen zu ermöglichen.[323] Die Einräumung dieser Möglichkeit ist jedoch im Kontext des sich wandelnden Wirtschaftssystems in den 1980er Jahren zu lesen, in dem von einer zentralen wirtschaftlichen Lenkung sowjetischer Prägung Abstand genommen und den einzelnen Staatsunternehmen

---

318 *Tong Rou*, S. 156; vgl. auch *Epstein*, Property Rights, S. 180.
319 *Epstein*, Property Rights, S. 180.
320 物权.
321 Zum Inhalt dieser Befugnisse siehe *Ruhe*, S. 157 f.; *Tong Zhen*, S. 25 ff.; ferner *Münzel*, S. 11 zu den Entwürfen aus den 1950er und 1960er Jahren.
322 权能.
323 *Epstein*, Property Rights, S. 185.

mehr Autonomie gewährt wurde.[324] In einer Gesellschaft, die einerseits das Eigentum prinzipiell in die Hände des Staates bzw. des Volkes legt, in der andererseits aber zunehmend unabhängige Staatsunternehmen[325] mit dem Staatseigentum selbständig wirtschaften sollen, ist die Rechtsordnung mit dem Problem konfrontiert, wie die mitunter weitreichenden und daher eigentumsähnlichen Verwaltungsrechte der Staatsunternehmen dogmatisch einzuordnen sind.[326] Dieses Problem, das naturgemäß auch anderen sozialistischen Rechtsordnungen bekannt ist, ist in China und gerade auch nach Erlass der AGZ Gegenstand ausführlicher Diskussionen gewesen.[327] Der Gesetzgeber, der die Stellung der Staatsunternehmen in einem sich dezentralisierenden Wirtschaftssystem zivilrechtlich neu zu bestimmen hatte, konnte mittels der definitorischen Zergliederung verschiedene Aspekte des staatlichen Eigentums auf die Akteure (gesetzlich) verteilen. Die Definition des § 71 AGZ bildet damit das theoretische Fundament, auf dessen Grundlage der Gesetzgeber die Fragen der Verwendung des Staatseigentums unter den Vorzeichen einer gewandelten Wirtschaftspolitik in den §§ 80 bis 83 AGZ geregelt hat.[328]

Der für sozialistische Rechtssysteme typischen Diskussion über die Natur der Verwaltungsrechte von Staatsunternehmen liegt nun aber die fundamental zivilrechtliche Annahme zugrunde, dass das Eigentum eine Einheit bildet und daher letztlich unteilbar ist.[329] Ungeachtet der äußerst vielfältigen Theorien und Ansätze, die das eigentumsrechtliche Spannungsverhältnis zwischen Staatsunternehmen und Staat mit Blick auf das Verwaltungsrecht[330] von Staatsunternehmen in § 82 AGZ zu erklären suchen, haben die Diskussionen der chinesischen Wissenschaft hinsichtlich der Rechtsnatur des Vermögensrechts von Staatsunternehmen immer den Staat als Eigentümer zur Voraussetzung gehabt.[331] Der Staat ist danach alleiniger Inhaber des Eigentums im Ganzen und hält alle Aspekte des Eigentums, kann aber Unternehmen und Wirtschaftseinheiten die Verwaltung des Staatseigentums übertragen.[332] Die Zuweisung der verschiedenen Aspekte des Eigentums an Dritte bedeutet aber nicht, dass diese dadurch zu eigenständigen Eigentumsrechten erstarken würden oder der Dritte Eigentümer würde.[333] Dies geht so weit, dass der Staat sich aller Eigentumsinhalte entäußern kann, ohne selbst das Eigentum zu verlieren.[334] Das Eigentum ist also ein abstrakt absolutes und über die lediglich den

---

324 Zur Abkehr vom strengen Planwirtschaftssystem während der Reformen des chinesischen Wirtschaftssystems siehe *Bokeloh*, S. 2 ff.
325 *Wang/Liu/Fu*, 19 ff.; *Tong Rou*, S. 171 f.
326 Vgl. *Chen*, Chinese Law, S. 237 f.
327 Siehe die Darstellung zu den Theorien hinsichtlich des durch die AGZ verwendeten Begriffes *jingyingquan* *Chen*, Private Law, S. 160 ff.
328 Vgl. *Epstein*, Property Rights, S. 180, 187 ff.; *Tong Rou*, S. 172.
329 Vgl. *Chen*, Chinese Law, S. 238.
330 经营权.
331 *Yin Tian*, S. 79.
332 So beispielsweise *Tong Rou*, S. 169 und 172, der im Übrigen aber in der Diskussion um die Verwaltungsrechte von Staatsunternehmen nur einer von vielen Vertretern ist, siehe dazu *Chen*, Private Law, 181 f.
333 *Epstein*, Property Rights, S. 185.
334 Vgl. *Epstein*, Property Rights, S. 185; *Tong Zhen*, S. 29.

Inhalt des Eigentums bestimmenden Eigentumsbefugnisse hinaus existierendes Herrschaftsrecht[335].[336]

Wie die AGZ unterscheidet auch das neue SRG in seiner Eigentumsdefinition vier Eigentumsinhalte (§ 39 SRG). Eine Interpretation als Abkehr vom römischrechtlichen Unteilbarkeitsgrundsatz liegt angesichts des Gesagten und im Hinblick auf die sich auch im neuen SRG nach wie vor zu findende sachenrechtliche Sonderbehandlung des Staatseigentums in §§ 45 ff. SRG fern. Die Geltung des Unteilbarkeitsprinzips ist auch in der wissenschaftlichen Diskussion nahezu unbestritten. Einer der Vorentwürfe zum neuen Sachenrecht nannte sogar das Prinzip des „eine Sache, ein Recht" ausdrücklich als eines der Grundprinzipien des chinesischen Sachenrechts.[337] Das SRG weist eine vergleichbare Regelung zwar nicht auf. Bei der Erörterung der das chinesische Sachenrecht tragenden Prinzipien überwiegen in der jüngeren Diskussion aber die Ansichten, die – neben dem *numerus clausus*-Grundsatz und dem Publizitätsprinzip, die das SRG aufgenommen hat – nach wie vor von der Geltung des Prinzips der Unteilbarkeit im chinesischen Sachenrecht ausgehen.[338] Die Kritik an diesem Prinzip richtet sich dementsprechend auch weniger gegen den Grundsatz als solchen als vielmehr gegen Gewicht und Stellenwert im Vergleich zu anderen grundlegenden Sachenrechtsprinzipien, die wie das Absolutheitsprinzip oder das Ausschließlichkeitsprinzip den Unteilbarkeitsgrundsatz bereits beinhalten sollen.[339] Im Ergebnis lässt sich daher, wie sich auch anhand der noch darzustellenden Diskussionen im Zusammenhang mit der Rezeption des Trust zeigen wird, die Geltung des römisch-rechtlichen Grundsatzes der Unteilbarkeit des Eigentums im chinesischen Sachenrecht feststellen.

---

335 支配权.

336 *Gao Fuping*, Sachenrecht, S. 749 ff.; *Tong Zhen*, S. 30.

337 § 4 des Entwurfes eines SRG von *Wang Liming* aus dem Jahr 2000, siehe dazu *Wang Liming*, Entwurf, S. 158. Der Entwurf von *Liang Huixing* aus dem Jahr 1999 regelte das Prinzip dagegen nicht ausdrücklich, siehe dazu *Liang Huixing*, S. 99.

338 *Xiao Yunduan*, S. 70; *Liu Baoyu*, S. 48; *Hou Guoyue*, S. 59. In der Literatur besteht insoweit ein Streit hinsichtlich des Verständnisses und der Reichweite des Prinzips, da einige chinesische Autoren unter „Recht" nicht das Eigentum, sondern jegliche Sachenrechte verstehen. Siehe hierzu *Yin Tian*, S. 73 f. sowie *Gao Fuping*, Sachenrecht, S. 701.

339 Siehe ausführlich *Liu Baoyu*, S. 47 ff.; *Hou Guoyue*, S. 64; *Liang Huixing*, S. 99, hält es für eine (nicht zu regelnde) Selbstverständlichkeit, dass an einem Gegenstand nicht zwei oder mehr Eigentumsrechte bestehen können.

B. Geschichte des chinesischen Trust

Die Geschichte des Trust in China ist eingebettet in die durch politische und gesellschaftliche Umwälzungen geprägte Entwicklung des Landes im 20. Jahrhundert. Im Gegensatz zu anderen Gesetzesvorhaben ist der Trust nicht erst seit der Öffnung Chinas im Jahr 1979 in das Blickfeld der sich modernisierenden Rechtsordnung Chinas gelangt. Die Geschichte des Trust reicht vielmehr in die Zeit der Chinesischen Republik, insbesondere in das Shanghai der 1920er und 1930er Jahre zurück. Die im folgenden darzustellenden Entwicklungslinien des Trustsektors, die sich vor allem durch den Umfang der Trustaktivitäten und die Zahl der Trustgesellschaften bestimmen, korrespondieren daher weitgehend mit den jeweils vorherrschenden gesellschaftspolitischen Strömungen. Die Geschichte des Trust ist in folgende vier Abschnitte zu unterteilen: die Zeit bis zur Gründung der V.R. China im Jahr 1949 (siehe hierzu I.), die Anfangszeit nach der Gründung der V.R. China (siehe hierzu II.), die Wiederbelebung des Trustmarktes seit der Öffnung Chinas (siehe hierzu III.) bis zum Inkrafttreten des Trustgesetzes (siehe hierzu IV.).

I. Die Zeit bis zur Gründung der V.R. China (-1949)

1) Kaiserzeit

Eine frühe Erscheinungsform des Trust soll sich nach Ansicht von einigen Wissenschaftlern bereits im kaiserlichen China der Han-Zeit (206 v.Chr. – 220 n.Chr.) finden und in den nachfolgenden Dynastien weiter existiert haben.[340] Gemeint ist die Rechtsfigur des *xingzhan*[341], bei der eine Person im eigenen Namen Warengeschäfte für eine andere tätigt und dafür eine Provision erhält.[342] *Zhou* und *Huo* weisen darauf hin, dass ein fehlgehendes Verständnis des Trust als Spielart der Rechtsfigur der Kommission[343] und damit eine alte Verwechslung von Trust und Kommission für diese Deutung verantwortlich sei.[344] Weil viele Rechtsgelehrten gewohnt seien, den Trust als eine Form der Kommission zu verstehen, liege die Annahme nah, der Vorläufer der Kommission, der *xingzhan*, sei auch der Vorläufer des Trust gewesen.[345] Im China der Kaiserzeit hat es aber weder den Begriff des Trust noch ein Trustsystem oder -einrichtungen gegeben.[346]

340 Zitiert nach *Zhou Xiaoming*, S. 178 FN 1. Auf diese Ansicht verweisen auch *Zhou Yuhua*, S. 48 und *Huo Yufen*, S. 27, allerdings ohne nähere Benennung der Vertreter dieser Ansicht.
341 行栈.Weitere Bezeichnungen sind *yaxing* (牙行) und *yazhan* (牙栈).
342 Zhou Xiaoming, S. 178; *Huo Yufen*, S. 27.
343 行纪.
344 Zhou Xiaoming, S. 178; Huo Yufen, S. 27.
345 *Huo Yufen*, S. 27.
346 Zhou Xiaoming, S. 178; Zhou Yuhua, S. 48.

2) Privatgeschäftliche „Trusts“ in der Zeit der Chinesischen Republik

Im Allgemeinen wird in der chinesischen Literatur das Auftreten des modernen Trust auf den Beginn des 20. Jahrhunderts datiert.[347] Die ersten Trustgeschäfte, d.h. Geschäfte und Dienstleistungen, die den Begriff Trust (*xintuo*) verwendeten, fanden nach der Gründung der Chinesischen Republik (1912–1949) statt. Mit Blick auf die später durch die Guomingdang errichteten staatlichen Trustorganisationen kann die Entwicklung des Trustmarkts in der Zeit bis zur Gründung der V.R. China in eine privatgeschäftliche und eine staatliche Seite unterteilt werden.

Auf der privatgeschäftlichen Seite waren es ausländische Investoren, die die ersten Organisationen ins Leben riefen, die die Bezeichnung Trust führten. Im Jahr 1913 gründeten Japaner in Dalian eine Trustvereinigung[348], im darauf folgenden Jahr gründeten Amerikaner in Shanghai die Puyi Trustgesellschaft.[349] In den nachfolgenden Jahren wurden über 20 weitere Gesellschaften gegründet, die durch Ausländer verwaltet wurden.[350] Unter chinesischen Geschäftsleuten waren es drei chinesische Banken, die als erste Trustdienstleistungen anboten.[351] Die Shanghaier Handels- und Anlagebank[352] eröffnete im Jahr 1917 eine Verwahrungsabteilung, die im Jahr 1922 in Trustabteilung umbenannt wurde. Gegenstand der Tätigkeiten war zunächst die Vermietung von Verwahrungsfächern, in denen Kunden Wertgegenstände aufbewahren lassen konnten. Nach ihrer Umbenennung führte die Abteilung auch so genannte Trustkonten für Einzelpersonen.[353] Der Shanghaier Handels- und Anlagebank folgte die Zhejianger Xingye Bank[354] mit der Gründung einer Trustabteilung im Jahr 1918, die ebenfalls Verwahrungsfächer vermietete, Konten führte und darüber hinaus Wertpapiergeschäfte abwickelte.[355] Die Shanghaier Filiale der Juxingcheng Bank[356] eröffnete schließlich im Jahr 1919 eine Trustabteilung, in der Dienstleistungen in den Bereichen Transport, Lagerung, Zollabwicklung sowie Maklertätigkeiten für den Wertpapierhandel erbracht wurden.[357]

Den nächsten Markstein in der Entwicklung des chinesischen Trustmarktes bildete die Gründung der ersten Trustgesellschaft am 21. August 1921 in Shanghai, der Chinesischen Handels- und Trustgesellschaft.[358] Ihre Gründung gab das Startsig-

---

347 Siehe beispielsweise *Zhou Xiaoming*, S. S. 178; *Zhou Yuhua*, S. 49; *Chen Dagang*, Trustrecht, S. 49.
348 大连取引所信托株式社会.
349 普益信托公司. Nach *Chen Dagang*, Trustrecht, S. 49.
350 *Chen Dagang*, Trustrecht, S. 49.
351 Siehe zum folgenden *Chen Dagang*, Trustrecht, S. 49f.; *Huo Yufen*, S. 27f.
352 上海商业储蓄银行.
353 *Chen Dagang*, Trustrecht, S. 49.
354 浙江兴业银行.
355 *Huo Yufen*, S. 27f.
356 聚兴诚银行上海分行.
357 *Chen Dagang*, Trustrecht, S.49. *Zhou Xiaoming*, S. 178f. schreibt dagegen, dies sei die erste in China gegründete Trustabteilung gewesen.
358 Nach *Chen Dagang*, Trustrecht, S. 50, hieß diese Chinesische Handels- und Trustgesellschaft, 中国商业信托公司. Unter den Kommentatoren variieren die Aussagen hinsichtlich der Bezeich-

nal für die innerhalb von 40 Tagen erfolgende Gründung elf weiterer Trustgesellschaften in Shanghai, deren Schicksal wie das der Chinesischen Handels- und Trustgesellschaft eng verbunden war mit der zeitgleichen Entstehung der ersten Börsenplätze in China.[359] So wurde einer der ersten Börsenplätze, der Shanghaier Waren- und Wertpapierhandelsplatz[360], im Juli 1920 in Shanghai gegründet.[361] Nach Angaben von *Chen* wurden dort innerhalb kürzester Zeit hohe Gewinne erzielt, was die Gründung über einhundert weiterer Börsenplätze im ganzen Land und einen Ansturm auf die Trustgesellschaften zur Folge hatte.[362] In Bezug auf die Hintergründe der rasanten Entwicklung der Börsenplätze und Trustgesellschaften legt *Chen* dar, dass wegen der Verwicklung der europäischen Staaten in den 1. Weltkrieg die chinesischen Geschäftsleute Gelegenheit gehabt hätten, in großem Umfang Kapital einzusammeln. Dieses habe nach dem Ende des 1. Weltkrieges wegen der Schwäche des industriellen Sektors sich den Weg in spekulative Anlagen gesucht. Davon wiederum hätten die neu entstandenen Börsenplätze und der gerade im Entstehen befindliche Trustmarkt profitiert, da die meisten Trustgesellschaften spekulative Aktiengeschäfte an den Börsen betrieben.[363] Die Gründung der Trustgesellschaften war im Wesentlichen also Folge der Verfügbarkeit spekulativen Kapitals und nicht einem Bedürfnis der Warenwirtschaft geschuldet.[364]

Diese enge Verbindung zwischen Trustgesellschaften und Börsenplätzen war es auch, die zu der ersten Finanzkrise in der chinesischen Geschichte, der sog. Trust- und Börsenkrise[365] Anfang der 1920er Jahre führte. *Wu* schreibt über die Shanghaier Trustgesellschaften, dass sie nur ungenügend mit Kapital ausgestattet gewesen seien, ihre organisatorische Struktur unzulänglich gewesen sei und ein Großteil spekulative Aktiengeschäfte betrieben habe.[366] Bildhaft stellt *Chen* fest, die Organisation der Trusts sei von Geburt an unzureichend gewesen, ihre Entwicklung abnormal und ihr Schicksal habe daher durch die angeborene Unausgewogenheit festgestanden.[367] Während einige wenige Gesellschaften ähnlich wie Banken Konten führten und Kredite vergaben, tätigten die meisten Trustgesellschaften in erster Linie spekulative Wertpapiergeschäfte an den Börsen.[368] Darüber hinaus gehör-

---

nung der Gesellschaft. *Wu Hong*, S. 24, verwendet上海通易信托公司，während *Zhao/Zhu*, S.38, 中国通商信托公司 benutzen.

359 Siehe zur Geschichte der chinesischen Börsen *Pißler*, Kapitalmarktrecht, S. 75 ff.

360 上海物品证券交易所.

361 *Chen Dagang*, Trustrecht, S. 50. Nach *Pißler*, Kapitalmarktrecht, S. 74, handelte es sich hierbei aber nicht um die erste als solche firmierende Börse in Shanghai, nachdem sich die Gesellschaft der Shanghaier Aktienhändler bereits im Mai 1920 in Shanghai Huashang Wertpapierbörse umbenannt hatte. In Peking existierte zu diesem Zeitpunkt bereits auch eine Börse, siehe *Pißler*, Kapitalmarktrecht, S. 74.

362 *Chen Dagang*, Trustrecht, S. 50.

363 *Chen Dagang*, Trustrecht, S. 50.

364 *Chen Dagang*, Trustrecht, S. 52; *Zhao/Zhu*, S. 40 f.

365 信交风潮.

366 *Wu Hong*, S. 24.

367 *Chen Dagang*, Trustrecht, S. 52.

368 *Chen Dagang*, S. 50.

ten auch Immobilien- und Versicherungsgeschäfte zur Geschäftstätigkeit der Trustgesellschaften.[369] Wegen der Fokussierung der Geschäftstätigkeit auf Wertpapiergeschäfte mussten nach und nach Trustgesellschaften und Börsenplätze schließen, als die Preise für Aktien an den Börsen fielen. Nur wenige Gesellschaften überstanden diese Krise.[370] Erst im Jahr 1928 kam es wieder zu Neugründungen[371] und einem neuerlichen Aufschwung des Trustsektors, in dem es sogar gelang, mehr Kapital einzusammeln als in der Vorkrisenzeit. Neben den neu gegründeten Trustgesellschaften eröffneten auch insgesamt 42 Banken wieder Trustabteilungen, darüber hinaus wurden von Gesellschaften und Banken Filialen im ganzen Land eröffnet.[372]

Während des Chinesisch-Japanischen Kriegs in der Zeit zwischen 1937 und 1945 kam es aufgrund der Besetzung der reichen und bevölkerten Gebiete Chinas zu einer Verlagerung der Geschäftsaktivitäten in den Nord- und Südwesten.[373] Während der Besetzung befand sich nach *Huo* und *Wu* der Trustmarkt in den wirtschaftsstarken Regionen in einem Zustand des Stillstands.[374] Nach Ansicht von *Chen* sei es dagegen zu Zeiten der Besetzung in Shanghai zur Gründung von über 30 weiteren Trustgesellschaften und über zehn Trustabteilungen gekommen.[375] Nach dem Ende des Krieges schloss die Guomindang die zu Kriegszeiten gegründeten Gesellschaften und verringerte damit die Zahl der Trustgesellschaften. Im Oktober 1947 soll es daher im ganzen Land noch 15 Trustgesellschaften gegeben haben, mit einem Gesamtkapital von 915 Mio. Yuan, wobei auf die Shanghaier Gesellschaften 93.99% entfielen.[376]

3) Staatliche „Trusts" in der Zeit der Chinesischen Republik

Die Guomindang-Regierung begann in den 1930er Jahren, auf die Vorgänge auf dem Trustsektor Einfluss zu nehmen. Ihre Schritte zielten vor allem auf die Sicherung der Staatseinnahmen, die Ankurbelung der nationalen Industrie und die Sicherung der wirtschaftlichen Stabilität.[377] Neben der Gründung der Shanghaier Xingye Trust Vereinigung[378] im Oktober 1933 als erste regionale, staatliche Trustorganisation war für die Geschichte des Trust in China vor allem die Entstehung der dem Finanzministerium unterstellten Zentralen Trustbehörde[379] im Oktober

369 *Wu Hong*, S. 26.
370 Nach *Chen Dagang*, Trustrecht, S. 50, sind dies die Zhongyang (中央) und Tongyi (通易). *Wu Hong*, S. 24, zählt darüber hinaus auch die Tongshang (通商) auf.
371 Laut *Chen Dagang*, S. 50, wurden insgesamt neun Gesellschaften neu gegründet.
372 *Chen Dagang*, Trustrecht, S. 50 f.; *Wu Hong*, S. 24.
373 *Chen Dagang*, Trustrecht, S.51.
374 *Huo Yufen*, S. 28; *Wu*, S. 24.
375 *Chen Dagang*, Trustrecht, S. 51.
376 Zahlen nach *Chen Dagang*, Trustrecht, S. 51.
377 *Wu Hong*, S. 25.
378 上海市兴业信托社. Diese wurde im Jahr 1948 umgewandelt in die Trustabteilung der Shanghaier Stadtbank (上海市银行信托部). Siehe *Chen Dagang*, Trustrecht, S. 53.
379 中央信托局.

1935 von Bedeutung. Die Zentrale Trustbehörde war zunächst vor allem als Aufsichtsorgan des Trustsektors konzipiert und erließ als solche Verwaltungsrichtlinien. Dementsprechend hatte sie damit eine erhebliche richtungweisende Funktion für die Entwicklung des Trustsektors.[380] Nach Ende des Chinesisch-Japanischen Krieges wandelte die Guomindang-Regierung die Trustbehörde von einer Verwaltungsbehörde in eine selbständige, mit Eigenkapital ausgestattete Wirtschaftseinheit um, die sich aktiv am Trustmarkt engagierte, insbesondere auch eigene Wertpapiere anbot.[381] Grundlage dieser Tätigkeiten war die durch die Guomindang 1945 erlassene *Vorschrift zur Herausgabe von Trustpapieren durch die Zentrale Trustbehörde.*[382] Diese ermöglichte es der Zentralen Trustbehörde mit Genehmigung des Finanzministeriums Wertpapiere auszugeben, die sowohl durch das Eigenkapital der Behörde als auch durch Garantien des Finanzministeriums abgesichert waren.[383] Das zu Investitionszwecken bei den Bürgern eingeworbene Kapital wurde dann nach entsprechend der in der Vorschrift genau festgelegten Kriterien zum Erwerb von Aktien oder Schuldverschreibungen oder zur Ausgabe von durch Aktien oder Immobilien gesicherten Darlehen eingesetzt. Die Vorschrift sah auch vor, in Unternehmen bestimmter Industriezweige, wie der Rüstungsindustrie oder Herstellern von Gebrauchsgütern, und auch in Staatsanleihen zu investieren bzw. zugunsten solcher Unternehmen oder des Staates Darlehen auszugeben. Die Guomindang betrieb somit mittels der Trustbehörde Industriepolitik.

4) Charakteristika der „Trusts" in der Zeit der Chinesischen Republik

Betrachtet man die Zeit zwischen 1917 und 1949 aus der Perspektive der oben dargestellten Regelungen zum englischen Trust, so zeigt sich, dass ungeachtet aller Bezeichnungen als Trust, Trustgesellschaft oder Trustgeschäfte es sich bei den ausgeübten Tätigkeiten nicht um echte Trustgeschäfte, sondern in der Regel um schlichte bankentypische Dienstleistungen, vor allem Wertpapierdienstleistungen, handelte.[384] Die von den frühen Trustabteilungen der Banken angebotenen Dienstleistungen, wie die Verwahrung von Wertgegenständen oder Einlage von Geldern, setzen naturgemäß zwar ein (An-)Vertrauen seitens des Kunden voraus, mit Trusts im angloamerikanischen bzw. rechtstechnischen Sinne hatten diese Tätigkeiten aber nichts zu tun. Gleiches gilt für die Geschäfte der späteren Trustgesellschaften. Nach *Wu* zeugen die Satzungen der Gesellschaften zwar von unkritisch übernommenen Regelungen der angloamerikanischen Trusts, die Anzahl echter Trustgeschäfte war in Wirklichkeit aber nicht groß.[385] *Chen* schreibt, dass im Hinblick auf die Trustgesellschaften und Trustabteilungen der Banken Begriff

380 *Wu Hong*, S. 25.
381 *Chen Dagang*, Trustrecht, S. 53; *Wu Hong*, S. 25.
382 中央信托局信托证券发行办法.
383 *Wu Hong*, S. 25. Nach *Wu Hong* erstreckten sich die Garantien das Finanzministeriums nicht nur auf das eingesetzte Kapital, sondern auf auch die Zinsen.
384 Vgl. Kommentar der *Arbeitsgruppe*, S. 15.
385 *Wu Hong*, S. 26.

und Wirklichkeit nicht übereinstimmten.[386] Die Trustgesellschaften hätten in erster Linie Aktien und Schuldverschreibungen ge- und verkauft oder Immobiliengeschäfte getätigt, aber selten als echte Trustgeschäfte. Die Tätigkeiten der Trustgesellschaften hätten meistens Vertretungscharakter gehabt.[387]

Der Grund ist zu dieser Zeit wie auch später in der fehlenden Regulierung des Trust und der Trustgesellschaften zu suchen. Weder der Trust als Rechtsinstitut war gesetzlich oder richterrechtlich anerkannt noch bestanden gesetzliche Mindestanforderungen an die Trustgesellschaften.[388] Entsprechend kennzeichnet diese Zeit eine Überschneidung des Banken- und des Trustsektors.[389] Bezeichnenderweise waren es zunächst Banken, die so genannte Trustabteilungen eröffneten. Die Trustgesellschaften erbrachten umgekehrt oft typische Bankdienstleistungen. Betrachtet man die mangelhafte Regulierung zusammen mit der Tatsache, dass die Trustgesellschaften häufig strukturell nicht ausreichend abgesichert waren und in erster Linie in spekulative Aktiengeschäfte investierten, so wird verständlich, dass Trusts in der Bevölkerung, die das Treiben der Trusts ohnehin nur schwer verstanden hat, keinen guten Ruf genossen, sondern vielmehr als reine Spekulationsvehikel angesehen wurden.[390]

II. Die Zeit nach der Gründung der V.R. China (1949-1953)

Mit der Verstaatlichung der Banken nach der Gründung der Volksrepublik stellte die neue Regierung den Trustsektor unter ihre Kontrolle und begann zunächst mit der Schaffung eines sozialistischen Trustsektors.[391] Die Trustgesellschaften und Trustabteilungen der Banken wurden einer rigiden Aufsicht unterstellt und, soweit nicht geschlossen, im Rahmen der Verstaatlichung des Bankensektors in das neu geschaffene Bankensystem der chinesischen Zentralbank eingegliedert. Bis Ende 1952 war der private Trustsektor verstaatlicht.[392] Die Trustorganisationen der Guomindang wurden konfisziert und unter staatliche Aufsicht gestellt.[393]

Teil der staatlichen Politik der Anfangszeit war die Gründung einer Trustabteilung in der Shanghaier Filiale der Chinesischen Volksbank im November 1949. Diese betrieb Immobilien-, Transport- und Lagergeschäfte, die aber seit 1951 mit der zunehmenden Zentralisierung der chinesischen Wirtschaft nach und nach wieder eingestellt wurden.[394] Auch die im Laufe der 1950er Jahre in Tianjin, Bejing

386 *Chen Dagang*, Trustrecht, S. 54.
387 *Chen Dagang*, Trustrecht, S. 52.
388 *Chen Dagang*, Trustrecht, S. 54. Dies änderte sich erst mit dem durch die Guomindang im August 1947 erlassenen Bankgesetz, das das Geschäftsfeld und die Kapitalanforderungen der Trustgesellschaften reglementierte, *Chen Dagang*, Trustrecht, S. 51.
389 Vgl. *Chen Dagang*, Trustrecht, S. 52; *Zhao/Zhu*, S. 41.
390 *Chen Dagang*, Trustrecht, S. 54.
391 *Chen Dagang*, Trustrecht, S. 54 f.; *Zhai/Zhu*, S. 41; *Huo Yufen*, S. 28.
392 *Zhou Xiaoming*, S. 179.
393 没收和接管.
394 *Guo Dexiang*, Finanztrust, S. 137 f.

und Wuhan gegründeten Trustorganisationen wurden zum Ende der 1950er Jahre wieder geschlossen.[395] Bis zur Öffnung der V.R. China im Jahr 1979 gab es keine Trustaktivitäten mehr.[396]

III. Wiederbelebung des „Trust" nach der Öffnung der V.R. China (1979–2001)

Durch die Beschlüsse des in der dritten Plenartagung des vom elften Parteitag gewählten Zentralkomitees der KP China im Dezember des Jahres 1978 vollzog die chinesische Volksrepublik eine der folgenreichsten Wendungen ihrer Geschichte.[397] Die Beschlüsse leiteten nach der Zeit der Kulturrevolution und der politischen und wirtschaftlichen Abschottung eine Politik der Reform und der Öffnung ein, die schon bald einen enormen wirtschaftlichen Aufschwung nach sich zog. Ziel der neuen Politik war nach den Jahren der Zentralisierung und Globalsteuerung durch die Pekinger Zentralregierung eine zunehmende Delegation von Befugnissen und Einräumung von Entscheidungsspielräumen für nachgeordnete Ebenen. Dies betraf zum einen das Verhältnis zwischen Peking und den Lokalregierungen, aber auch verschiedenen Wirtschaftseinheiten, denen mehr Selbständigkeit zugestanden wurde. Diese Politik war damit der Beginn der Überführung der zentralistischen Planwirtschaft in das System einer „sozialistischen Marktwirtschaft".

Im Zusammenhang mit dieser Öffnungspolitik und der Abkehr von der zentralistischen Planwirtschaft steht auch die Wiederkehr der Trustorganisationen. Eingeläutet wurde diese Entwicklung durch die im Oktober 1979 in Peking gegründete *China International Trust and Investment Company* (CITIC), die direkt dem Staatsrat unterstellt war.[398] Ihre Aufgabe war vor allem Kapital im Ausland anzuwerben, um dieses dann für Investitionen in China einzusetzen.[399] Im Juli 1980 rief der Staatsrat dann in einer Mitteilung Banken zur versuchsweisen Durchführung jeder Art von Trustgeschäften auf.[400] Im September desselben Jahres erließ die chinesische Volksbank ferner eine Mitteilung, in der sie die Mitteilung des Staatsrats konkreti-

---

395 *Chen Dagang*, S. 55.
396 In dieser Zeit der sozialistischen Planwirtschaft hat es aber sog. Kommissionsgeschäfte für Waren aus zweiter Hand (信托寄卖商店) gegeben, in denen nicht mehr gebrauchte Uhren, Kleidung, Möbel etc. verkauft werden konnten. Die Existenz dieser Geschäfte, die den Begriff „Trust" in ihrer Bezeichnung führen, soll nach der Wiedereinführung der Trustgesellschaften zu dem Missverständnis über die Tätigkeit von Trusts beigetragen haben. Siehe hierzu *Wang Lianzhou* in China Securities Journal v. 29. 9. 2001.
397 Vgl. *Spence*, S. 621.
398 *Ho*, S. 3; *Kunnasmaa*, S. 63; *Guo Dexiang*, Finanztrust, S. 139. Neben der Gründung von CITIC richtete im Oktober des Jahres 1979 ferner die Chinesische Volksbank eine Hauptgeschäftsstelle für Trustberatung (信托咨询总部) ein. Siehe *Chen Dagang*, Trustrecht, S. 56.
399 *Kumar*, S. 2. Aber auch inländisches Kapital wurde eingeworben und offenbar auch zu Auslandsinvestitionen genutzt. Siehe allgemein zur Geschichte von CITIC http://www.citic.com/web/gyzx/gsls.htm.
400 国务院关于推动经济联合的通知.

sierte und Banken und Provinzregierungen ermöglichte im Trustgeschäft tätig zu werden.[401]

Die Wiederkehr der Trustgesellschaften bzw. der *trust and investment companies* (TIC) war somit eine bewusste Entscheidung der Staatsführung vor dem Hintergrund der Wandlung einer zentralistischen Planwirtschaft in ein marktwirtschaftliches System.[402] Ziel des Staatsrats war die Mobilisierung der in allen Bereichen und Organisationen des Staates vorhandenen, aber ungenutzten Mittel, die wegen Mängel und Beschränkungen im Kreditwesen und der Kreditvergabe nicht ausreichend verfügbar gemacht werden konnten.[403] Es bestand also weniger ein Bedürfnis nach Trustgesellschaften an sich, vielmehr konnte mittels dieser auf flexible Weise das erstarrte Finanzsystem reformiert werden.[404] Es ist daher kaum verwunderlich, dass die Trustgesellschaften seit Beginn an Funktionen von Banken übernahmen, aber außerhalb des staatlichen Banken- und Kreditvergabesystems agierten.[405] Die *International Trust and Investment Companies* wie z.B. die bereits genannte CITIC stellten zudem ein „Fenster der Reformen“ dar, da sie Zugang zu ausländischem Kapital herstellten.[406]

Die Zahl der neu gegründeten Trust- und Investmentgesellschaften stieg in Folge sprunghaft an. Mitte des Jahres 1982 soll es bereits über 620 Trustgesellschaften gegeben haben.[407] Es waren überwiegend Banken, die Trustabteilungen einrichteten und diese später dann zu Trustgesellschaften verselbständigten. Neben den Banken und der Zentralregierung gründeten aber auch verschiedene staatliche Ebenen und Einheiten wie die Provinz- und Lokalregierungen Trustgesellschaften.[408] Wie in der Zeit vor Gründung der Volksrepublik war das Geschäftsfeld dieser Gesellschaften allerdings nicht das Trustgeschäft im angelsächsischen Sinne.[409] Ganz überwiegend führten die TICs – trotz der häufigen Verwendung des Begriffes „Trust“ als Wortbestandteil – gewöhnliche Bankgeschäfte durch. Dies waren in erster Linie die Annahme von „Treuhandguthaben“ (*trust deposits*)[410], bei der die beauftragende Einheit Mittel, über die sie selbständig verfügen konnte, der Trustgesellschaft für eine bestimmte Zeit zur Verfügung stellte und nach Abzug der Kosten mit einem Gewinn zurückerhielt. Die Trustgesellschaften konnten diese Mittel dann außerhalb des Kreditvergabesystems dort vergeben, wo dringender Finanzierungsbedarf bestand.[411] Dies geschah insbesondere im Rahmen der Vergabe von „Treuhanddarlehen“ (*trust loans*)[412] an durch die Trustgesellschaften ausgesuchte

401 关于积极开办信托业务的通知 vom 9. 9. 1980.
402 *Zhao/Zhu*, S. 44.
403 Vgl. *Guo Dexiang*, Finanztrust, S. 139.
404 *Wu Hong*, S. 27 f.
405 Vgl. *Wu Hong*, S. 28; *Ho*, S. 4.
406 *Zhao/Zhu*, S. 44.
407 *Huo Yufen*, S. 29; *Kumar*, S. 3.
408 *Kumar*, S. 1; *Guo Dexiang*, Finanztrust, S. 139.
409 *Guo Dexiang*, Finanztrust, S. 143.
410 信托存款.
411 *Gui Dexiang*, Finanztrust, S. 140.
412 信托贷款.

Unternehmen oder Projekte. Typisch waren Darlehen für Anlagevermögen und Umlaufvermögen, für kurzfristige Liquidität sowie Sicherungsdarlehen. Auch hier war es die Flexibilität und Zügigkeit, mit der die Trustgesellschaften auf Bedarf reagieren konnten, ohne an Beschränkungen hinsichtlich Region oder Industriesektor gebunden zu sein. Entsprechend waren der Nutzen und die Bedeutung in der sich nunmehr rasch entwickelnden Wirtschaft hoch.[413] Neben der Vergabe von Treuhanddarlehen führten die Trust- und Investmentgesellschaften auch so genannte „treuhänderische Investitionen“ (*trust investments*)[414] mit den Treuhandguthaben durch, bei der sie am Erfolg und den Risiken einer Investition in ein Unternehmen beteiligt wurden.[415] Ferner tätigten die Trusts Währungsgeschäfte und investierten Kapital, das von anlegenden Einheiten zur Verfügung gestellt wurde, in Wertpapiere und Grundstücksprojekte.[416]

Das Fehlen einer klaren Aufgabenzuordnung der Trust- und Investmentgesellschaften im chinesischen Finanzsystem sowie der Mangel gesetzlicher Regulierung hat die Regierung in den zwanzig Jahren bis zum Erlass des TrustG im Jahr 2001 immer wieder gezwungen, gegen Auswüchse und Überhitzung des Trustsektors vorzugehen. Insbesondere der Geschäftsbereich der Trust- und Investmentgesellschaften und das Verhältnis zum Bankensektor musste wiederholt klargestellt werden. Ihre Stellung außerhalb des Bankensektors führte dazu, dass sie oftmals entgegen der Politik der Zentralregierung Kredite – häufig für ökonomisch fragwürdige oder spekulative Projekte – vergeben konnten und damit deren fiskalischen Ziele konterkarierten, was in Folge mehrmals zu Überhitzung der chinesischen Wirtschaft führte.[417] Die Geschichte der Trustgesellschaften nach 1979 wird in der Literatur daher häufig nach den zahlreichen Konsolidierungsbemühungen eingeteilt und soll im Hinblick auf die Motive für die Kodifikation des TrustG kurz referiert werden.

Nach der Zulassung von Trustgeschäften kam es zu dem beschriebenen rasanten Anstieg der Zahl der Trustgesellschaften auf den untergeordneten Staatsebenen und Einheiten, die zunehmend ihre Geschäftstätigkeit ausweiteten und damit in Konkurrenz zu den Banken traten.[418] Hierauf reagierte der Staatsrat im Jahr 1982 in der ersten Konsolidierungsphase mittels Erlass einer Mitteilung, nach der alle Trustgeschäfte, für die keine Genehmigung des Staatsrates vorlag, einzustellen seien. Trustgeschäfte sollten fortan nur noch durch die vier staatlichen Banken betrieben und in ihre Kreditplanungen einbezogen werden. Trustgesellschaften wiederum durften nach einer Anordnung der Chinesischen Volksbank keine Bankgeschäfte mehr ausüben, sondern der Schwerpunkt ihrer Geschäftstätigkeit

---

413 *Guo Dexiang*, S. 140.
414 信托投资.
415 *Guo Dexiang*, S. 140 f.
416 *Guo Dexiang*, S. 141.
417 *Ho*, S. 4.
418 *Wu Hong*, S. 31.

sollte nun „Auftrag [bzw. Trust], Stellvertretung, Vermietung und Beratung“[419] sein.[420]

Im Jahre 1984 kam es zu einer Überhitzung der chinesischen Wirtschaft aufgrund hoher Investitionen in Anlagevermögen, wofür insbesondere die Kreditvergabe durch das Trustgewerbe verantwortlich gemacht wurde. Der Staatsrat und die Chinesische Volksbank ordneten daraufhin im August 1985 im Rahmen der zweiten Konsolidierung an, dass die Banken und die Trustgesellschaften die Vergabe von Trustdarlehen und die Trustinvestitionen einstellen. Im April des Jahres 1986 erließ die Chinesische Volksbank dann die *„Versuchsweisen Regelungen für die Verwaltung von Trust- und Investitionsorganisationen“*[421], die die erste und lange Zeit einzige Gesetzesgrundlage für die TICs in der V.R. China darstellten. Sie begründeten zum einen die Aufsicht der Chinesischen Volksbank über die Trustgesellschaften. Diese Regelungen enthielten ferner Vorschriften über die Errichtung und das Genehmigungsverfahren von Trust- und Investmentgesellschaften, der Binnenorganisation und den zulässigen Geschäftszweck. Dieser umfasste einen weiten Tätigkeitsbereich, der Tätigkeiten wie Trustinvestitionen, Trustguthaben, Trustdarlehen, Vermietung, Besicherung, Beratung, Ausgabe von Wertpapieren etc. einschloss.[422] Das Trustrechtsverhältnis selbst definierten sie aber nicht. Die neuen Vorschriften führten zu einem erneuten Anstieg der Zahl der Trustgesellschaften auf nahezu 1000.[423]

Im Jahr 1988 drohte die chinesische Wirtschaft erneut zu überhitzen. Wie zuvor waren es die TICs, die aufgrund ihrer Kreditvergabe für hohe Investitionen in Anlagevermögen sorgten, allerdings waren das Kreditvolumen und damit ihre finanzwirtschaftliche Bedeutung mittlerweile erheblich gestiegen.[424] Im Verlaufe der nun einsetzenden dritten Konsolidierungsphase löste die Chinesische Volksbank die Gesellschaften, die die gesetzlichen Voraussetzungen nicht erfüllten, auf oder verschmolz sie miteinander und verringerte so die Zahl der Trust- und Investmentgesellschaften auf etwa 330, unter denen sich auch viele Tochtergesellschaften der staatlichen Handelsbanken befanden.[425]

Der Erlass des Geschäftsbankengesetzes[426], das den Geschäftsbereich der Banken auf Bankeinlagen und Darlehensvergabe beschränkte, führte im Jahr 1995 zur vierten Konsolidierungsphase. Der Staatsrat versuchte das Banken- und Trustgeschäft dadurch zu entflechten, dass die vier Geschäftsbanken organisatorisch von den Trustgesellschaften getrennt wurden und ihnen verboten wurde, Trustgeschäfte durchzuführen.[427]

---

419 委托，代理，租赁，咨询.
420 *Guo Dexiang*, S. 143 f.; *Huo Yufen*, S. 30.
421 金融信托投资机构管理暂行规定.
422 *Guo Dexiang*, S. 143; *Huo Yufen*, S. 30 f.
423 *Kumar*, S. 3.
424 *Guo Dexiang*, S. 144 f.
425 *Huo Yufen*, S. 31.
426 商业银行法.
427 *Guo Dexiang*, Finanztrust, S. 145; *Huo Yufen*, S. 31.

In den darauf folgenden Jahren bis zum Jahr 2002 kam es dann zu den ersten Insolvenzen einiger Trustgesellschaften.[428] Die bekannteste unter diesen war die *Guangdong International Trust and Investment Company* (GITIC), die 1998 Insolvenz anmeldete und Forderungen in Höhe von RMB 38,7 Milliarden (ca. US$ 4,6 Milliarden) nicht bedienen konnte.[429] Unter den Gläubigern waren zahlreiche ausländische Banken und Finanzinvestoren. Im Jahr 1999 entschloss sich die Regierung, die nunmehr noch aus 239 Trustgesellschaften bestehende Trustbranche ein weiteres Mal zu konsolidieren, indem Gesellschaften zusammengelegt oder dem Staatsrat unterstellt wurden.[430] Die fortdauernde Konsolidierung der Trustbranche und die spektakulären Insolvenzen der Trustgesellschaften verdeutlichten – auch vor dem Hintergrund der Wirtschaftskrise in Asien 1997 – die zunehmende Dringlichkeit der Schaffung einer gesetzlichen Grundlage für den Trustsektor.[431]

IV. Gesetzliche Anerkennung des Trust durch das TrustG (2001)

Anhand der zahlreichen Konsolidierungswellen wird deutlich, dass seit der Zulassung von Trustgeschäften durch den Staatsrat im Jahr 1979 eines der Kernprobleme die ungeklärte Stellung und der unabgegrenzte Aufgabenbereich der Trust- und Investmentgesellschaften innerhalb des Finanzsystems der V.R. China war. Während für drei der vier zentralen Sektoren des chinesischen Finanzsystems, d.h. den Bank-, Versicherungs-, und Wertpapierdienstleistungsbereich, bereits Gesetze existierten, fehlte ein Grundlagengesetz für den Trustsektor.[432] Die Ursache für die unklare Stellung der Trustgesellschaften wurde daher – neben mangelnder Erfahrung und ungenügender Aufsicht – vor allem auch im Fehlen von Regulierung und Gewährung rechtlichen Schutzes gesehen.[433] Die Abhilfe dieses Mangels war daher eines der zentralen Motive des Gesetzgebers für die Ausarbeitung eines Trustgesetzes.[434]

Die Arbeiten an einem Entwurf eines Trustgesetzes begannen im August 1993 durch die Aufnahme in den Gesetzesgebungsplan des 8. NVK und der Einsetzung einer Entwurfsgruppe, die aus Wissenschaftlern der Universität für Politik und Recht[435], der Akademie der Sozialwissenschaften[436] sowie aus Vertretern des Finanzausschusses des NVK und der Chinesischen Volksbank bestanden und die *Jiang Ping* leitete.[437] Die Arbeiten wurden durch den ersten Entwurf vom 29. November 1996 abgeschlossen. Dieser Entwurf enthielt 125 Paragraphen und war in

428 *Huo Yufen*, S. 32.
429 Siehe zu den Hintergründen *Silk/Openshaw*, S. 36 ff.
430 *Wu Hong*, S. 35 f.
431 *Qu*, S. 251.
432 *Wang Lianzhou*, in: *Zhu/Gebhardt*, S. 288.
433 *Hu/Zhang*, S. 1 f.
434 *Gebhardt/Hanisch*, in: *Zhu/Gebhardt*, S. 267; Ho, S. 3; *Xia Bin*, S. 14.
435 政法大学.
436 中国社会科学院.
437 *Arbeitsgruppe*, S. 2; *Wu Hong*, S. 37.

die Kapitel Allgemeine Grundsätze, Trustverhältnis, Gemeinnützige Trusts, Trustgesellschaften und Haftung unterteilt.[438] Ins Auge fällt, dass dem ersten Entwurf einige der Unstimmigkeiten fehlen, die das geltende TrustG prägen.[439] Anders als das geltende TrustG enthielt dieser Entwurf auch ein eigenes Kapitel zu den Trustgesellschaften. Dies war allerdings Grund für Kontroversen, die schließlich dazu führten, dass man die Arbeiten an dem Entwurf einstellte. Eingewendet wurde vor allem, dass die Zeit für eine Kodifizierung noch nicht reif sei, da sich der Trustsektor auf lange Zeit in einem Zustand der Konsolidierung befände. Stattdessen schlug man eine vorläufige Regelung durch den Staatsrat vor.[440]

Die Arbeiten an einem neuen Entwurf eines Trustgesetzes wurden mit dem 9. NVK im Jahr 1998 wieder aufgenommen. Am 23. Juni 2000 hielt der Rechtsausschuss des NVK eine Sitzung zur Beratung des neuen Entwurfs ab, an der auch Mitglieder des Finanzausschusses sowie verantwortliche Vertreter aus Abteilungen des Staatsrates teilnahmen. Am 29. Juni 2000 traf sich der Rechtsausschuss erneut zu einer Beratung und verfasste im Anschluss einen Bericht, den er an die 16. Sitzung des Ständigen Ausschusses des 9. NVK zur Beratung übermittelte. In diesem Bericht wies er auf einige wesentliche Punkte des neuen Entwurfes hin.[441] Erstens werde von der Schaffung eigener Regelungen für Trustgesellschaften abgesehen, weil die Voraussetzungen insoweit noch nicht gegeben seien. Angesichts der seit 1997 fortlaufenden Konsolidierungsanstrengungen im Trustsektor und im Hinblick auf die Bewältigung von Finanzkrisen fehle es noch an ausreichenden Erfahrungen. Da die Trustgesellschaften überwiegend keine echten Trustgeschäfte durchführten, sei ferner die Stellung der Trustgesellschaften im Finanzsystem und ihr Verhältnis zu Banken, Versicherungen und Wertpapierhäusern nicht klar und erfordere weitere Untersuchungen. Auch zeige der Vergleich mit ausländischen Rechtsordnungen, dass die Normierung des zivilrechtlichen Trustverhältnisses Priorität habe. Zweitens stelle der neue Entwurf die Grundlage nicht nur für Trustverhältnisse für geschäftliche, sondern auch für private und gemeinnützige Zwecke dar. Der Anwendungsbereich des TrustG erfasse damit private, geschäftliche und gemeinnützige Betätigungen. Drittens wurde im Bericht auf die Maßgeblichkeit des Auftragsgedankens („*shourenzhituo, dairenlicai*") für das Trustverhältnis hingewiesen und das TrustG in Definition und den übrigen Abschnitten angepasst.[442] Nachdem der Entwurf durch den Rechtsausschuss verschiedenen staatlichen Ebenen und Unternehmen zur Stellungnahme zugeleitet worden war, kam es zu weiteren Beratungen im Rechtsausschuss.[443] Auf der 21. Sitzung des Ständigen Ausschusses des 9. NVK wurde der Entwurf schließlich am 28. April 2001 als Trustgesetz der Volksrepublik China verabschiedet, das am 1. Oktober 2001 in Kraft trat.

---

438 Abgedruckt in *Arbeitsgruppe*, S. 176 ff.
439 So findet sich beispielsweise ein eigenes Kapitel zu Haftung. Neben der Definition des Trust ist der Gesetzestext auch an anderen Stellen deutlicher als das geltende TrustG.
440 *Wu Hong*, S. 38.
441 Vgl. *Hu/Zhang*, S. 4 ff.
442 *Hu/Zhang*, S. 5. Siehe dazu unten ausführlich S. 90.
443 Siehe *Hu/Zhang*, S. 5 f.

Die Einführung des Trust durch das TrustG hat damit die rechtliche Bedeutung des Begriffs „Trust“ zum ersten Mal klargestellt. Allerdings sind drei Anmerkungen angezeigt. Angesichts des Umstandes, dass die chinesischen Trustgesellschaften nie Trustgeschäfte im klassischen Sinne betrieben haben, dürfte das TrustG, das den angelsächsischen Trust zum Vorbild hat, kaum ein geeignetes Mittel zu Behebung der Probleme der Trustbranche gewesen sein.[444] Ferner ist, wie sich noch zeigen wird, der chinesische Trust durch seine Definition sehr weit in Richtung des Auftragsrechts gerückt worden. Der Gesetzgeber hat eine ungewöhnliche Definition des Trust gewählt, die anfällig ist für eine Verwischung des Anwendungsbereichs und damit Trustgeschäfte gerade nicht klar von anderen Rechtsgeschäften unterscheiden lässt. Schließlich spart das TrustG die Normierung von Regelungen für die Trustgesellschaften aus, die gerade den Anlass für die Ausarbeitung eines solchen Gesetzes gegeben hatten.[445] All dies zeigt, dass dem Gesetzgeber Aufgabe und Zweck von Trusts und Trustgesellschaften im Finanzsystem der V.R. China, das die Geschäftsbereiche von Banken, Wertpapierdienstleistungsunternehmen und Versicherungen strikt trennt, nicht klar gewesen sein kann.[446]

Die scheinbar losgelöste Rezeption und Kodifizierung des Trust lässt sich aber damit erklären, dass im Laufe der Gesetzgebungsarbeiten neben die Absicht, eine gesetzliche Grundlage für die Trust- und Investmentgesellschaften zu schaffen, das Ziel des Gesetzgebers hinzutrat, eine gesetzliche Basis für Finanzinstrumente, wie Wertpapierfonds, Pensionsfonds oder Sozialversicherungsfonds zu schaffen.[447] Während der Entwurfsphase gewann insoweit die Auffassung an Boden, dass das TrustG das Trustverhältnis nur in allgemeiner Form normieren müsse. Als ein Grundlagengesetz sei eine umfangreiche und vollständige Kodifizierung daher nicht erforderlich. Mittels Spezialgesetzen könnten vielmehr die Einzelheiten für besondere Bereiche geregelt werden.[448] Gerade für den Bereich der Vermögensverwaltung, der sich seit Beginn der marktwirtschaftlichen Liberalisierung stetig fortentwickelte, hat die Normierung des Trustverhältnisses daher eine große Rolle gespielt.[449] Als Grundlagengesetz konnte das TrustG damit beispielsweise Hindernisse beim bevorstehenden Erlass eines Wertpapierinvestmentfondsgesetzes ausräumen[450], das entsprechend in § 2 S. 2 auf das TrustG verweist.[451]

---

444 So auch *Ho*, S. 5.
445 Vgl. *Gebhardt/Hanisch*, in: *Zhu/Gebhardt*, S. 272.
446 Vgl. auch *Gebhardt/Hanisch*, in: *Zhu/Gebhardt*, S. 266.
447 *Hu/Zhang*, S. 10; *Xia Bin*, S. 14.
448 *Hu/Zhang*, S. 10 f.
449 Vgl. *Zhou Yuhua*, S. 79.
450 *Zhou Yuhua*, S. 79 f. Siehe auch die Aussage von *Wang Lianzhou* im Newsletter der DCJV (nunmehr ZChinR) 2001, S. 63 (www.zchinr.de).
451 Siehe zu diesem die Besprechung durch *Pißler*, Wertpapierinvestmentfondsgesetz, S. 132 ff.

C. Definition und Charakteristika des chinesischen Trust

Die Definition des chinesischen Trust und damit gewissermaßen die Essenz der Rezeption findet sich in § 2 TrustG. Ein Trust[452] ist im chinesischen Recht wie folgt definiert:

„Als Trust wird eine Handlung bezeichnet, durch die der *settlor* auf Grundlage seines Vertrauens in den *trustee* diesem Rechte an seinem Vermögen anvertraut und der *trustee* in seinem eigenen Namen in Übereinstimmung mit den Wünschen des *settlor* dieses Vermögen zugunsten des *beneficiary* oder eines bestimmtes Zweckes verwaltet oder über es verfügt.“[453]

Trotz vertraut erscheinender Elemente entspricht die Definition nur auf den ersten Blick dem englischen Trust in seiner oben vorgestellten Form. Sie weicht ferner auch von Definitionen anderer asiatischer *Civil Law*-Rechtsordnungen ab, die den Trust übernommen haben.[454] Da diese Definition unmittelbarer Ausdruck der Übertragung der Regeln des *Common Law*-Trust in die chinesische *Civil Law*-Rechtsordnung ist, ist ihre Besprechung geeignet, in das geltende Trustrecht der V.R. China einzuführen. Es sollen an dieser Stelle daher einige grundsätzliche Aspekte und Besonderheiten zur Sprache kommen, in denen das chinesische Trustrecht von seinem angelsächsischen Vorbild abweicht, allen voran die dingliche Konzeption des chinesischen Trust. Die Darstellung dieser Besonderheiten soll dadurch vor die Besprechung der Einzelheiten des chinesischen Trustrechts in den nachfolgenden Kapiteln gezogen werden.

Die Darstellung und Interpretation des Trustgesetzes begegnet allerdings – und dies gilt durchweg für alle in dieser Arbeit auftretenden Fragen zum Trustgesetz – der Schwierigkeit, dass die tatsächlich angestellten Überlegungen des chinesischen Gesetzgebers mangels förmlicher Gesetzesbegründungen kaum aufzuklären sind. Aufschluss über Motive des Gesetzgebers kann daher in erster Linie nur die vor und nach Erlass des Gesetzes veröffentlichte Kommentarliteratur geben, wobei hier die Werke der von den an den Gesetzesberatungen teilnehmenden Wissenschaftlern von besonderem Wert sind, um die Überlegungen des Gesetzgebers aufzuklären. Nennenswert sind hier insbesondere die Monographien und Kommen-

---

452 信托.

453 „本法所称信托，是指委托人基于对受托人的信任，将其财产权委托给受托人，由受托人按委托人的意愿以自己的名义，为受益人的利益或者特定目的，进行管理或者处分的行为。“

454 § 1 des japanischen TrustG bestimmt: „Einen Trust bezeichnet die Übertragung oder sonstige Verfügung von Vermögensrechten, damit ein Dritter zugunsten eines bestimmten Zweckes diese Vermögensrechte verwaltet oder über sie verfügt.“ In § 1 Abs. 2 des südkoreanischen TrustG heisst es: „Als Trust wird eine Rechtsbeziehung bezeichnet, bei der der *trustor* auf Grundlage einer besonderen Treuebeziehung zwischen *trustor* und *trustee* entweder durch Übertragung bestimmten Vermögens an den *trustee* oder mittels anderer Maßnahmen den *trustee* bittet, zugunsten des *beneficiary* oder eines bestimmten Zweckes das Vermögen zu verwalten oder darüber zu verfügen.“ § 1 des taiwanesischen TrustG lautet: „Als Trust wird eine Beziehung bezeichnet, bei der der *trustee* Vermögensrechte überträgt oder auf sonstige Weise über sie verfügt, und der *trustee* im Einklang mit dem Trustzweck zugunsten des *beneficiary* oder eines bestimmten Zweckes das Trustvermögen verwaltet oder darüber verfügt.“

tare von *Zhou Xiaoming*[455], *He Baoyu*[456], *Hu/Zhang*[457], *Wang/Guo*[458], *Bian Yaowu*[459]. Durch diese Vorgehensweise soll erreicht werden, ein wenig Licht in das intransparente Gesetzgebungsverfahren zu bringen und mittels der wissenschaftlichen Literatur einen Einblick in die Überlegungen des Gesetzgebers zu geben.

I. Struktur und Beteiligte

Seinem angelsächsischen Vorbild entsprechend und anders als das deutsche Treuhandrecht ist der chinesische Trust in der Grundkonstellation ein Rechtsverhältnis mit drei Beteiligten[460]: *settlor*[461], *trustee*[462] und *beneficiary*[463]. Auch hier ist es der *settlor*, der den Trust nach seinen Vorstellungen errichtet, der *trustee* übernimmt die Aufgabe der Verwaltung des Trustvermögens und der *beneficiary* genießt als Drittbegünstigter die Früchte der Verwaltung. Die chinesische Literatur unterscheidet bisweilen zwischen engem und weitem Begriff der Trustbeteiligten. Der enge Begriff soll nur den *settlor* und *trustee* bezeichnen, die den Trust vertraglich errichten, während der weite Begriff den *beneficiary* einschließt. Das Gesetz setzt in § 3 TrustG den weiten Begriff mit drei Beteiligten voraus.[464] Daraus ergibt sich aber nicht ohne weiteres, dass der chinesische Trust im Hinblick die formale Gestalt dem angelsächsischen Trust näher stünde als der deutschen Treuhand, bei der in ihrer zweipoligen Form Treugeber und Begünstigter zusammenfallen. Vielmehr ist der chinesische Trust zwischen diesen beiden Formen anzusiedeln. Anders nämlich als im englischen Recht ist der *settlor* Vertragspartner des *trustee* und bleibt auch während der Durchführung des Trustvertrages wegen besonderer gesetzlicher Rechte ein wesentlicher Einflussfaktor, der auf die Verwaltung des *trustee* einwirken kann. Der chinesische Trust ähnelt daher eher der deutschen Treuhand bei Existenz eines Drittbegünstigten. Der chinesische Trust kann allerdings ebenso wie der engli-

---

455 *Zhou Xiaoming* war Mitglied der Arbeitsgruppe zum Entwurf eines Trustgesetzes und hat eine Dissertation zum Trustrecht vorgelegt. Diese, die der Doktorvater und Vorsitzende der Arbeitsgruppe *Jiang Ping* ebenso wie den Autor in einem Geleitwort gewürdigt hat, hat die Rezeption des Trust in China maßgeblich geprägt.
456 *He Baoyu* war ebenfalls an den Beratungen zum TrustG beteiligt, vgl. *Arbeitsgruppe*, Einleitung S. 3.
457 Mitglieder des Gesetzgebungsausschusses des Ständigen Ausschusses des NVK sowie seine wissenschaftliche Mitarbeiter haben an dem Kommentar von *Hu/Zhang* mitgewirkt, vgl. die Einleitung.
458 Vgl. *Wang/Guo*, Einleitung S. 1.
459 *Bian Yaowu* hat als stellvertretender Leiter des Gesetzgebungsausschusses des Ständigen Ausschusses des Nationalen Volkskongresses ebenfalls an den Beratungen mitgewirkt. Die Ausführungen seines Kommentars finden sich auch als offizielle Kommentierung des TrustG auf den Internetseiten des NVK (www.npc.com.cn).
460 信托当事人.
461 委托人.
462 受托人.
463 受益人.
464 *Zhong/Chen*, S. 82.

sche Trust zweipolig ausgestaltet sein.[465] Ein solcher wird auch als eigennütziger Trust[466], ein Trust zugunsten eines Dritten als fremdnütziger Trust[467] bezeichnet.

II. Dingliche Rechtszuständigkeit

Dominiert nach einer rein wirtschaftlichen Betrachtungsweise in aller Regel der Trustzweck die Zuordnung des Trustvermögens, stellt sich zivilrechtlich zunächst immer die Frage, welcher der Beteiligten in welchem Umfang am Trustvermögen dinglich berechtigt ist. Die Durchsicht der Bestimmungen des TrustG führt allerdings zu der Feststellung, dass der chinesische Gesetzgeber keine eindeutige Zuordnung des Eigentums am Trustvermögen vorgenommen hat. Vielmehr scheint die Fassung des Gesetzes den Schluss nahe zu legen, dass die Parteien des Trustvertrages bestimmen sollen, ob der *settlor* oder der *trustee* Eigentümer des Trustvermögens werden soll. Das Fehlen einer eindeutigen gesetzlichen Zuordnung des Trustvermögens hat dazu geführt, dass die dingliche Rechtszuständigkeit am Trustvermögen eine der umstrittensten Fragen des chinesischen Trustrechts ist.

Diese gegenüber anderen Rechtsordnungen abweichende Fassung des chinesischen TrustG soll im Rahmen eines vergleichenden Überblicks über repräsentative Modelle der Rezeption des dualen Eigentums vorgestellt werden (siehe unter 1)). Im Anschluss sind dann die Motive des Gesetzgebers herauszuarbeiten und zu würdigen (siehe unter 2) und 3)).

1) Die Rezeption des dualen Eigentums durch das TrustG im Spiegel anderer Trustrechtsordnungen des *Civil Law*

Die Rezeption des Trust durch ein kontinentaleuropäisch geprägtes Rechtssystem hat sich mit der Frage zu befassen, inwieweit die Ausgestaltung der Rechte und Pflichten der am Trust Beteiligten nach Maßgabe des angelsächsischen Vorbilds erfolgen kann und soll. Den Kern des Trust als einem Institut der Vermögensverwaltung stellen die sich um das Trustvermögen rankenden Rechtsbeziehungen dar, die damit gleichzeitig einen der unerlässlichen Gegenstände der Rezeption bilden. Angesprochen ist damit vor allem die Rezeption des dem angelsächsischen Trustrechts eigentümlichen Vermögensrechts, das zwischen *legal title* und *equitable title* am Trustvermögen unterscheidet, sowie die Ausgestaltung und Reichweite der Rechte des Treugebers (*settlor*), des Treuhänders (*trustee*) und des Drittbegünstigten (*beneficiary*) am Trustvermögen.

Die Übernahme des vermögensrechtlichen Systems des *Common Law*-Trust in ein kontinentales Zivilrecht trifft auf vielfältige dogmatische Hindernisse. Als einer

465 *Zhong/Chen*, S. 83.
466 自益信托.
467 他益信托.

Einführung im Wege stehende zivilrechtliche Prinzipien werden in der Regel der Grundsatz der Absolutheit und Unteilbarkeit des Eigentums, das Prinzip der dinglichen Surrogation, das Prinzip des *numerus clausus* der dinglichen Rechte und der Publizitätsgrundsatz genannt.[468] In Rahmen der chinesischen Rezeption stellten indes die meisten dieser Prinzipien offenbar keinen wesentlichen Hinderungsgrund dar. So hat der Gesetzgeber für das Prinzip der dinglichen Surrogation eine ausdrückliche gesetzliche Grundlage im TrustG geschaffen. Auch die im Zusammenhang mit der Publizität des Trustvermögens auftretenden Fragen hat das TrustG zu lösen versucht. Das *numerus clausus*-Prinzip wurde offenbar überhaupt nicht als Hindernis der Rezeption gesehen, jedenfalls finden sich kaum Hinweise darauf in der Literatur. Dies mag daran liegen, dass es dem Gesetzgeber freigestanden hätte, ein weiteres dingliches Recht einzuführen.[469] Die Hauptproblematik bei der Rezeption des Trust bestand indes, wie auch in anderen *Civil Law*-Systemen, in der Geltung des sachenrechtlichen Absolutheitsprinzips.[470] Bevor der durch das chinesische Recht eingeschlagene Weg dargestellt wird, sind daher zunächst zwecks Kontrastierung andere Modelle der Rezeption des dualen Eigentums vorzustellen.

a) Vollrechtsübertragung an den *trustee*

Das am weitesten verbreitete Modell zur Rezeption des Trust durch ein *Civil Law*-System stellt die Vollrechtsübertragung des Eigentums am Trustgut an den *trustee* dar.[471] Bei diesem erhält der *trustee* bzw. Treuhänder die Vollrechtsstellung, während dem Begünstigten lediglich ein schuldrechtlicher Anspruch zusteht, der keinerlei Wirkung gegen Dritte entfaltet. Beispiele für dieses Rezeptionsmodell sind u.a. in Japan, Südkorea, Taiwan, Liechtenstein und Mauritius zu finden.[472] Der Vorzug dieses Modells liegt vor allem darin, dass der Treuhänder eigenständige Rechtsmacht erhält, die ihn in die Lage versetzt, die Ziele des Trust unabhängig und effektiv zu verwirklichen.[473] Die Funktionalität dieses Modells bestimmt sich allerdings in weitem Maße danach, inwieweit das Trustvermögen vor unberechtigten Verfügungen des Treuhänders und (Vollstreckungs-)Zugriffen Dritter durch Bildung eines Sondervermögens geschützt ist. Ist ein solcher Schutz nicht oder nur in eingeschränktem Maße gewährleistet, wird in der Regel den Interessen der Parteien nicht Genüge getan sein. Ist ein solcher Schutz aber gegeben, so kann durchaus von einer tragfähigen Regelung fiduziarischer Rechtsverhältnisse gesprochen werden.[474]

---

468 Vgl. *Pluskat*, S. 325 ff.; *Allen*, S. 25 ff.; *Kötz*, S. 167 ff. Ferner *Becker*, S. 383 ff.
469 Vgl. *Kötz*, S. 168.
470 Vgl. *Allen*, S. 25. Siehe zum Unteilbarkeitsgrundsatz im chinesischen Recht oben S. 57.
471 *Lupoi*, S. 304, spricht insoweit sogar von einer *conditio sine qua non* für die Annäherung eines *Civil Law*-Systems an das Trustrecht. Ferner *Ho*, S. 37.
472 Vgl. zu den asiatischen Ländern bereits oben S. 74 FN 454. Ferner *Lupoi*, S. 304 f. und *Ho*, S. 38.
473 *Becker*, S. 370; *Ho*, S. 38.
474 *Becker*, S. 373.

Die Bedeutung dieses Erfordernis lässt sich am deutschen Treuhandrecht verdeutlichen, weil es diesem Schutz- und Funktionalitätserfordernis nur teilweise entsprochen hat. Auch im deutschen Treuhandrecht wird im Regelfall dem Treuhänder das Vollrecht am Treuhandvermögen eingeräumt, wodurch er zugleich ein Übermaß an Rechtsmacht erlangt, das die Gefahr der unberechtigten Verfügungen und Vollstreckungen durch Dritte nach sich zieht. Zwar erkennt das deutsche Treuhandrecht dem Grundsatz nach die Existenz eines Sondervermögens an, so dass das Problem der überschießenden Rechtsmacht durch korrespondierende Regelungen insbesondere im Vollstreckungsrecht eingedämmt wird. Im Hinblick auf unberechtigte Verfügungen und durch die Versagung des Grundsatzes der dinglichen Surrogation gewährt es aber gerade keinen dem englischen Recht vergleichbaren Schutz.[475]

b) *beneficiary* als Vollrechtsinhaber

Eine seltener anzutreffende, doch durchaus vom chinesischen Gesetzgeber in Erwägung gezogene[476] Lösung stellt die Übertragung des Vollrechts am Trustgut an den *beneficiary* dar. Das südafrikanische Trustrecht erkennt beispielsweise diese Variante des Trust[477] an, indem es die Übertragung der Rechte wahlweise an den *trustee* oder den *beneficiary* erlaubt.[478] Bei einer Übertragung an den *beneficiary* ist der *trustee* lediglich Verwalter des Trustvermögens, kann aber aufgrund der ihm eingeräumten Kontrolle das Trustvermögen verwalten und über es verfügen.[479] Gegen diese Form der Rezeption des Trust wird eingewandt, dass der *trustee* auf die Mitwirkung des das Eigentum innehabenden *beneficiary* angewiesen sei, um das Trustvermögen effektiv zu verwalten.[480] Dies kann aber nur dann uneingeschränkt gelten, wenn das rezipierende Rechtssystem eine ausreichende (dingliche) Ermächtigung des *trustee* durch den *settlor* nicht erlaubt.[481] Ob außerhalb des historisch bedingten Zusammenhangs in Südafrika[482] die Rezeption einer solchen Konstruktion gegenüber der Alternative der einfachen Vollrechtsübertragung an den verwaltenden Treuhänder vorteilhaft ist, kann im Hinblick auf zwei Aspekte durchaus in Frage gestellt werden: Zum einen besteht eine Einschränkung dahingehend, dass der *beneficiary* bereits (leben und) bestimmt sein muss; zum anderen haben ähnlich wie bei der deutschen Ermächtigungstreuhand zwei Beteiligte, nämlich der *trustee* kraft gesetzlicher Ermächtigung und der *beneficiary* kraft seiner

---

475 Siehe dazu oben S. 43 ff.
476 Siehe dazu unten S. 85.
477 Zum mittlerweile historischen Streit, ob es sich bei dieser Variante tatsächlich um eine Unterform des südafrikanischen Trust handelt, der auf das Zusammentreffen von holländischem und englischem Recht zurückzuführen ist, siehe *Cameron*, S. 7 ff.
478 Siehe dazu *Cameron*, S. 6 ff., 272 ff.; *Lupoi*, S. 298; *Becker*, S. 110 ff.; *Ho*, S. 39. Die Übertragung an den *trustee* ist dennoch die in der Praxis gebräuchlichere Variante, vgl. *Cameron*, S. 9.
479 Siehe Trust Property Control Act 1988 section 1 und *Cameron*, S. 8 sowie 275
480 *Ho*, S. 40.
481 Vgl. *Honoré*, S. 11.
482 *Honoré*, S. 10 f.; *Lupoi*, S. 297.

Eigentümerstellung, gleichermaßen Verfügungsbefugnis über das Treugut, was naturgemäß zu Konflikten führen kann.[483]

c) Treuhandvermögen als rechtsträgerloses Zweckvermögen

Eine eigenwillige Lösung der Rezeption des dualen Eigentums hat das Trustrecht von Québec gewählt, indem es das Trustvermögen verselbständigt, ohne es dabei einem der Beteiligten dinglich zuzuordnen oder selbst zum Rechtssubjekt zu machen.[484] Auch hier fungiert der *trustee* als ein Verwalter, der umfängliche Herrschaftsrechte erhält.[485] Diese Form der Rezeption trägt anschaulich dem Gedanken Rechnung, dass das Trustvermögen ein einem bestimmten Trustzweck gewidmetes Sondervermögen ist.[486] Das Trustrecht von Québec geht durch diese Konstruktion damit auch dem Dilemma aus dem Weg, die Rezeption entweder durch (dogmatisch problematische) Aufspaltung des an sich unteilbaren Eigentums oder durch (nicht interessengerechte) vollständige Zuweisung des Eigentums an einen der Beteiligten zu vollziehen. Inwieweit eine von einem Rechtssubjekt losgelöste Vermögensmasse allerdings in einem *Civil Law*-System dogmatisch gerechtfertigt werden kann, soll an dieser Stelle nicht weiter erörtert werden.[487]

d) V.R. China: der *settlor* als Vollrechtsinhaber

Das chinesische Recht hat gegenüber den dargestellten Modellen einen anderen Weg eingeschlagen. Der nahe liegende Weg, den *trustee* wie im englischen Recht und anderen Treuhandordnungen zum Vollrechtsinhaber am Trustvermögen zu machen, ist ebenso wenig wie eines der anderen gebräuchlichen Rezeptionsmodelle Gesetz geworden. Der Grund ist darin zu sehen, dass der Gesetzgeber eine Klarstellung der Frage der Eigentumsübertragung und -zuordnung gerade vermeiden wollte.[488] Viel zitiert ist in diesem Zusammenhang *Jiang Ping*, der als Leiter der Arbeitsgruppe zum Entwurf des TrustG in der Marktzeitung[489] vom 24. Mai 2001 erklärte, es sei eine sehr bedeutende Korrektur vorgenommen worden, die sich von anderen Ländern darin unterscheide, dass auf eine ausdrückliche Zuordnung des Trusteigentums zum *trustee* verzichtet werde.[490]

---

483 Vgl. *Becker*, S. 113, 115.
484 *Becker*, S. 157 ff.; *Pluskat*, S. 105 ff.; *Honoré*, S. 11 f.
485 *Becker*, S. 204 ff.; *Lupoi*, S. 288.
486 Vgl. *Becker*, S. 166 ff. mit Verweis auf die Arbeiten von *Lepaulle*.
487 Dazu ausführlich *Becker*, S. 299 ff.
488 Ganz allg. Meinung. Siehe z.B. *Ho*, S. 67; *Zhang Tianmin*, S. 340; *Zhou Yuhua*, S. 153; *Zhao/Luo*, S. 55; *Guo Yuping*, S. 44 bezeichnet die Frage der Zuordnung des Eigentumsrechts als zielgerichtete Verschleierung.
489 市场报.
490 „…信托财产上的权利与利益分离的原则。这次在《信托法》立法里做了一个非常大的修正，与世界各国不一样的是既没有明确规定财产的所有权或者财产权属于受托人，而只规定信托财产的经营管理的权利交给了受托人，我想这个基本的原则很重要。可以看到《信托法》的这一个特征告诉我们必须要同时兼顾两方面的利益：一是受托人对于财产应该享有的完全分配的权利；…“ Siehe http://www.trust-one.com/oldtrust/xtdt_Folder/new_page_48.htm.

Dies kommt nunmehr in der Gesetz gewordenen Definition des Trust zum Ausdruck. Der Gesetzgeber hat insoweit nicht den eindeutigen Begriff *zhuanyi*[491] verwendet, der eine dingliche Rechtsübertragung implizieren würde. Dieser fand sich noch im ersten Entwurf des Trustgesetzes, wurde aber in der geltenden Fassung durch den Begriff *weituo (gei)*[492]ersetzt.[493] Demnach muss der *settlor* dem *trustee* zur Errichtung des Trust sein Vermögen lediglich „anvertrauen“.[494] Unter *weituo* lässt sich zwar auch die Übertragung von Eigentum subsumieren, der Wortbedeutung nach ist eine solche aber keineswegs zwingend. *Weituo* erfasst dem Wortlaut nach beispielsweise auch, jemandem lediglich den Besitz an seinem Vermögen einzuräumen oder allgemein mit der Verwaltung eines Vermögens zu beauftragen. Entsprechend findet der Begriff *weituo* im chinesischen Recht in anderem, sachlich ähnlichem Zusammenhang und seiner Kernbedeutung entsprechend Verwendung, nämlich beim Auftrag gem. § 396 VertragsG und der Vertretung gem. § 64 AGZ. Es ist offensichtlich, dass der Trust durch die Wahl dieses Begriffes in die Nähe des Auftragsrechts gerückt wird.

Der chinesische Gesetzgeber hat damit die Kernfrage der Rezeption des angelsächsischen Trust, wie das Trustvermögen unter den Bedingungen eines kontinentaleuropäisch geprägten Sachenrechts den Beteiligten zugeordnet werden soll, bewusst unbeantwortet gelassen. Aus diesem Grund sind die Diskussionen um das richtige Verständnis der vermögensrechtlichen Konzeption des chinesischen Trustrechts und damit der Auslegung des § 2 TrustG weiterhin ein zentraler Bestandteil der aktuellen wissenschaftlichen Auseinandersetzung mit dem Trustrecht.[495]

Obwohl der Gesetzgeber eine ausdrückliche dingliche Zuordnung des Trustvermögens gerade nicht hat vornehmen wollen, führt der Begriff „Anvertrauen“ aber im praktischen Ergebnis dazu, dass der *settlor* das Eigentum im Regelfall behält, weil von einer Eigentumsübertragung erst ausgegangen werden kann, wenn dies von den Parteien des Trustvertrages gewollt ist. Das chinesische Trustrecht findet sich damit unter den internationalen Trustrechtssystemen in der besonderen Situation wieder, die die dingliche Zuordnung des Trustvermögens zum *settlor* erlaubt.[496]

2) Motive des Gesetzgebers

Mit der Wahl des Begriffes *weituo* hat der chinesische Gesetzgeber eine bedeutende Weichenstellung vorgenommen, deren Ursachen im Folgenden beleuchtet werden

491 转移.
492 委托(给).
493 In § 3 des Entwurfes eines TrustG aus dem Jahr 1996 heißt es entsprechend: “本法所称信托，是指委托人基于对受托人的信任，将其财产权转移给受托人，受托人按委托人的原意以自己的名义，为受益人的利益或特定目的，管理或处分财产的行为。“ Vgl. ferner *He Baoyu*, S. 11; *Ho*, S. 67; *Qin Su*, S. 33; *Sheng Xuejun*, S. 140.
494 Ebenso die Übersetzung von *Pissler* in: Newsletter der DCJV 2001 (nunmehr ZChinR), S. 70 (www.zchinr.de). Anders aber die Übersetzung in RIW 2003, S. 171 („überträgt“).
495 Vgl. nur *Chen Dagang*, S. 36 aus dem Jahr 2006; ferner *Zhao/Luo*, S. 55.
496 Vgl. *Ho*, S. 66 f.

soll. Trotz des bereits erwähnten eingeschränkten Nutzens offizieller Dokumente für die Erhellung der Gesetzgebungsmotive soll versucht werden nachzuzeichnen, warum der Gesetzgeber die gesetzliche Festlegung einer Eigentumsübertragung vermieden hat. Die Darstellung dieses Prozesses ist nicht nur von (rechtshistorischem) Interesse für das chinesische Zivilrecht, sondern gewährt auch einen Blick in die Rezeption des *Common Law*-Trust durch ein *Civil Law*-System.

Auf Grundlage des zur Verfügung stehenden Materials lassen sich drei Ursachen für die Vermeidung einer zwingenden Eigentumsübertragung erkennen[497]: Erstens die dogmatischen Schwierigkeiten bei der Umsetzung der Trennung von Eigentum und Interesse am Trustvermögen angesichts der Geltung des Unteilbarkeitsgrundsatzes im chinesischen Zivilrecht (siehe dazu a)), zweitens die Sorge um die Akzeptanz einer solchen Regelung in der chinesischen Bevölkerung (siehe dazu b)) und drittens die aus einer Eigentumsübertragung resultierenden Gefahr des Missbrauchs des Trust (siehe dazu c)).[498]

a) Unvereinbarkeit des Grundsatzes der Unteilbarkeit des Eigentums mit dem Prinzip der funktionalen Trennung von Eigentum und Interesse

Der Verlauf der chinesischen Rezeption des Trust ist ganz maßgeblich durch eine funktionelle Interpretation des Trustvermögensrechts geprägt worden, die das Eigentum in verschiedene Inhalte aufspaltet und zwischen Verwaltungs- und Vorteilsziehungsaspekt bzw. Eigentum und Interesse unterscheidet. Die Analyse des Vermögensrechts des Trust erfolgt auf Grundlage einer Eigentumstheorie, die – im Einklang mit der Definition des Eigentums im chinesischen Sachenrecht – Eigentumsrechte in verschiedene Befugnisse aufspaltet und funktional interpretiert. Diese funktionale Interpretation ist Leitlinie und Hilfsmittel der Auseinandersetzung mit allen Fragen der Zuordnung des Trustvermögens und kann als nahezu unbestrittener Grundkonsens in der chinesischen Trustrechtswissenschaft angesehen werden.

aa) Prinzip der funktionalen Trennung als Kern des dualen Trusteigentums

Die chinesische Wissenschaft bietet ein weitgehend einheitliches Bild im Hinblick auf das Verständnis der Rechtsbeziehungen der Beteiligten zum Trustvermögen. Bei der Darstellung des angelsächsischen Trustrechts wird überwiegend das Bild vom dualen Vermögensrecht[499] verwendet[500], wonach den Trust das gleichzeitige Bestehen des *Common Law*-Eigentums [501] und des *Equity*-Eigentums[502] an einem Ge-

---

497 Vgl. auch zu den Schwierigkeiten der Kodifizierung des TrustG *Guo Dexiang*, Finanztrust, S. 157.
498 Die verschiedenen Interpretationsansätze zum Begriff *weituo* durch die Wissenschaft sind dagegen im Kapital über die Errichtung zu erörtern. Siehe dazu unten S. 146 ff.
499 双重财产权.
500 *Zhou Xiaoming*, S. 13, 28 ff.; *Hu/Zhang*, S. 20; *Hou/Zhong*, S. 96; *Guo Yuping*, S. 43.
501 普通法上的所有权.
502 衡平法上的所有权.

genstand charakterisiert.[503] Nach *Zhou Xiaoming* leitet sich hieraus als das zentrale Charakteristikum des angelsächsischen Trust die Trennung von Eigentum und Interesse an einem Vermögensgegenstand [504] ab.[505] So übertrage der *settlor* dem *trustee* das Eigentum, damit dieser es zugunsten des *beneficiary* im eigenen Namen verwalte. Der *trustee* könne wie ein wirklicher Eigentümer das Trustvermögen verwalten und jede Art von Geschäften mit Dritten als Inhaber der Rechte durchführen. Die Besonderheit des Trustvermögens sei aber, dass das Eigentumsrecht des *trustee* nicht umfassend, sondern begrenzt sei, und zwar durch das Recht auf die Ziehung der Vorteile[506] des *beneficary*.[507] Der *trustee* erhalte zwar das Eigentum und dürfe im eigenen Namen das Trustvermögen verwalten und darüber verfügen, es sei ihm aber nicht gestattet, Vorteile aus der Verwaltung zu seinen eigenen Gunsten zu ziehen, denn diese stünden nur dem *beneficiary* zu.[508] Dieses Vorteilsrecht sei im englischen Recht im *equitable title* verkörpert und vom *legal title* des *trustee* zu unterscheiden.[509] *Zhou* zieht daraus den Schluss, dass für den Trust die Trennung von Eigentum und Interesse am Trustvermögen bzw. die Trennung von Verwaltung und Nutzen wesentlich sei.[510]

Dieses Verständnis eines um den Aspekt der Fruchtziehung geminderten Eigentums hat sich so weit durchgesetzt, dass abweichende Stellungnahmen kaum zu finden sind.[511] Die weite Verbreitung dürfte auch dadurch befördert worden sein, dass sie sich nahtlos in die Eigentumsdogmatik des chinesischen Rechts einfügt. Das chinesische Sachenrecht unterscheidet bereits auf gesetzlicher Ebene verschiedene Inhalte des Eigentums.[512] Danach kann der Eigentümer einen Gegenstand besitzen[513], nutzen[514], Vorteile bzw. Früchte ziehen[515] und über ihn verfügen[516].[517] Übertragen auf den Trust steht daher einem *trustee* das Besitz-, Verwaltungs-, Verfügungsrecht, dem *beneficiary* hingegen das Vorteilsrecht zu.[518]

---

503 Vgl. nur *Zhao/Luo*, S. 55; *Guo Yuping*, S. 43.
504 所有权与利益相分离.
505 *Zhou Xiaoming*, S. 12. Siehe auch (in englischer Sprache) *Zhou Xiaoming*, in: *Zhu/Gebhardt*, S. 295.
506 受益权.
507 *Zhou Xiaoming*, S. 7.
508 *Zhou Xiaoming*, S. 12.
509 *Zhou Xiaoming*, S. 13.
510 *Zhou Xiaoming*, in: *Zhu/Gebhardt*, S. 295.
511 Der Gedanke der Trennung wird angesprochen z.B. von *Jiang Ping* in der Marktzeitung (市场报) vom 24. Mai 2001; *Hu/Zhang*, S. 21, 78 f. ; *Zhou Yuhua*, S. 136 f.; *Guo Dexiang*, Finanztrust, S. 11; *Guo Yuping*, S. 43 f.; *Xia Bin*, S. 15; *Yi Xiaolan*, S. 65. *Xu Mengzhou*, Trustrechtslehre, S. 98, weist hingegen darauf hin, dass diese Interpretation dem dualen Eigentumsrecht des *Common Law* zuzurechnen und daher nicht unbedacht zuzustimmen sei.
512 § 71 AGZ, § 39 SRG. Siehe dazu oben S. 57 ff.
513 占有.
514 使用.
515 收益.
516 处分.
517 *Xu Mengzhou*, Trustrechtslehre, S. 96. *Huang Laiji*, S. 49.
518 *Xu Mengzhou*, Trustrecht, S. 136.

Im Mittelpunkt der chinesischen Rezeption steht damit das Verständnis der historisch begründeten *doppelten* Rechtszuständigkeit im englischen Recht im Sinne einer funktionellen *Unterteilung* eines Eigentumsrechtes.[519] Kontrastiert man diese Auffassung mit der Beschreibung von Treuhandregelungen, wonach die Treuhand allgemein das Innehaben von Rechtsmacht im fremden Interesse kennzeichnet, fällt ins Auge, dass das chinesische Verständnis des Trust bereits im Ausgangspunkt den Blick auf eine rein sachenrechtliche Perspektive am einzelnen Trustvermögensgegenstand verengt. Die Interessenbindung des Treuhänders erfolgt – wie im englischen Recht – nur auf dinglicher Ebene als Trennung von Eigentum und Interesse innerhalb der Rechtszuständigkeit am jeweiligen Gegenstand des Trustvermögens. So zutreffend diese Analyse prinzipiell ist, legt sie doch im Weiteren eine Unterscheidung und Abspaltung einzelner Eigentumsaspekte nahe und begrenzt dadurch die Möglichkeiten der Rezeption. Dies belegen auch die Quellen zu den konkreten Erwägungen des Gesetzgebers, die allerdings nur sehr vereinzelt[520] mittels Bezugnahme auf die Ansichten „bestimmter Wissenschaftler" einzelne Gründe aufzählen, und die die bereits angedeutete Vermutung bestätigen, warum der Begriff *zhuanyi* durch *weituo* letztlich ersetzt worden sein dürfte.

Nach diesen Quellen sprachen für die Ersetzung des Begriffes *zhuanyi* („Übertragung") durch *weituo* („Anvertrauen") (1) die Geltung des Unmittelbarkeitsgrundsatzes im chinesischen Zivilrecht, der das inhaltlich in Besitz, Nutzung, Fruchtziehung und Verfügung zerfallende Eigentumsrecht als absolut und unteilbar ansieht und bei einer Übertragung des Eigentums an den *trustee* gelten muss. Sodann das hieraus folgende Problem, dass (2) unter diesen Voraussetzungen der *trustee* das Frucht- bzw. Vorteilsziehungsrecht bekäme, das eigentlich dem *beneficiary* zustünde. Ferner wird in den Quellen genannt, dass (3) bei einer Insolvenz oder Auflösung einer als *trustee* fungierenden juristischen Person das Trustvermögen nicht zur Insolvenzmasse gehöre und schließlich (4) der Begriff *weituo* lediglich das Innenverhältnis bezeichne, im Außenverhältnis aber Auftrag, Trust, Kommission etc. sein könne.[521]

Insbesondere die Argumente (1), (2) und (4) verdeutlichen, dass der Gesetzgeber wegen der Anerkennung des sachenrechtlichen Grundsatzes der Unteilbarkeit des Eigentums keine passende (dingliche) Lösung gefunden hat, um die Trennung von Eigentum und Interesse konstruktiv zu bewältigen. Ferner wird auch deutlich, dass er den Begriff *weituo* nicht als Beauftragung verstanden wissen wollte. Die Rezeption fokussierte sich also auf den Eigentumsdualismus des englischen Rechts und die dingliche Perspektive, so dass der Gedanke der Trennung von Eigentum

---

519 Dieser funktionelle Ansatz ist auch anderen Ländern bekannt. So hatte beispielsweise in Deutschland *Kötz* in den 1960er Jahren eine funktionelle Aufteilung der Befugnisse für die Fortentwicklung der fiduziarischen Verwaltungstreuhand vorgeschlagen, vgl. *Kötz*, S. 170. *Kötz* regt ferner an, „für die Dauer der Verwaltungstreuhand Treuhänder und Treuhandsbegünstigten nebeneinander als Eigentümer anzusehen, deren Rechtsstellungen sich miteinander zu vollem Eigentum ergänzen." Siehe ferner *Raiser*, S. 172.

520 *Huang Laiji*, S. 49; *Guo Dexiang*, Regelungen, S. 27 f.

521 Siehe *Huang Laiji*, S. 49; *Guo Dexiang*, Regelungen, S. 27 f.

und Interesse und der sachenrechtliche Unteilbarkeitsgrundsatz eine Schlüsselstellung erhielt.

bb) Ablehnung der gebräuchlichen Rezeptionsmodelle

In der Entwurfphase des TrustG wurden zahlreiche Rezeptionsmodelle daraufhin untersucht, ob sie die Trennung von Eigentum und Interesse angemessen umsetzen können. Die zur Verfügung stehenden Materialien, insbesondere die vor und nach Erlass des TrustG veröffentliche wissenschaftliche Literatur, lassen in gewissem Umfang erkennen, aus welchen Gründen einzelne Rezeptionsmodelle abgelehnt wurden. Insgesamt wird deutlich, dass der Gesetzgeber vor dem Problem stand, wie vor dem Hintergrund der funktionalen Eigentumstheorie das angelsächsische Trustvermögensrecht adäquat in das chinesische Zivilrecht zu transportieren sei. Die nachfolgend vorzustellenden Rezeptionsmodelle werden zeigen, dass das Problem der Rechtszuordnung am Trustvermögen sowohl innerhalb der bestehenden Dogmatik als auch jenseits dieser durch Schaffung neuer Begriffe zu lösen gesucht wurde. Die Überlegungen gingen allerdings nicht so weit, den Trust durch Übernahme des dem *Common Law* eigenen dualen Eigentumsrechts im chinesischen Recht zu verankern. Eine zwingende Übertragung des Eigentums an den *trustee* hat im Gegenteil offenbar sogar Befürchtungen geweckt, dass dadurch zwangsläufig ein duales Eigentum entstehen würde. Manche Autoren erklären, dass die Gesetzgebungskommission den Begriff *zhuanyi* auch deshalb durch *weituo* ersetzt habe, um das Problem der Entstehung eines dualen Eigentums zu vermeiden.[522]

i) Theorie des Forderungsrechts

In der in der chinesischen Wissenschaft als Theorie des Forderungsrechts[523] bezeichneten Konzeption überträgt der *settlor* das Vermögen auf den *trustee*, der dadurch dessen Inhaber wird.[524] Der *trustee* ist schuldrechtlich gegenüber dem *settlor* verpflichtet, das Eigentum entsprechend der Trustabrede und dem Zweck des Trusts zu verwalten. Die Bezeichnung als Theorie des Forderungsrechtes rührt daher, dass dem *beneficiary* am Trustvermögen kein dinglicher, sondern nur ein schuldrechtlicher Anspruch auf Auskehrung des Gewinns zusteht.[525]

Für dieses oben bereits referierte Rezeptionsmodell soll nach chinesischer Auffassung zunächst sprechen, dass es eine Abgrenzung gegenüber dem Auftrag ermöglicht, weil die Errichtung eines Trust nicht angenommen werden kann, solange nicht das Eigentum übertragen wurde.[526] Dem chinesischen Gesetzgeber war ferner die Tatsache bekannt, dass es sich bei dieser Theorie um die am weitesten ver-

522 *Hu/Zhang*, S. 21. Vgl. auch *Zou Yixiang*, S. 192.
523 债权说.
524 Vgl. *Zhou Xiaoming*, S. 30. *Zhou* sieht die Wurzeln dieser Theorie in Japan.
525 *Zhou Xiaoming*, S. 30; *He Baoyu*, S. 47. Da der *trustee* auch das Eigentum erhält, wird diese Theorie auch Theorie des Eigentums- und Schuldrechts (物权债权说) genannt.
526 *Arbeitsgruppe*, S. 52.

breitete Methode zur Einführung des Trust in ein *Civil Law*-System handelt. Insbesondere werden Japan, Südkorea und Taiwan als kontinentaleuropäisch geprägte Rechtssysteme genannt, die den Trust mittels der Theorie des Forderungsrechtes aufgenommen haben und damit eine Eigentumsübertragung an den *trustee* erfordern.[527]

Gegen diese Theorie werden aber zwei Argumente ins Feld geführt.[528] Zum einen wird eingewendet, dass ein *trustee* im angelsächsischen Recht zwar formell das Eigentum erhalte, seine Rechtsposition aber durch seine Aufgabe zur Vermögensverwaltung begrenzt sei.[529] Ein *trustee* dürfe nicht wie ein normaler Eigentümer nach Belieben mit dem Vermögen verfahren, sondern sei durch das Interesse des *beneficiary* gebunden, da die Vorteile aus der Verwaltung diesem zustünden.[530] Ein solch beschränktes Eigentumsrecht habe aber mit dem *Civil Law*-Eigentum nicht viel zu tun, bei dem der *trustee* umfassend berechtigt sei. Ein rein schuldrechtlicher Anspruch gebe aber zum anderen die Rechtsposition des *beneficiary* nicht ausreichend wieder, da der *beneficiary* im angelsächsischen Recht weit mehr Rechte wie z.B. ein Überwachungs-, Aufhebungs- und Folgerecht innehabe.[531] Ein schuldrechtlicher Anspruch, der lediglich zu Schadensersatz berechtige, sei nicht genug, da der *beneficiary* mitunter eine stärkere Rechtsposition als ein Eigentümer haben könne.[532] Ein rein schuldrechtlicher Anspruch könne daher nur schwer die Position des *beneficiary* verdeutlichen.[533]

ii) Theorie des dinglichen Rechts

Nach der Theorie des dinglichen Rechts[534] erhält der *beneficiary* das Vollrecht am Trustvermögen, weil materiell betrachtet[535] dieser Eigentümer sei. Da dem *trustee* das Eigentum hingegen nur formell[536] zustehe, wird der *trustee* demgegenüber nur Vertreter des *beneficiary* und genießt entsprechend nur die Rechte eines Vertreters. Allerdings soll es sich hierbei um eine Art „verdeckter Vertretung"[537] handeln.[538]

Zhou Xiaoming weist darauf hin, dass auch diese Theorie das Eigentumsrecht nicht sachgerecht den Beteiligten zuordnet. Dem *beneficiary* stünde nicht das Verwal-

---

527 *Arbeitsgruppe*, S. 52; *He Baoyu*, S. 141.
528 *Guo Yuping*, S. 44.
529 *Zhou Xiaoming*, S. 30 f.
530 *Zhou Xiaoming*, S. 31; *He Baoyu*, S. 47.
531 *Zhou Xiaoming*, S. 31; *He Baoyu*, S. 47.
532 *He Baoyu*, S. 47
533 *Zhou Xiaoming*, S. 31, 146.
534 物权说.
535 实质上.
536 形式上.
537 隐藏式代理关系.
538 Vgl. *Zhou Xiaoming*, S. 34; *Hou/Zhong*, S. 97. *Zhou Xiaoming* schreibt diese Theorie der deutschen Wissenschaft zu. Es ist anzunehmen, dass seine Ausführungen auf die Ermächtigungstreuhand zielen, bei der der Treugeber das Eigentum behält, gleichzeitig den Treuhänder aber gem. § 185 BGB zu Verfügungen ermächtigt. Die „verdeckte Vertretung" wäre diese Ermächtigung gem. § 185 BGB, die nach außen nicht offen gelegt werden muss. Siehe zum südafrikanischen Recht oben S. 78.

tungs- und Verfügungsrecht zu, daher dürfe er nicht das vollständige Eigentumsrecht erhalten, das Besitzrecht, Nutzungsrecht, Verfügungsrecht und Gewinnrecht umfasse.[539] Auch sei es beim Trust nicht Absicht des *settlor*, den *trustee* als Vertreter einzusetzen. Im Übrigen habe zivilrechtlich betrachtet die Vertretung mit dem Trust nichts gemein.[540]

iii) Theorie des dualen Rechts

Die Mängel der vorgenannten Theorien versuchen die Vertreter der Theorie des dualen Rechts[541] dadurch zu beheben, indem sie die Position des *beneficiary* in der Weise verdinglichen, dass dieser neben einem schuldrechtlichen Anspruch gegenüber dem *trustee* auch ein quasidingliches Recht[542] am Trustvermögen erhalten soll.[543] So werde die Rechtsposition des *beneficiary* zu einem „dualen" Recht, die insbesondere die Existenz der angesprochenen Überwachungs-, Aufhebungs- und Folgerechte besser erklären könne.

Gegen diese Theorie wird aber eingewendet, es handele sich nur um eine Beschreibung und nichtjuristische Bestimmung des Wesens des Vorteilsrechts des *beneficiary*. Der richtige Platz für ein Recht, das zugleich dinglich und schuldrechtlich sei, könne in einem kontinentalen Rechtssystem nur schwer gefunden werden, weil nicht klar sei, welcher Art ein solches Recht nun sei.[544] Ein Recht, das zugleich dingliche und schuldrechtliche Qualität habe, sei zivilrechtlich nicht anerkannt.[545]

iv) Theorie der auflösend bedingten Eigentumsübertragung

Die Theorie der auflösend bedingten Eigentumsübertragung[546], die der deutschen Wissenschaft zugeschrieben wird, bedient sich der Eigentumsübertragung an den *trustee* unter einer auflösenden Bedingung: Solange die Bedingung nicht eingetreten ist, ist der *trustee* Eigentümer des Trustvermögens. Tritt aber die Bedingung ein, so fällt das Eigentum an den *beneficiary*.[547] Dies soll beispielsweise dann der Fall sein, wenn der Zweck des Trust erreicht ist oder nicht mehr erreicht werden kann. Gegen diese Theorie wird eingewandt, dass der *beneficiary* vor dem Eintritt der Bedingung keinerlei Rechte am Trustvermögen habe. Ihm stehe lediglich eine Art Anwartschaft[548] zu, d.h. der *beneficiary* hoffe darauf, dass er nach Bedingungsein-

---

539 *Zhou Xiaoming*, S. 34.
540 *Zhou Xiaoming*, S. 34.
541 物权债券并存说.
542 物权性权利.
543 Vgl. *Zhou Xiaoming*, S. 32; *He Baoyu*, S. 47 f.
544 *He Baoyu*, S. 48.
545 *Zhou Xiaoming*, S. 33.
546 附解除条件法律行为说.
547 Vgl. *Zhou Xiaoming*, S. 34. Bei der deutschrechtlichen Treuhand fällt das durch den Treugeber an den Treuhänder übertragene Eigentum wegen § 158 Abs. 2 BGB wieder an den Treugeber zurück. In den Gestaltungen des deutschen Rechts ist der Treugeber zumeist gleichzeitig Begünstigter.
548 期待权.

tritt Rechtsinhaber werde. Nach angelsächsischem Recht sei die Rechtsposition aber bereits vor Bedingungseintritt nutzbar.[549]

v) Theorie der vermögensrechtlichen Funktionen

Die Theorie der vermögensrechtlichen Funktionen[550], die der südkoreanischen Rechtswissenschaft zugeschrieben wird, versucht die Begrenzungen, die bei der Umsetzung in die schuldrechtlichen und sachenrechtlichen Kategorien des *Civil Law* bestehen, dadurch zu umgehen, dass sie Vermögensrechte ihrer Funktion nach in ein Verwaltungsrecht[551] und ein Wertverfügungsrecht[552] unterteilt. Das Verwaltungsrecht umfasst danach das Recht zur Verwaltung, Nutzung und Wertschöpfung[553], das Wertverfügungsrecht das Recht zur Verteilung des Wertes. Übertragen auf den Trust erhält der *trustee* das Verwaltungsrecht und der *beneficiary* das Wertverfügungsrecht.[554]

Auch wenn diese Theorie die Natur des Trust erkläre, indem sie die Verwaltungs- und Nutzungsfunktion unterscheide, handele es sich, so wird eingewendet, doch nicht um die rechtliche Grundlage des Trust, sondern vielmehr um Folgerungen aus der Struktur des Trust, mittels derer allein die Frage nach der Positionierung des Trust nicht beantwortet werden könne.[555]

vi) Theorie des Rechtssubjektes

Nach dieser Theorie[556] besitzt das Trustvermögen eine eigene Rechtspersönlichkeit. Die Theorie des Rechtssubjektes gründet sich auf die Beobachtung, dass das Trustvermögen ein Sondervermögen ist, das von dem übrigen Vermögen der Beteiligten zu trennen ist, und versucht hiermit das oben beschriebene Problem der adäquaten rechtlichen Zuordnung des Trusteigentums zu umgehen.[557] Weil eine Einräumung des vollständigen Eigentums an den *trustee* den englischen Trustgrundsätzen nicht entspreche, wird nach dieser Theorie angenommen, dass das Eigentum mit der Errichtung des Trust von *settlor* und *trustee* getrennt und rechtlich selbständig werde.[558] Der *trustee* erhalte dabei ein Vermögensverwaltungsrecht[559]. Das Trustvermögen ist also nach dieser Theorie – einer Gesellschaft nicht unähnlich – ein mit Rechtspersönlichkeit ausgestattetes Sondervermögen, dessen Verwalter bzw. Vertreter der *trustee* ist.

---

549 *Zhou Xiaoming*, S. 34.
550 财产权机能说.
551 管利权.
552 价值支配权.
553 产生价值生产.
554 Vgl. *Zhou Xiaoming*, S. 33 f.
555 So *Zhou Xiaoming*, S. 33. Ebenso *He Baoyu*, S. 48.
556 法主体说.
557 Vgl. *Zhou Xiaoming*, S. 31; *He Baoyu*, S. 48.
558 *Zhou Xiaoming*, S. 31.
559 财产管理权.

Hiergegen werden vor allem zwei Argumente vorgebracht.[560] Zum einen erkenne das kontinentale Zivilrecht ein selbständiges Vermögensverwaltungsrecht als zivilrechtliche Kategorie nicht an. Zwar gebe es zivilrechtlich verschiedene Vermögensverwalter, wie z.B. Insolvenzverwalter und Testamentsvollstrecker, die der Sache nach ein Vermögensverwaltungsrecht ausübten. Allerdings handele es sich dabei zivilrechtlich zumeist um Vertretungsrecht, so dass diese Vermögensverwalter meistens (gesetzliche) Vertreter seien.[561] Zum anderen unterscheide das Zivilrecht zwischen Rechtsobjekten und Rechtssubjekten, wobei als Rechtssubjekt nur natürliche und juristische Personen anerkannt seien.[562] Ein Trust sei aber weder eine natürliche noch eine juristische Person. Zwar entfalte der Trust in einigen Aspekten rechtliche Funktionen, die der juristischen Person nicht unähnlich seien, und erziele in vielen Situationen Wirkungen wie eine Gesellschaft. Aber egal wie man es wende, die Anerkennung des Trustvermögens als juristische Person sei an den Haaren herbeigezogen.[563] Selbst in der anglo-amerikanischen Rechtsordnung sei der Trust keine selbständige juristische Person.[564]

vii) Gesetzliche Einführung eines Mischrechtes

Ferner ist im Rahmen der Gesetzgebungsarbeiten, insbesondere durch *Zhou Xiaoming*, auch die Schaffung eines eigenständigen Mischrechtes[565] erwogen worden, da die durch die Wissenschaft vorgebrachten Theorien nicht zu zufriedenstellenden Ergebnissen führten.[566] Die Konstruktion des Trust beinhalte sowohl dingliche als auch schuldrechtliche Seiten und habe darüber hinaus auch Inhalte, die weder schuldrechtlich noch dinglich seien. Daher würde eine Einordnung in eine der Kategorien des traditionellen Zivilrechts die Natur des Trust verzerren und die Entfaltung seiner Wirkungen beschränken. Vielmehr müsse die Rezeption den Trust als eine eigenständige Mischform anerkennen, ebenso wie die Rechtsposition des *trustee* und des *beneficiary*.[567]

Nach *Zhou* ist zwar das Zivilrecht aufgrund seines hohen Abstraktionsniveaus grundsätzlich geeignet, neue rechtliche Erscheinungen in logischer Weise aufzunehmen. Dennoch gebe es einige Rechtsphänomene, die das bestehende Rechtssystem nicht erfassen könne, da Gegenstand des Rechtslebens nicht die Logik, sondern die zu regelnden gesellschaftlichen Erscheinungen seien. Häufig stelle daher ein neues gesellschaftliches Phänomen eine Herausforderung für die Rechtstradition dar und erfordere die Anerkennung des neuen Rechtsphänomens. Wenn daher die bestehende Unterscheidung von Sachenrecht und Schuldrecht auf ein neu-

---

560 Vgl. *Zhou Xiaoming*, S. 31 f.; *He Baoyu*, S. 49.
561 *Zhou Xiaoming*, S. 31 f.
562 *Zhou Xiaoming*, S. 32.
563 *Zhou Xiaoming*, S. 32; ebenso *He Baoyu*, S. 49.
564 *He Baoyu*, S. 49.
565 独立形态的权力组合.
566 *Zhou Xiaoming*, S. 35.
567 *Zhou Xiaoming*, S. 36.

es rechtliches Phänomen wie den Trust starr und schemenhaft angewendet würde, wäre das Ergebnis nur, dass der Trust entweder erdrosselt oder verzerrt würde.[568]

Entgegen der allgemeinen Annahme sei das Zivilrecht nicht ein geschlossenes und in der Entwicklung abgeschlossenes, sondern ein offenes und in Entwicklung begriffenes Rechtssystem. Das zeige zum einen die zivilrechtliche Privatautonomie[569], die die freie Begründung von Rechtsbeziehungen anhand der Bedürfnisse der Parteien zulasse. Im Ergebnis könnten dadurch Rechtsphänomene entstehen, die von dem bestehenden Rechtssystem losgelöst seien. Ferner sei auch das Zivilrecht dem gesellschaftlichen, wirtschaftlichen und kulturellen Wandel unterworfen und habe mit dem geistigen Eigentumsrecht eine neue, aus Vermögens- und Persönlichkeitsrechten zusammengesetzte Rechtsform anerkannt. *Zhou* stellt daher die (rhetorische) Frage, warum eine Anerkennung des Trust als eine dingliche und schuldrechtliche Aspekte verschmelzende Mischrechtsform nicht auch möglich sein sollte. Die Schaffung einer solchen neuen Rechtsgattung könne durch ein Spezialgesetz[570] erfolgen. Während in *Common Law*-Rechtsordnungen die Gerichte neue Rechte anerkennen könnten, führe in *Civil Law*-Rechtsordnungen der Weg über Spezialgesetze, die dann die allgemeinen Gesetze verdrängten.[571]

viii) Fazit

Die dargestellten Theorien bestätigen damit, dass das spezifische Verständnis des dualen Eigentums im Sinne einer Abspaltung von Eigentumsfunktionen für die Rezeption des Trust nicht fruchtbar gewesen ist. Ein Vergleich mit dem durch *Siebert* herausgearbeiteten Treuhandkonflikt des deutschen Treuhandrechts ist geeignet, die abweichende Perspektive der chinesischen Rezeption weiter zu verdeutlichen. Beide Rechtsordnungen identifizieren als Kernproblem die Rechtszuständigkeit am Treugut, das durch einen Überschuss an Rechtsmacht des Treuhänders herrührt und die Frage aufwirft, wie die Zuständigkeiten am Trusteigentum auf die Beteiligten interessengerecht verteilt werden können. In der chinesischen Rezeption stand aber offenbar weniger das Schutzproblem, d.h. die Frage, wie der Begünstigte vor Missbrauch des Treuhänders zu schützen und ein Interessenausgleich mit Dritten herzustellen ist, sondern vielmehr die Frage im Vordergrund, wie der Begünstigte interessengerecht an den Ergebnissen der Verwaltung des Treuhänders beteiligt werden kann. Man könnte insoweit von einem „Ertragsproblem“ sprechen. Hier ist aber die Frage aufzuwerfen, in welchem Rangverhältnis das Schutz- und das Ertragsproblem im Rahmen der Rezeption zueinander stehen.[572]

---

568 *Zhou Xiaoming*, S. 35.
569 意思自治.
570 特别法.
571 *Zhou Xiaoming*, S. 35 f.
572 Siehe dazu unten S. 93.

b) Sorge um fehlende Akzeptanz des Trust in der Bevölkerung

Neben den dogmatisch-konstruktiven Schwierigkeiten bei der Übernahme der angelsächsischen Trustprinzipien hat auf die Konzeption des TrustG offenbar auch die Sorge des Gesetzgebers Einfluss gehabt, eine Eigentumsübertragung erforderndes Trustrecht könne in der chinesischen Bevölkerung nicht akzeptiert werden. Das Trustrecht wird oftmals als ein „Importartikel“[573] bezeichnet, der für die Bevölkerung fremd sei.[574] Diese Fremdheit scheint sich in einem chinesischen oder auch asiatischen Verständnis auszudrücken, das die Vermögensverwaltung durch Dritte in erster Linie als ein Auftragsverhältnis begreift und daher eine Übereignung an einen Verwalter als inadäquat betrachtet. Der Gesetzgeber und die Literatur verwenden unter Bezugnahme auf eine chinesische Redewendung in diesem Zusammenhang fast ausnahmslos die Formel *„shourenzhituo, dairenlicai“* [575], die mit „einen Auftrag erhalten und bei der Vermögensverwaltung vertreten“ übersetzt werden kann.[576] Die Redewendung stellt den Auftragsgedanken in den Vordergrund und enthält keinerlei Assoziationen hinsichtlich einer Eigentumsübertragung. In *„shourenzhituo“* findet sich in der Silbe *„tuo“*[577] mit „Betrauung“ oder „die Ausführung von etwas übertragen“ die gleiche Bedeutung wie in *„weituo“*, und die Silbe *„dai“* aus *„dairenlicai“* bezieht sich auf *„daili“*, meint mithin eine Vertretung eines anderen bei der Erledigung von Geschäften.

Offenbar hat unter den Schöpfern des Gesetzes die Sorge bestanden, der Trust könne in der Bevölkerung nicht angenommen werden, wenn nicht auf diese Auffassung von Vermögensverwaltung Rücksicht genommen werde. So wird teilweise ausgeführt, damit der Trust akzeptiert und angewendet werde und seine Wirkung entfalten könne, müsse die Situation des Landes, d.h. die gesellschaftlichen, wirtschaftlichen und kulturellen Hintergründe berücksichtigt werden.[578] Ferner sei das Trustrecht mit anderen Rechtsmaterien zu verbinden und zu überlegen, wie diese Verbindung am besten zu erreichen sei. Wenn die Position des Trust nach der Maxime *„shourenzhituo, dairenlicai“* bestimmt werde, also der *settlor* den *trustee* zur Verwaltung und Verfügung beauftrage, dann werde der Trust leichter angenommen. Wenn aber das Trustrecht verlange, dass der *settlor* sein Vermögen an den Trust übergebe und dadurch sein Eigentum verliere, sei das nur schwer nachzuvollziehen.[579] Unter Berücksichtigung der kulturellen Traditionen sei der Begriff *weituo* dem Denken der Bevölkerung angemessener.[580] Auch andere Autoren weisen

---

573 舶来品.
574 *Arbeitsgruppe*, S. 3. Den Begriff verwenden z.B. auch *Zhong/Chen*, S. 41.
575 受人之托，代人理财.
576 Zum ersten Mal wurde diese Formel in einer Pressekonferenz vom Präsidenten der Chinesischen Volksbank *Dai Xianglong* (戴相龙) verwendet. Vgl. *Guo Dexiang*, Finanztrust, S. 146.
577 Von 托付.
578 *Bian Yaowu*, S. 4.
579 *Bian Yaowu*, S. 4.
580 *He Baoyu*, S. 11.

auf Überlegungen hinsichtlich der Akzeptanz durch die chinesische Bevölkerung hin.[581]

Die Bedeutung der Redewendung „*shourenzhituo, dairenlicai*" für das Gesetzgebungsverfahren war groß. So änderte der Rechtsausschuss die Definition des Trust in der zweiten Beratung und berichtete an den Ständigen Ausschuss des Nationalen Volkskongresses. In diesem Bericht ist auf die Bedeutung von „*shourenzhituo, dairenlicai*" als Charakteristikum des Trust hingewiesen worden.[582] So „beauftrage"[583] der Eigentümer den *trustee* auf Grundlage seines Vertrauens, den Vermögensgegenstand gemäß seiner Ziele zu verwalten und darüber zu verfügen, wodurch ein besonderes Trustverhältnis entstehe. Im Einklang mit diesem Wesen der Trustbeziehungen und mit der Änderung der Definition des Trust seien dann auch andere Bereiche des Trustgesetzes geändert worden, wie Entstehung des Trust und die zwischen den Beteiligten bestehenden Rechtsbeziehungen.[584]

Die griffige Formel „*shourenzhituo, dairenlicai*" findet bei vielen Autoren Niederschlag, so dass ihre Wirkungsmächtigkeit nicht unterschätzt werden sollte.[585] Nach *Hu/Zhang* habe eine gesetzliche Definition des Trust auf Grundlage dieses Formel zu erfolgen, denn auch wenn das duale Eigentumsrecht des angelsächsischen Rechtssystems nicht in das chinesische Rechtssystem übernommen werden könne, so bestehe doch die Gemeinsamkeit beider Systeme in „*shourenzhituo, dairenlicai*".[586] *Wang/Guo* leiten beispielsweise ihre Kommentierung zu § 2 TrustG mit der Erläuterung ein, der Trust sei ein Rechtsinstitut, durch das zugunsten eines Dritten Vermögen verwaltet werde, was vereinfachend mit „*shourenzhituo, dairenlicai*" beschrieben werden könne.[587] Da der Trust ein Institut der Vermögensverwaltung[588] sei, gilt nach *Bian Yaowu* das Sprichwort „*shourenzhituo, dairenlicai*", das Kerninhalt der Vermögensverwaltung sei, auch für den Trust.[589] Nach „*shourenzhituo, dairenlicai*" betraue[590] der *settlor* den *trustee* auf Grundlage seines Vertrauens mit der Aufgabe der Vermögensverwaltung. Bei dieser „Betrauung" handele es sich um eine Art der Beauftragung (*weituo*). Mit Blick auf das chinesische Wort für Trust (*xintuo*)[591], das aus den Bestandteilen Vertrauen (*xin*) und Beauftragung (*tuo*) besteht, könne man, so *Bian*, das Sprichwort um die Aspekte

---

581 Z.B. *Xia Bin*, S. 15.
582 *Hu/Zhang*, S. 20.
583 An dieser Stelle wird die Ambivalenz des Begriffes deutlich. Im Zusammenhang mit der Auslegung des Trustgesetz war darauf hingewiesen worden, dass „*weituo*" am besten mit „anvertrauen" übersetzt werden sollte. Vor dem Hintergrund des eben Gesagten spricht aber viel für „beauftragen".
584 *Hu/Zhang*, S. 20.
585 Ebenso *Ho*, S. 67. Neben den im Text genannten Fundstellen findet diese Redewendung Erwähnung beispielsweise ferner bei *Zhou Xiaoming*, Geleitwort von *Jiang Ping*, S. 1; *Guo Yuping*, S. 43;
586 *Hu/Zhang*, S. 19 f.
587 *Wang/Guo*, S. 4.
588 理财制度.
589 *Bian Yaowu*, S. 3. Ihm folgend *He Baoyu*, S. 11.
590 托付.
591 信托.

Vertrauen und Auftragserfüllung zu *„derenzhixin, shourenzhituo, dairenlicai, lvrenzhizhu*“[592] erweitern.[593]

c) Missbrauch des Trust

Der Trust wurde im Grunde seit seiner Schaffung im mittelalterlichen England zur Umgehung nicht akzeptierter Gesetzesanordnungen verwendet. Für den chinesischen Gesetzgeber könnte dieser Umstand Argument gewesen sein, das Eigentum beim *settlor* zu belassen. Anhand der Literatur lässt sich dies allerdings nicht eindeutig nachweisen. Eine Fundstelle berichtet aber, dass während der Gesetzesberatungen offenbar die Ansicht vertreten wurde, das Eigentum müsse beim *settlor* bleiben, um die Interessen von Gläubigern des *settlor* zu schützen, weil der Trust ansonsten genutzt werden könne, um Gesetze zu umgehen, Verbindlichkeiten nicht zu erfüllen oder Steuern nicht zu zahlen.[594] Das geltende TrustG selbst gibt entsprechend an verschiedenen Stellen Auskunft darüber, dass der Gesetzgeber mit der Einführung des Trust auch bestimmte Gefahren für den Rechtsverkehr verbunden hat. So wird das 2. Kapitel über die Errichtung des Trust angeführt von § 6 TrustG, dem zufolge jeder Trust einen legalen Zweck haben muss. § 17 TrustG durchbricht an verschiedenen Stellen das Sondervermögensprinzip im Falle von Zwangsvollstreckungen, insbesondere zugunsten des Staates als Steuergläubiger. § 12 TrustG gibt Gläubigern ein Aufhebungsrecht an die Hand, wenn diese durch die Errichtung des Trust in ihren Interessen verletzt werden. Der sich in diesen Vorschriften ausdrückende Gedanke des Schutzes von Gläubigern und Rechtsverkehr mag daher – neben dem Problem der Rezeption des dualen Eigentums und der Sorge um die mangelnde Aufnahme durch die chinesische Gesellschaft – auch im Zusammenhang mit der vermögensrechtlichen Konzeption des TrustG eine Rolle gespielt haben.

3) Würdigung der chinesischen Lösung

Auch wenn es vielfältige Varianten der Rezeption des Trust durch *Civil Law*-Jurisdiktionen gibt, so ist doch wie gesehen das am weitesten verbreitete Modell, gerade unter den kontinentaleuropäisch geprägten Rechtssystemen Ostasiens, die

592 得人之信，受人之托，代人理财，履人之嘱. Etwa: „Das Vertrauen erwerben, den Auftrag erhalten, bei der Verwaltung des Vermögens vertreten, den Auftrag ausführen.“ Der von *Bian Yaowu* angesprochene Hinweis auf den chinesischen Begriff für Trust erweist sich in diesem Zusammenhang ebenfalls als fruchtbar, deutet auch er in die Richtung des Auftragsgedankens. Im Unterschied zum englischen Recht, in dem der Begriff „Trust“ dem allgemeinen Wortsinne nach nur für Vertrauen steht, weist der chinesische Begriff *xintuo* neben *xin(lai)* für Vertrauen auch noch *(wei)tuo* bzw. *tuo(fu)* auf, was unmittelbar die Bedeutung einer Beauftragung beinhaltet. Im Ergebnis bezeichnet der chinesische Begriff für den Trust damit schon seiner Wortbedeutung nach ein auf Vertrauen basierendes Auftragsverhältnis. Der Begriff *xintuo* ist damit selbst schon geeignet, ein etwaiges kulturelles Vorverständnis der Vermögensverwaltung durch Dritte zu verfestigen. Vgl. *Bian Yaowu*, S. 3; *He Baoyu*, S. 11; *Zhou Yuhua*, S. 1.
593 *Bian Yaowu*, S. 3.
594 Vgl. *Arbeitsgruppe*, S. 52. Vgl. auch *He Baoyu*, S. 142.

Einräumung des Vollrechtes an den *trustee*. Der chinesische Gesetzgeber ist aus Gründen, die keinesfalls zwingend sind, von diesem Rezeptionsmodell abgewichen. Trotz unbestreitbar nachteiliger Folgen für die Anwendung des Trust in der Praxis dürfte aber dieser Ansatz aus Sicht der Treuhanddogmatik weniger schwerwiegende Auswirkungen haben, als es auf den ersten Blick scheinen mag.

Die Beobachtung der chinesischen Wissenschaft, dass kontinentaleuropäisch geprägte Zivilrechtssysteme wegen der Geltung des Unteilbarkeitsgrundsatzes Schwierigkeiten bei der Rezeption des dualen Eigentums haben, ist kaum bestreitbar.[595] Dass das chinesische Zivilrecht die aus dem angelsächsischen Recht bekannte Verteilung der Eigentumsaspekte nicht abbilden kann, spricht allerdings keineswegs gegen eine Eigentumsübertragung an den *trustee*. In diesem Zusammenhang ist in Erinnerung zu rufen, dass als Kern des angelsächsischen Trustrechts der Schutz des Trustvermögens vor Zugriffen Dritter und damit die Vermögenstrennung anzusehen ist.[596] Dass das duale Eigentum des englischen Rechts demgegenüber nur ein historisch gewachsenes Mittel zur Umsetzung des Treuhandgedankens ist, ist bereits dargelegt worden und soll ein nochmaliger Blick auf das deutsche Treuhandrecht verdeutlichen.[597] Im Recht der deutschen Treuhand führt der Gedanke des Innehabens von Rechtsmacht im fremden Interesse zu einem Spannungsverhältnis von Sachenrecht und Schuldrecht: Der (im Außenverhältnis) dinglich voll berechtigte Treuhänder ist schuldrechtlich (im Innenverhältnis) gebunden, aber diese Bindung im Innenverhältnis zeitigt Wirkungen im Außenverhältnis gegenüber Dritten im Rahmen von Einzel- und Gesamtvollstreckung.[598] Die Entstehung eines solchen insolvenz- und vollstreckungsrechtlich geschützten Sondervermögens bedeutet im Ergebnis aber nichts anderes, als dass die maßgeblichen Wirkungen des *Common Law*-Trust auch im kontinentalen Recht hervorgerufen werden können – unabhängig vom Vorhandensein eines dualen Eigentumskonzepts.[599]

Der chinesische Gesetzgeber hat diese Beziehung zwischen bzw. Trennung von Rechtsmacht und Interesse gesehen, sich aber am angelsächsischen Modell des Eigentumsdualismus orientiert und daher das Spannungsverhältnis nur als ein sachenrechtliches Problem im Sinne seiner funktionalen Eigentumstheorie begriffen. Dies musste konsequenterweise zur Ablehnung der verschiedenen Rezeptionsmodelle führen. Ob die in der chinesischen Literatur im Sinne des „Ertragsproblems" geäußerten Bedenken, dass der *beneficiary* nicht dinglich an den Vorteilen der Trustverwaltung beteiligt ist, durchgreifen, kann aber durchaus bezweifelt werden: Auch im englischen Recht ist der *beneficiary* auf die Auskehrung

---

595 A.A. unter Heranziehung historischer Rechtsentwicklungen *Bolgar*, S. 204 ff. und sich anschließend *Allen*, S. 25 ff. Auf Grundlage des geltenden BGB für das deutsche Recht aber ablehnend *Pluskat*, S. 333 f.

596 Siehe dazu oben S. 35. *Hansmann/Mattei*, S. 469 f.; *Hayton*, Principles, S. 30.

597 Siehe bereits oben S. 47 ff.

598 Streit besteht im deutschen Recht allerdings im Einzelnen um Begründung und Umfang dieser Wirkungen.

599 Vgl. *Hayton*, Principles, S. 30; a.A. *Gebhardt/Hanisch*, in: *Zhu/Gebhardt*, S. 265.

dieser Vorteile durch den *trustee* angewiesen. Ein rein schuldrechtlicher Anspruch im chinesischen Recht wäre insoweit nur dann ein Nachteil, wenn der auszukehrende Erlös als Teil des Trustvermögens nicht den gleichen Schutz wie im englischen Recht erhielte. Das ist aber eben gerade nicht der Fall, weil das chinesische Recht umfangreiche Regelungen zum Schutz des Trustvermögens in Vollstreckung und vor treuwidrigen Verfügungen zur Verfügung stellt.

Hieran verdeutlicht sich gleichzeitig auch, dass das chinesische Trustrecht trotzdem ein vollwertiges Treuhandrecht ist, weil der Gesetzgeber gerade diese Kerneigenschaft einer Treuhandregelung kodifiziert hat. Die klassischen Problemlagen des Treuhandrechts, d.h. den Schutz des Treuhandvermögens vor zweckwidrigen Verfügungen des Treuhänders, Schutz des Treuhandvermögens vor Gläubigern der Beteiligten in Einzelzwangsvollstreckung und Insolvenz, ferner Aufrechnung und Vermischung, hat das chinesische TrustG gewürdigt und sich dabei um eine interessengerechte Lösung bemüht, die gerade in den notorischen Punkten der zweckwidrigen Verfügung und der Geltung des Unmittelbarkeitsprinzips die aufgeworfenen Fragen besser löst als das deutsche Treuhandrecht.

Allerdings hat die Ungewissheit der dinglichen Zuordnung des Trustvermögens praktische Nachteile, die die chinesische Rechtspraxis seit Erlass des TrustG beschäftigt. So stellt beispielsweise der jährliche *Bericht über die Entwicklung des Trustsektors* des Forschungsinstituts für Trusts und Fonds die über das Erfordernis einer Eigentumsübertragung bestehende Unklarheit als einen der vier wesentlichen Mängel des TrustG heraus.[600] Selbst bei Kenntnis des Vorliegens eines Trustverhältnisses kann nämlich der Rechtsverkehr nicht sicher einschätzen, wie die Eigentumsverhältnisse sind, solange nicht Einsicht in den Trustvertrag genommen wurde. Ist das Trustverhältnis nicht offen gelegt, kann sich ein scheinbarer Eigentümer plötzlich als nichtberechtigter *trustee* erweisen. Die Situation wird dadurch verschärft, dass das TrustG auch die Handlungsbefugnisse des im eigenen Namen auftretenden *trustee* im Außenverhältnis nicht klar geregelt hat.[601]

Im Hinblick auf die Frage der Akzeptanz des Trust unter den Rechtsanwendern liegt nach dem unter b) Gesagten der Schluss nahe, dass auch kulturell begründete Überzeugungen oder Rücksichtnahmen angesichts der Fremdheit des Trustkonzeptes die Wahl des Begriffes *weituo* beeinflusst haben. Eine Übertragung des Eigentums an einen Treuhänder und damit der tatsächliche wie rechtliche „Verlust" des Gegenstandes widersprechen offenbar solchen Anschauungen oder zumindest den gegenwärtigen gesellschaftlichen Usancen. *Zhong/Chen* verweisen insoweit explizit auf die Traditionen und Gewohnheiten der asiatischen Kultur, denen ein Verlust jeglicher Rechte des *settlor* nach Übergabe des Trustvermögens nicht entsprechen würde.[602] Träfe diese Auffassung zu bzw. betrachtet man sie tatsächlich als relevanten Einwand, so stünde eine Kodifizierung des Trust bereits im Aus-

600 *Entwicklungsbericht* 2004, S. 113.
601 Siehe dazu unten S. 128 ff.
602 *Zhong/Chen*, S. 89. Es kann nicht Ziel dieser Arbeit sein, über die Validität dieser Aussage empirische Nachforschungen zu betreiben.

gangspunkt vor enormen Hindernissen, ja die Absicht der Kodifizierung einer Treuhandregelung entbehrte nicht einer gewissen Ironie, wenn die erforderliche Vertrauensbasis eines *trustee* in der Mehrzahl der Fälle nicht als gegeben vorausgesetzt werden könnte. *Chen* spricht im Zusammenhang mit den Einflussrechten von *settlor* und *beneficiary* bezeichnenderweise davon, das Gesetz erwecke den Eindruck, dass dem *trustee* misstraut werde.[603] Ursächlich für diese vorsichtige Herangehensweise dürften sicher auch die Erfahrungen mit der Trustbranche gewesen sein, in denen es immer wieder zu Unregelmäßigkeiten gekommen ist und die daher bis heute mit ihrem Ruf zu kämpfen hat.[604] Angesichts der Unentschiedenheit in dogmatischen Fragen dürfte dieser Gesichtspunkt damit durchaus geeignet gewesen sein, den Gesetzgeber bei der Wahl des Begriffes *weituo* zu bestärken.

III. Treuepflichtbindungen

Nach der sich in der Definition ausdrückenden Vorstellung des Gesetzgebers ist Grundlage eines Trustverhältnisses das Vertrauen des *settlor* in den *trustee*. Dies entspricht dem allgemeinen praktischen Verständnis, wonach der *settlor* das Trustvermögen ohne Gegenleistung an den *trustee* überträgt, was das Vertrauen in die Person und die Fähigkeiten des *trustee* voraussetzt.[605]

Die Einführung dieses Vertrauensbegriffes ist allerdings nicht unumstritten, weil Konflikte mit dem traditionellen Verständnis treuhänderischer Pflichten (*fiduciary duties*) im Trustrecht befürchtet werden.[606] Der angelsächsischen Doktrin nach gehört der Trust zu der Gruppe der *fiduciary relationship*, bei denen der *fiduciary* die Interessen des Prinzipals zu wahren und alles zu vermeiden hat, was ihn in einen Konflikt mit seiner treuhänderischen Aufgabe setzen kann. Die treuhänderische Rechtsbeziehung mit besonderen Treuepflichten besteht beim angelsächsischen Trust zwischen dem vermögensverwaltenden *trustee* und dem am Trustvermögen berechtigten *beneficiary*. Diesen Grundsatz hat auch das chinesische Trustrecht übernommen, in dem es in § 25 Abs. 1 TrustG bestimmt, dass der *trustee* seine Aufgaben zum größten Vorteil des *beneficiary* erledigen muss. Das Vertrauen, das der *settlor* nach der chinesischen Gesetzesfassung in den *trustee* zu setzen hat, könnte aber eine weitere treuhänderische Pflicht zur Wahrung der Interessen des *settlor* begründen, so dass neben einem vertikalen Treueverhältnis auch ein horizontales Treueverhältnis gegeben wäre. Dies stünde nicht nur in Gegensatz zum englischen Trustmodell, sondern könnte bei Verwaltung des Trustvermögens auch zu Interessenkonflikten führen.

603 *Chen Dagang*, S. 144.
604 Vgl. *Xu Mengzhou*, Trustrecht, S. 86.
605 Der *trustee* erhält seinerseits aber keine Gegenleistung für die Annahme des Trust, da seine Tätigkeit gem. § 35 TrustG in der Regel unentgeltlich ist.
606 *Zhang Tianmin*, S. 336 ff.

In der chinesischen Literatur sind zwei Auslegungsvarianten anzutreffen, die dem Vertrauensbegriff des § 2 TrustG unterschiedliche Bedeutung beimessen. Einer Ansicht nach ist der Trust ein treuhänderisches Rechtsverhältnis (*fiduciary relationship*)[607], das sowohl das Verhältnis zwischen *settlor* und *trustee* als auch zwischen *trustee* und *beneficiary* umfasst.[608] Dabei ist prinzipiell das treuhänderische Verhältnis zwischen *settlor* und *trustee* Grundlage für die Errichtung des Trust, hingegen zwischen *trustee* und *beneficiary* Grundlage für den Fortbestand des Trust. Dieser Meinung nach erschöpft sich die Bedeutung des *fiduciary relationship* zwischen *settlor* und *trustee* aber nicht auf die Errichtung des Trust. Die Erfüllung der Aufgabe durch den *trustee* vollziehe sich vielmehr vor dem Hintergrund des bestehenden Trustvertrages mit dem *settlor* und habe die Verwirklichung des Trustzweckes zum Ziel, der seinerseits Ausdruck des Willens des *settlor* sei. Das Treueverhältnis zum *settlor* bleibe damit ebenso wie das Treueverhältnis zum *beneficiary* für die Trustverwaltung bedeutsam.[609] Allerdings hält diese Ansicht die gesetzlich begründeten treuhänderischen Pflichten gegenüber dem *beneficiary* letztlich doch für entscheidend, weil nur das Gesetz Vertrauenskonflikte hinlänglich regeln könne.[610]

Der anderen Ansicht nach bestehen treuhänderische Pflichten nur im Verhältnis zwischen *trustee* und *beneficiary*.[611] Der *settlor* übertrage das Vermögen nicht wegen seines Vertrauens in den *trustee* an diesen, sondern um dem *beneficiary* Nutzen zukommen zu lassen. Wäre es anders, müsste der *settlor* das Recht haben, bei Verlust des Vertrauens das Vermögen zurückfordern zu können, was aber dem Trustgedanken zuwiderlaufe. Ferner ist der Trust dieser Ansicht nach ein Institut[612], das nach Errichtung unabhängig von den Beteiligten und insbesondere vom *settlor* bestehe. Dies belege die Regelung in § 52 TrustG, wonach der Trust weiter besteht, wenn der *trustee* stirbt oder aufgelöst wird. Auf eine Beziehung zum *settlor* könne es daher nicht ankommen.[613] Auch andere Autoren betonen, ohne auf den *settlor* explizit einzugehen, dass der *trustee* im Rahmen seiner Treuepflicht allein zum größten Nutzen des *beneficiary* die Geschäfte erledige.[614]

IV. Stellung des *settlor*

Nach der Definition hat der *trustee* das Trustvermögen nach den Wünschen des *settlor* zu verwalten. Die Bezugnahme auf die Wünsche des *settlor* unterscheidet das chinesische Trustrecht auf den ersten Blick nicht wesentlich von der *Common Law*-Theorie des Trust. Im englischen Trustrecht stellt das *trust instrument*, d.h. die Er-

607 信任关系.
608 *Xu Suping*, S. 6.
609 *Xu Suping*, S. 6.
610 *Xu Suping*, S. 6. Diese Aussage dürfte auf § 25 S. 1 TrustG abzielen und damit im Ergebnis in die gleiche Richtung wie die zweite Ansicht führen.
611 *Zhang Tianmin*, S. 337f.
612 制度.
613 *Zhang Tianmin*, S. 337.
614 Beispielsweise *Xu Mengzhou*, Trustrecht, S. 100.

klärung des *settlor*, in der er seine Vorstellung von Zielen und der Verwaltung des Trust festlegt, gewissermaßen die Verbindung zwischen den Wünschen des *settlor* und der laufenden Verwaltung des *trustee* dar. Indem der *trustee* das ihm übertragene Vermögen gemäß den Anordnungen im *trust instrument* verwaltet, kommt er den Wünschen des *settlor* nach.

Die Bezugnahme auf die Wünsche des *settlor* in der Definition des Trust ist aber im chinesischen Recht mehr als eine einfache Rückbindung an die Zielvorstellungen des *settlor* bei der Errichtung des Trust. Sie verweist vielmehr auf die ungleich stärkere Stellung des *settlor* im chinesischen Recht, die über die des *settlor* in anderen Jurisdiktionen hinausgeht.[615] Im Gegensatz zum englischen Recht, bei dem der *settlor* nach Entäußerung seines Eigentums und Errichtung des Trust das Geschehen verlässt, räumt das chinesische Trustrecht dem *settlor* für die Zeit nach der Errichtung zahlreiche Rechte ein, mit denen er auf die Rahmenbedingungen der Verwaltung des Trust Einfluss nehmen kann. Eine grundlegende Weichenstellung nimmt das chinesische Recht bereits dadurch vor, dass der *settlor* seinen Eigentumstitel am Trustvermögen zurückbehalten kann.[616] Ungeachtet hiervon sind es aber vor allem die in §§ 20ff. TrustG genannten Rechte, wie beispielsweise das Recht auf Anpassung der Verwaltungsgrundsätze oder das Recht auf Entlassung des *trustee*, die das chinesische vom englischen Recht unterscheiden.[617] In der Literatur werden im Wesentlichen drei Gründe für die intensive Ausgestaltung der Rechte des *settlor* genannt.

Erstens wird der Verlust aller Rechte am Trustvermögen und das Fehlen von Kontrollrechten für inkompatibel mit der Stellung des *settlor* gehalten. Der *settlor* wird als der Initiator[618] des Trust aufgefasst, der das Trustvermögen zur Verfügung stellt und den Trustzweck bestimmt, so dass der *trustee* durch seine Verwaltung des vom *settlor* zur Verfügung gestellten Trustvermögens letztlich den Willen des *settlor* verwirklicht.[619] Ein System, in dem ein solcherart verstandener *settlor* keine Rechte mehr besäße, widerspreche asiatischen Traditionen und laufe Gefahr, von der Bevölkerung nicht angenommen zu werden.[620]

Zweitens kann allein der *settlor* die Aufgabe der Vertretung noch nicht geborener oder noch nicht bestimmter *beneficiary* übernehmen, die nicht in der Lage sind, ihre Meinung kundzutun. Während dies im angelsächsischen Recht vor allem die Gerichte oder im japanischen oder südkoreanischen Recht eine besondere Aufsichtsperson übernehme, seien die Gerichte in China dazu (noch) nicht in der Lage; eine Aufsichtsfunktion habe das chinesische Recht nicht geregelt.[621]

---

615 *Xu Mengzhou*, Trustrecht, S. 85.
616 *Wang/Guo*, S. 40.
617 Siehe hierzu den Überblick bei *Cui Caihong*, S. 29.
618 设定者.
619 *Zhong/Chen*, S. 84; *Xu Mengzhou*, Trustrecht, S. 78 f.
620 *He Baoyu*, S. 129; *Zhong/Chen*, S. 89. Siehe auch zu diesem Argument im Zusammenhang mit dem Begriff des „Anvertrauens“ S. 90.
621 *He Baoyu*, S. 129.

Schließlich wird als Grund genannt, dass sich die chinesische Marktwirtschaft noch in einem Übergangsstadium befinde, in dem das Vertrauen in der Gesellschaft insgesamt noch nicht ausreichend entwickelt, das Ansehen vieler Akteure nicht besonders hoch und die institutionelle Überwachung der Wirtschaft noch nicht streng genug sei und daher die Gefahr des Missbrauchs durch den *trustee* bestehe. Die Übertragung von Aufsichtsrechten an den *settlor* sei daher in einem solchen Stadium vorteilhaft für die Verbreitung des Trust in der Gesellschaft, insbesondere da es noch keine anderen Anreize zur Nutzung des Trust, wie eine vorteilhafte Besteuerung, gebe.[622]

Insbesondere der erste Grund hat die Vorstellung vom *settlor* in der Kommentarliteratur geprägt und ist entsprechend regelmäßig anzutreffen. Weil der *settlor* als Schöpfer und Kapitalgeber des Trust eine besondere Affinität zum Erfolg des Trust hat, weist ihm das chinesische Recht die Aufgabe zu, die Verwirklichung des Trustzweckes durch die ihm eingeräumten Rechte zu garantieren und Zweckverletzungen und Missbräuche durch den *trustee* zu verhindern. Die Aufgabe des *trustee* ist es gewissermaßen lediglich, den *settlor* bei der Erfüllung seiner Trustziele zu vertreten[623] und den Willen des *settlor* in die Tat umzusetzen.[624] Dementsprechend folgt hieraus, dass der *settlor* die Verwirklichung seiner Ziele überwachen können muss. Der *settlor* hat auch die Aufgabe, die Interessen des *beneficiary* zu schützen, obwohl er selbst keinen *beneficial interest* bzw. kein Vorteilsrecht innehat.[625] Vielfach hervorgehoben wird in diesem Zusammenhang ferner die Besonderheit des chinesischen Rechts, wonach der *settlor* unmittelbar gegenüber dem *trustee* seine Rechte geltend machen kann.[626] Während andere kontinentaleuropäisch geprägte Rechtsordnungen häufig ebenfalls Einflussrechte des *settlor* anerkennen, überantworten sie die Entscheidung über die Veränderung der Verwaltungsbedingungen des Trust in der Regel aber den Gerichten.[627] Dass das chinesische TrustG davon absieht, mag an den erwähnten Vorbehalten gegenüber dem chinesischen Gerichtssystem liegen.

Die auf einem starken *settlor* basierende Gesetzeskonzeption ist in der Kommentarliteratur nicht unumstritten. Zweifel bestehen insbesondere daran, ob die übermäßige Garantie der Rechte des *settlor* nicht die Effektivität der Verwaltung des Trust verringere, weil sie die Trennlinie zwischen Trust und Auftrag verwische.[628] Kennzeichnend für den Trust sei die Autonomie des *trustee* gegenüber dem *settlor*, der auf Grundlage seiner Qualifikation und Erfahrungen, die über das Durchschnittsmaß hinausgehen, im eigenen Namen und ohne Eingriffe des *settlor* das Vermögen verwalte. Wenn die Rechte des *settlor* zu groß würden, müsse der *trustee*

622 *He Baoyu*, S. 129.
623 Vgl. *Zhong/Chen*, S. 88.
624 *Chen Dagang*, Trustrecht, S. 142.
625 *Zhong Ye/Zhang*, S. 95.
626 Siehe beispielsweise *Xu Mengzhou*, Trustrecht, S. 85 f.
627 Siehe für das Recht auf Anpassung der Verwaltungsgrundsätze beispielsweise *Cui Caihong*, S. 29.
628 *Cui Caihong*, S. 30; *Chen Dagang*, Trustrecht, S. 144; *Zhang Tianmin*, S. 365.

wie ein Beauftragter die Absichten des *settlor* berücksichtigen.[629] Auch sei zweifelhaft, ob ein *settlor*, der die notwendigen Kompetenzen zur Vermögensverwaltung häufig nicht habe, richtig bewerten könne, ob die Verwaltung für die Interessen des *beneficiary* und zur Erreichung des Trustzweckes (langfristig) dienlich sei.[630] Die Ermächtigung des *settlor*, Änderungen der Verwaltungsmethode vornehmen zu können, schwäche daher die Selbständigkeit des *trustee* und verhindere die Entfaltung einer effektiven Verwaltung.[631] Letztlich spiegele das Gesetz damit in gewissem Maße ein Misstrauen gegenüber dem *trustee* wider.[632] Ferner seien Möglichkeiten des Missbrauchs dadurch eröffnet, dass das TrustG dem *settlor* erlaube, seine Rechte unmittelbar gegenüber dem *trustee* ausüben zu können, ohne dass ein Gericht Entscheidungskompetenzen hat.[633]

Die starke Stellung des *settlor* findet neben den bereits genannten Vorschriften ihren Ausdruck auch in der Regelung des § 51 TrustG, nach der der *settlor* unter gewissen Voraussetzungen dem *beneficiary* nachträglich das Vorteilsrecht wieder entziehen oder den Trust sogar kündigen kann. Diese Regelung wurde aus entsprechenden Erwägungen aufgenommen.[634]

V. Abgrenzung zu anderen Rechtsinstituten

Die auf ein „Anvertrauen" zwischen *settlor* und *trustee* abstellende Definition des Trust in § 2 TrustG macht es erforderlich, diesen von anderen Instituten des chinesischen Zivilrechts abzugrenzen, die den Vorgang des Anvertrauens eines Vermögensgegenstandes tatbestandlich ebenfalls erfassen. In Betracht kommen hier insbesondere der Auftrag und die Kommission, bei denen der Beauftragte bzw. Kommissionär wie der *trustee* im eigenen Namen Geschäfte für einen Dritten tätigt. Die Stellvertretung ist demgegenüber vergleichsweise einfach vom Trust zu unterscheiden.[635] Das Kernproblem der Abgrenzung des Trust von den genannten Vertragsformen liegt darin, dass der Trust des chinesischen Rechts eine Eigentumsübertragung nicht zwingend erfordert. Ohne ein solches Erfordernis auf der dinglichen Seite verwischen aber die Unterschiede zwischen der Verwaltung des Trustvermögens eines *trustee* und dem Auftrag bzw. der Kommission, bei denen in bestimmten Umfang ebenfalls eine Vermögensverwaltung vorliegen kann.

---

629 *Cui Caihong*, S. 30.
630 *Cui Caihong*, S. 30; *Xu Mengzhou*, Trustrecht, S. 86.
631 *Chen Dagang*, Trustrecht, S. 144 f.
632 *Chen Dagang*, Trustrecht, S. 144 f.; *Cui Caihong*, S. 29; vgl. auch *Xu Mengzhou*, Trustrecht, S. 86.
633 *Xu Mengzhou*, Trustrecht, S. 86.
634 Siehe dazu *Arbeitsgruppe*, S. 125.
635 Zur Abgrenzung siehe beispielsweise *Arbeitsgruppe*, S. 19; *Xu Mengzhou*, Trustrechtslehre, S. 246 f., 249 ff.; *Ho*, S. 55 f. Der Hauptunterschied ist, dass der Stellvertreter im Namen des Vertretenen tätig wird und den Vertretenen rechtsgeschäftlich binden kann.

1) Auftrag

Ein Auftrag ist gem. § 396 VertragsG ein Vertrag, in dem der Auftraggeber und der Beauftragte vereinbaren, dass der Beauftrage Geschäfte des Auftraggebers erledigt. Das VertragsG bezeichnet die „Beauftragung" ebenso wie das TrustG das „Anvertrauen" als *weituo*.[636] Der nach der chinesischen Definition des Trust erforderliche Vorgang des „Anvertrauens" (*weituo*) des Vermögens an den *trustee*, damit dieser es im eigenen Namen verwalte und darüber verfüge, könnte grundsätzlich also ebenso als eine „Beauftragung" (*weituo*) zur Verwaltung und Verfügung des Vermögens interpretiert werden. Ein Auftrag erfordert zwar – ebenso wie das Trustrecht – keine dingliche Übertragung von Vermögensgegenständen an den Beauftragten, schließt umgekehrt diese oder eine Übergabe für die Zwecke der Aufgabenerfüllung aber auch nicht aus. Ein Beauftragter ist ferner, anders als ein Stellvertreter, nicht verpflichtet, im Namen des Auftraggebers tätig zu werden, sondern kann die Geschäfte auch im eigenen Namen erledigen, vgl. § 402 VertragsG.

Es ist offenkundig, dass wegen der Ähnlichkeit der Merkmale von Trust und Auftrag eine Unterscheidung in der Praxis erhebliche Schwierigkeiten machen kann.[637] Die chinesische Literatur grenzt den Trust in der Regel – ohne größere Schwierigkeiten – zur Stellvertretung, nicht aber zum Auftrag ab. Vertraut eine Person unter der Verwendung des Begriffes „*weituo*" einer anderen Person Vermögensgegenstände an, damit diese sie verwaltet, dürfte aber nach folgenden Kriterien abzugrenzen sein.[638] Da wesentliche Rechtsfolge der Errichtung eines Trust die Entstehung eines Sondervermögens ist, durch das das Trustvermögen für die Zwecke des Trust vom Vermögen des *trustee* und des *settlor* geschieden wird[639], könnte die Auslegung dementsprechend danach erfolgen, ob die Parteien eines Vertrages eine solche Vermögenstrennung gewollt haben. Ferner verpflichtet § 404 VertragsG den Beauftragten, Vermögen, das er im Laufe der Auftragserfüllung erlangt hat, an den Auftraggeber zurückgibt. Zumindest bei Trusts, bei denen der *settlor* und *beneficiary* nicht identisch sind, könnte eine Abgrenzung auch danach erfolgen, wer die Vorteile der Verwaltung erhalten soll.

2) Kommission

Das VertragsG regelt die Kommission in § 414 VertragsG, der bestimmt, dass der Kommissionär im eigenen Namen für den Kommittenten einer Handelstätigkeit nachgeht und der Kommittent das Entgelt zahlt. Die Abgrenzung des Trust zur Kommission begegnet ebensolchen Schwierigkeiten wie die zum Auftrag und ist

---

636 Der Gesetzgeber verwendet ferner identische Begriffe für *settlor* und Auftraggeber (*weituoren*) sowie *trustee* und Beauftragter (*shoutuoren*).
637 Ebenso *Ho*, S. 57.
638 Vgl. *Ho*, S. 57, die ferner die Beendigung durch Tod oder Verlust der Rechtsfähigkeit und das Verbot von Eigengeschäften nennt.
639 Vgl. in Abgrenzung zur Stellvertretung *Arbeitsgruppe*, S. 19. Ferner *Wu Hong*, S. 109.

überdies mit einem historischen und bisweilen noch anzutreffenden[640] Missverständnis belastet, das den Trust als eine Form der Kommission auffasste.[641]

Der Kommissionsvertrag ist dem Wesen nach ein Auftragsvertrag, dem ein Anvertrauen bzw. eine Beauftragung (*weituo*) zugrunde liegt.[642] Dies zeigt sich neben dem Verweis in § 423 VertragsG auf das Auftragsrecht auch an der Bezeichnung des Kommittenten als *weituoren* und als der Aufgabe als *weituo shiwu*, vgl. §§ 414, 415 VertragsG. Das VertragsG geht bei der Verkaufskommission wie das TrustG von dem Anvertrauen eines Vermögensgegenstandes aus, bezeichnet aber den Vorgang des Anvertrauens genauer als jenes als Übergabe, vgl. § 417 VertragsG. Der Kommittent bleibt daher Eigentümer an der Kommissionsware und erhält das Eigentum an neu angeschafften Waren.[643] Der Kommissionär wird im eigenen Namen tätig und daher, wie § 421 VertragsG im Gegensatz zum TrustG sogar ausdrücklich bestimmt, allein berechtigt und verpflichtet.

Die Literatur will den Trust von der Kommission anhand der folgenden Aspekte unterscheiden. Erstens handele es sich beim Trust um ein Vermögensverwaltungsinstitut mit drei Beteiligten. Die Kommission sei dagegen ein Rechtsinstitut für den Vermögensumsatz, d.h. dem Kauf und Verkauf von Vermögen, das normalerweise nur zwei Beteiligte kenne.[644] Zweitens soll der Anwendungsbereich der Kommission sich im Wesentlichen auf bewegliches Vermögen beschränken, während der Trust für jegliche Art von Vermögen verwendet werden könne.[645] Auch erfordere die Errichtung eines Trust das Vorhandensein eines bestimmten Trustvermögens, was hingegen keine Voraussetzung der Entstehung einer Kommission sei.[646] Drittens wird das Fehlen eines Sondervermögens bei der Kommission als Unterscheidungsmerkmal angeführt. Bei der Kommission stehe das Vermögen dem Kommittenten dinglich zu.[647] Viertens sei der Handlungsbereich des Kommissionärs gegenüber einem *trustee* kleiner, weil der Kommissionär in der Regel nur Käufe und Verkäufe durchführe und vor allem an Weisungen des Kommittent gebunden sei.[648]

---

640 *Wang Yi* in *Wang Liming*, Zivilrechtslehre, S. 727 bezeichnet beispielsweise den Kommissionsvertrag auch als Trustvertrag.
641 Siehe dazu bereits oben S. 61. Ferner *He Baoyu*, S. 20.
642 *Gao Fuping*, Zivilrechtslehre, S. 644; *Arbeitsgruppe*, S. 19.
643 So ausdrücklich *Zhong/Chen*, S. 7; *Arbeitsgruppe*, S. 20.
644 *He Baoyu*, S. 20.
645 *Arbeitsgruppe*, S. 19; *He Baoyu*, S. 20.
646 *Arbeitsgruppe*, S. 19.
647 *Arbeitsgruppe*, S. 20.
648 *Arbeitsgruppe*, S. 20.

D. Errichtung des Trust

Fragt man danach, was zu tun ist, um nach chinesischem Recht einen Trust zu errichten, so ist die Antwort des Trustgesetzes auf den ersten Blick überraschend undurchsichtig.[649] Die Definition des Trust in § 2 TrustG beschreibt zwar den Trust als eine „Handlung", durch die der *settlor* dem *trustee* Vermögensrechte zur Verwaltung zugunsten des *beneficiary* anvertraut, gibt aber keinen Aufschluss über die rechtliche Beschaffenheit dieser Handlung. Das 2. Kapitel über die Errichtung des Trust wird von § 6 TrustG angeführt, der aber nicht die allgemeinen Voraussetzungen der Errichtung definiert, sondern die Errichtung des Trust zu einem legalen Zweck fordert. Erst in § 8 TrustG wird bei der Aufstellung des Schriftformerfordernisses auf den Vertrag, das Testament und andere gesetzlich bestimmte Dokumente als (schriftliche) Errichtungsformen des Trust verwiesen. Tatsächlich ist der Vertrag aber die zentrale Errichtungsform des *private express trust* im chinesischen Recht.[650] Bevor mit der Darstellung der Voraussetzungen und Folgen der Errichtung eines chinesischen Trust begonnen wird (siehe dazu unter II.-III.), sollen einzelne grundsätzliche Aspekte herausgegriffen werden, die die Errichtung des Trust im chinesischen Recht vom angelsächsischen Vorbild unterscheiden.

I. Der chinesische Trust als ein vertraglich begründetes, dreiseitiges Rechtsverhältnis

Die Errichtung eines *Common Law*-Trust erfordert im Normalfall die Übertragung eines Vermögensgegenstandes durch den *settlor* an den *trustee* verbunden mit der Erklärung, dass dieser *„in trust"* für einen *beneficiary* gehalten werden soll, wodurch in Folge ein durch die *Equity*-Jurisdiktion kontrolliertes Rechtsverhältnis zwischen *trustee* und *beneficiary* entsteht.[651] Soll dieser zweiaktige, in Willenserklärung und Eigentumsübertragung zerfallende Errichtungstatbestand rezipiert werden, so kann die Willenserklärung des englischen Rechts prinzipiell durch eine einseitige Willenserklärung oder durch zweiseitigen Vertrag im zivilrechtlichen System ersetzt werden.[652] Ob die eine oder andere Möglichkeit gewählt wird, sollte grundsätzlich nachrangig sein, da es sich letztlich nur um das Vehikel handelt, mit dem der Trust ins Leben gerufen wird, der nach seiner Errichtung nach seinen eigenen Gesetzen und unwiderruflich fortlebt.[653] Das chinesische Recht ist insoweit den

---

649 Ebenso *Sheng Xuejun*, S. 139.

650 Die Möglichkeit, einen Trust mittels Testament oder durch andere gesetzliche oder durch Verwaltungsvorschriften bestimmte schriftliche Dokumente zu errichten, ist nicht Gegenstand dieser Arbeit. Siehe dazu *Ho*, S. 64ff., 75. Der Verweis auf andere gesetzlich oder durch Verwaltungsvorschriften bestimmte schriftliche Dokumente soll im Wesentlichen die Einbeziehung künftiger Entwicklungen in das Trustrecht ermöglichen, vgl. *Wang/Guo*, S. 19.

651 Siehe oben S. 11 ff. Ferner *Lupoi* in: Helmholz/Zimmermann, S. 502f. Vgl. auch *Zhou Xiaoming*, S. 111, der wie *Fang Jialin*, S. 160, auf die Einfachheit der Errichtung hinweist.

652 Vgl. *Lupoi* in: Helmholz/Zimmermann, S. 498f.

653 Vgl. *Hayton*, Principles, S. 31, wo es u.a. heisst: "*... the trust is a free-standing institution with a life of its own... one can liken the trust to a rocket which is launched by a contract or a donation ...*"

Lösungswegen gefolgt, die es in anderen kontinentaleuropäisch geprägten, insbesondere asiatischen Rechtsordnungen vorgefunden hat.[654] Diese Rechtsordnungen lassen den Trust nicht mittels einer einseitigen Erklärung des *settlor*, sondern durch Vertrag zwischen *settlor* und *trustee* entstehen und wenden daher konsequenterweise das jeweilige allgemeine Vertragsrecht an.[655]

Die Verwendung des Vertragskonzeptes führt aber in einigen Punkten zu Abweichungen vom englischen Trustrecht.[656] Ist für die Entstehung des Trust nicht eine einseitige Erklärung des *settlor*, sondern ein zweiseitiges Rechtsgeschäft zwischen *trustee* und *settlor* erforderlich, wertet dies einerseits die Position des *trustee* auf, da eine Ablehnung seinerseits oder Mängel in seiner Person die Entstehung des Trust verhindern können.[657] Dies steht im Gegensatz zum Grundsatz des englischen Rechts „*A trust will not fail for want of a trustee*", der die Errichtung eines im übrigen wirksamen Trust ermöglicht, wenn z.B. der *trustee* die Übernahme der Aufgabe verweigert, bereits verstorben ist oder sonstige Mängel in seiner Person vorliegen. Zum anderen liegt eine strukturelle Aufwertung der Position des *settlor* vor, da dieser nicht mehr aus dem Geschehen ausscheidet, sondern Vertragspartner bleibt, was insbesondere für die Phase der Durchführung des Trust von Bedeutung sein kann.

Das Vertragskonzept führt auch in anderen Punkten zu Abweichungen vom englischen Modell. So kann die Verwendung des Vertrages zu einer Vorverlagerung der Wirksamkeit des Trust führen. Ein englischer Trust ist erst wirksam, wenn Willenserklärung und Eigentumsübertragung vorliegen. Demgegenüber verwendet das chinesische Vertragsrecht bei Austauschverträgen grundsätzlich den sog. Annahmevertrag[658], dessen Wirksamkeit lediglich die Annahme, nicht aber eine Übergabe eines Gegenstandes erfordert.[659] Infolge dessen könnte der *trustee* als Vertragspartner die Übereignung des Gegenstandes allein auf Grundlage des wirksamen Vertrages fordern, was im englischen Recht der Grundsätze „*Equity will not assist a volunteer*" und „*Equity will not perfect an imperfect gift*" verhindern.[660] Dieses Rezeptionsproblem wurde von Wissenschaftlern in der Entwurfsphase des chinesischen TrustG gesehen.[661] Trotzdem ist ein Streit um die dogmatische Konstruktion entbrannt.[662]

---

654 Zu diesen (u.a. Japan, Südkorea und Taiwan) siehe *Zhou Xiaoming*, S. 112ff. Vgl. zu den Ähnlichkeiten der asiatischen Rechtsordnungen *Ma Yulin*, S. 151.
655 *Zhou Xiaoming*, S. 112.
656 Siehe z.B. *He Baoyu*, S. 84, 100, der das Vertragskonzept für nicht vorteilhaft für die Errichtung eines Trust hält.
657 Vgl. *Hayton*, Principles, S. 31; Dieser Umstand wird in der chinesischen Literatur häufig diskutiert, z.B. *He Baoyu*, S. 100; *Zhou Xiaoming*, S. 112f.
658 诺成合同.
659 *Chen Dagang*, Trustrecht, S. 130.
660 Zu diesen *Edwards/Stockwell*, S. 42, 98ff.
661 Siehe *Zhou Xiaoming*, S. 205f., der das Problem durch die Unterscheidung lösen will, ob der *trustee* eine Vergütung erhält oder nicht. Im ersteren Fall wäre der Vertrag bereits mit Annahme wirksam.
662 Siehe dazu unten S. 111.

Die Verwendung des Vertragskonzeptes hatte ferner zur Konsequenz, dass die Möglichkeit des *Common Law*, einen Trust durch einfache Erklärung des *settlor* zu errichten (*declaration of trust*)[663], nicht rezipiert wurde, weil der *settlor* nicht mit sich selbst einen Vertrag schließen kann.[664] Auch die Sorge, ein Schuldner könne diese Form des Trust missbrauchen und sich so seiner Pflichten entziehen, könnte einer Rezeption entgegengestanden haben.[665]

Wie das englische Trustrecht, aber anders als das deutsche Treuhandrecht geht das chinesische Recht im Normalfall von einem dreiseitigen Rechtsverhältnis aus, dessen Beteiligte *settlor*, *trustee* und *beneficiary* sind, vgl. § 3 TrustG. Dieses sog. Trustverhältnis[666] ist vom zweiseitigen Trustvertrag zu unterscheiden, dessen Parteien *settlor* und *trustee* sind. Dem Vertrag kommt dabei nach Ansicht mancher die Aufgabe der Begründung, Änderung und Aufhebung des Trust zu. Er ist gewissermaßen nur Vehikel, nicht der Trust selbst[667]; das Trustrechtsverhältnis wird auf dem Fundament des Trustvertrages errichtet.[668] Vergleicht man dies mit dem angelsächsischen Trustrecht, so lässt sich feststellen, dass die chinesische Trustrechtsdogmatik den im angelsächsischen Recht stattfindenden Wechsel des operativen Rechtsverhältnisses zwischen der Errichtungsphase (*settlor – trustee*) und der Verwaltungsphase (*trustee – beneficiary*)[669] dadurch einzufangen versucht, indem sie zwischen dem Trustvertrag als zweiseitigem Rechtsverhältnis und dem Trustrechtsverhältnis als ein dreiseitiges Rechtsverhältnis zwischen *settlor*, *trustee* und *beneficiary* unterscheidet.[670] Die Charakteristik der (einseitigen) Errichtung eines angelsächsischen Trust, bei der der *settlor* typischerweise aus dem Geschehen ausscheidet und die maßgebliche Perspektive auf das Verhältnis zwischen *trustee* und *beneficiary* wechselt, wird also durch eine Kombination von zweiseitigem Vertrags- und dreiseitigem Trustverhältnis in das chinesische Zivilrecht übertragen, wobei der Schwerpunkt des Trustverhältnisses grundsätzlich auf dem Verhältnis zwischen *trustee* und *beneficiary* liegen soll.[671]

II. Voraussetzungen der Trusterrichtung

Der Gesetzgeber hat der Trusterrichtung ein eigenes Kapitel gewidmet, in dem auch die zulässigen Errichtungsarten festgelegt sind. Gem. § 8 S. 2 TrustG ist der Trustvertrag neben Testament und anderen gesetzlich bestimmten Dokumenten eine der zulässigen Schriftformen, mittels derer ein chinesischer Trust errichtet

663 宣言信托.
664 *Arbeitsgruppe*, S. 37; *Ho*, S. 78; vgl. *Zhou Xiaoming*, S. 114.
665 Vgl. *Zhou Xiaoming*, S. 114f.
666 信托关系.
667 Vgl. *Zhong/Chen*, S. 156.
668 *Chen Dagang*, Trustrecht, S. 130.
669 Siehe zu diesem Wechsel oben S. 17.
670 Vgl. zu diesem Teilproblem des Verhältnisses von Trust- und Zivilrecht auch *Zhou Xiaoming*, S. 200.
671 Vgl. *Zhou Xiaoming*, S. 200; *Chen Dagang*, Trustrecht, S. 182, *Zhong/Chen*, S. 156.

werden kann. In der Praxis ist die Errichtung eines privaten Trust durch Vertrag die wichtigste und am weitesten verbreitete Errichtungsform.[672] Neben den einzelnen Vorschriften über die Wirksamkeit eines Trust im 2. Kapitel ist auch die Definition des Trust in § 2 TrustG von Bedeutung, da allein sie Aussagen über den Vermögensübergang an den *trustee*, d.h. das Anvertrauen des Vermögens an den *trustee*, beinhaltet. Ferner hat das chinesische Recht eine Registrierungspflicht für Trusts eingeführt, deren Nichtbefolgung die Wirksamkeit des Trust hindert. Auf Grundlage dieses Befundes erfordert die Errichtung eines *private express trust* den Abschluss eines Trustvertrages, das Anvertrauen des Trustvermögens und die Registrierung des Trust, §§ 2, 8, 10 TrustG unter Einhaltung der besonderen Wirksamkeitsvoraussetzungen, § 11 TrustG.

Die Systematisierung dieser Voraussetzungen und der zugehörigen Begriffe für die Zwecke des Trustrechts erfolgt in der chinesischen Literatur nicht immer einheitlich. Überwiegend wird als Oberbegriff der Errichtung des Trust die sog. Trusthandlung[673] verwendet, durch die das Trustrechtsverhältnis[674] bzw. Trustverhältnis[675] entsteht.[676] Trusthandlungen sind Zivilrechtsgeschäfte und unterliegen damit dem AGZ.[677] Für Trusthandlungen gelten ferner als besondere Rechtshandlungen die besonderen Wirksamkeitsvoraussetzungen des TrustG.[678] Von der Trusthandlung ist der Trustvertrag zu unterschieden, der Teil der Trusthandlung ist.

1) Abschluss des Trustvertrags

Das TrustG selbst weist nur wenige Vorschriften auf, die das Zustandekommen eines Trustvertrages behandeln. Die Schriftformregel in § 8 S. 1, 2 TrustG wird daher allgemein als ein Verweis auf die in diesem Zusammenhang für Verträge geltenden zivilrechtlichen Grundsätze gelesen.[679] Das Zustandekommen des Trustvertrages richtet sich somit nach den allgemeinen Regeln des VertragsG, den für alle Rechtsgeschäfte geltenden Regelungen der AGZ sowie den speziellen Regelungen des TrustG.[680]

---

672 *Zhong/Chen*, S. 50.
673 信托行为.
674 信托法律关系.
675 信托关系.
676 So der sog. enge Trusthandlungsbegriff, vgl. *Xu Mengzhou*, Trustrecht, S. 156. Siehe dort auch zum weiten Trusthandlungsbegriff, der Veränderungen und Beendigung des Trustverhältnisses mit umfasst. Zum Trustverhältnis, das gleichbedeutend mit dem Trustrechtsverhältnis ist, siehe *Xu Mengzhou*, Trustrecht, S. 48 ff.
677 *Xu Mengzhou*, Trustrecht, S. 162.
678 *Xu Mengzhou*, Trustrecht, S. 162.
679 Vgl. *Xu Mengzhou*, S. 165; *Wang/Guo*, S. 18 ff.; *Chen Dagang*, Trustrecht, S. 130, 180.
680 Vgl. *He Baoyu*, S. 98; *Zhong/Chen*, S. 50; *Chen Dagang*, Trustrecht, S. 130.

Die Einordnung der Rechtsnatur des Trustvertrages in die Kategorien des chinesischen Vertragsrechts[681] ist seitens der chinesischen Trustliteratur nicht immer ganz schlüssig. Der Trustvertrag[682] ist nach teilweise vertretener Auffassung ein unbenannter Vertrag[683], da er weder im VertragsG noch in den AGZ typisiert ist.[684] Er wird ferner als unentgeltlicher und formbedürftiger Vertrag eingestuft.[685] Umstritten ist die Frage, ob es sich um einen reinen Annahmevertrag handelt oder ob neben einer Annahme auch die Übergabe des Trustvermögens erforderlich ist.[686]

Nach allgemeiner chinesischer Dogmatik ist für die Entstehung eines bindenden (Trust-)Vertrags zwischen Errichtung[687] und Wirksamkeit[688] des Vertrages zu unterscheiden.[689] Die Errichtung hängt in erster Linie davon ab, ob der Vertrag den tatsächlichen Umständen nach zustande gekommen ist, d.h. ob eine Einigung der Parteien über die wesentlichen Inhalte des Vertrags vorliegt.[690] Ein Vertrag ist wirksam, wenn er nach Maßstab des Gesetzes, also nach rechtlicher Bewertung Bestand hat. Neben die allgemeinen Wirksamkeitsvoraussetzungen der AGZ[691] treten dabei für Trustverträge die besonderen des TrustG.[692] Erst wenn die Errichtungsvoraussetzungen und die Wirksamkeitsvoraussetzungen erfüllt sind – was meistens zugleich der Fall ist[693] –, ist ein Rechtsgeschäft wirksam und entfaltet Bindungswirkungen für die Parteien.[694] Die – neben der hier z.B. nicht zu besprechenden tatsächlichen Einigung von *settlor* und *trustee*[695] – trustspezifischen Errich-

---

681 Siehe zu diesen beispielsweise *Wang Liming*, Zivilrecht, S. 392 ff. Unterschieden werden typischerweise zweiseitig und einseitig verpflichtende Verträge (双务合同与单务合同), entgeltlich und unentgeltliche Verträge (有偿合同与无偿合同), benannte (typisierte) und unbenannte Verträge (有名合同与无名合同), Annahme- und Übergabeverträge (诺成合同与实践合同), formbedürftige und nicht formbedürftige Verträge (要式合同与不要式合同).

682 信托合同.

683 无名合同.

684 Trotz der umfangreichen Regelungen zu Rechten und Pflichten der Beteiligten im TrustG so *Zhong/Chen*, S. 51 sogar unter Einbeziehung des TrustG; ferner *Chen Dagang*, Trustrecht, S. 178.

685 *Zhong Chen*, S. 50 und *Chen Dagang*, Trustrecht, S. 178, der den Trustvertrag aber für nicht formbedürftig hält.

686 Siehe dazu sogleich S. 111.

687 成立.

688 生效.

689 Siehe allgemein zum chinesischen Vertragsrecht *Ling*, S. 59 ff.; *Han Shiyuan*, S. 76 ff. und 168 ff. Ferner *Zhong/Chen*, S. 53 ff. für den Trustvertrag.

690 *Ling*, S. 59, 61.

691 Vgl. § 55 AGZ: Voraussetzungen sind danach (1) die Zivilgeschäftsfähigkeit, (2) die Wahrheit der Willenserklärungen und (3) keine Verletzung des Gesetzes oder allgemeiner gesellschaftlicher Interessen. Siehe auch *Ling*, S. 59.

692 Vgl. *Xu Mengzhou*, Trustrecht, S. 162.

693 *Ling*, S. 60.

694 Allerdings ändert das Fehlen einer Wirksamkeitsvoraussetzung und damit die fehlende rechtliche Anerkennung nach chinesischer Dogmatik nichts daran, dass der Vertrag bereits geschlossen wurde, vgl. *Ling*, S. 59. Aus dem Umstand der Errichtung lassen sich nach chinesischer Doktrin daher weitere Rechtsfolgen, wie z.B. vertraglicher Schadensersatz, ableiten, vgl. *Ling*, S. 60. Siehe auch *Chen Dagang*, Trustrecht, S. 180.

695 Siehe zu den allgemeinen Voraussetzungen des Vertragsschlusses neben *Ling Han Shiyuan*, S. 76 ff.; *Wang Liming*, Zivilrecht, S. 399 ff.

tungs- und Wirksamkeitsvoraussetzungen des Trustvertrages sollen im Folgenden dargestellt werden.[696]

a) Beteiligte

Nach chinesischem Zivilrecht sind für die *Errichtung* eines Vertrages mindestens zwei Beteiligte erforderlich.[697] Die Beteiligten eines Trustvertrages sind der *settlor* und der *trustee*. Der *beneficiary* ist kein Beteiligter des Vertragsverhältnisses. Die Zivilgeschäftsfähigkeit[698] des *settlor* und *trustee* als Beteiligte des Vertrages ist hingegen Voraussetzung der *Wirksamkeit* des (Trust-)Vertrages.[699] Diese Voraussetzung leitet sich bereits aus der allgemeinen Zivilrechtsdogmatik ab, da die Beteiligten eines Vertrages zur Errichtung des Trust Willenserklärungen abgeben und daher den Charakter und die Folgen dieser Handlung erfassen und beurteilen können müssen.[700] Parteien eines Vertrages können daher grundsätzlich natürliche Personen über 18 Jahren, juristische Personen und bestimmte andere Organisationen sein.[701] Das TrustG wiederholt prinzipiell diese Anforderungen an die Parteien des Trustvertrages, schränkt sie allerdings für den *trustee* ein. Gem. § 19 TrustG kann der *settlor* eine natürliche, juristische Person oder eine andere rechtmäßig errichtete Organisation sein, die über volle Zivilgeschäftsfähigkeit verfügt.[702] Gem. § 24 S. 1 TrustG muss aber der *trustee* eine natürliche oder juristische Person sein, die über volle Zivilgeschäftsfähigkeit verfügt.[703] Gesetze oder Verwaltungsnormen können hiervon aber Ausnahmen machen, insbesondere nur juristische Personen als *trustee* zulassen, § 24 S. 2 TrustG.[704] Möglich ist auch, dass solche Gesetze besondere Anforderungen an die Qualifikation des *trustee* aufstellen.[705]

b) Form

Gem. § 8 TrustG ist ein Trust schriftlich zu errichten, d.h. das Trustverhältnis entsteht nur durch eine schriftlich verkörperte Trusthandlung. Im Hinblick auf den Trustvertrag als Errichtungsdokument des Trust bedeutet dies, dass entgegen des Grundsatzes des chinesischen Vertragsrechts, wonach Verträge mündlich, schriftlich oder in anderer Form geschlossen werden können,[706] ein Trustvertrag gem. § 8 S. 1 TrustG nur schriftlich geschlossen werden kann.[707] Das Schriftformerfordernis

---

696 Vgl. *Chen Dagang*, Trustrecht, S. 180ff. Ferner zu den Voraussetzungen die Übersicht bei *Ho*, S. 72ff.
697 *Ling*, S. 61.
698 民事行为能力.
699 Vgl. *Ling*, S. 124ff.; *Xu Mengzhou*, Trustrechtslehre, S. 68f.
700 Siehe § 55 Nr. 1 AGZ. *Xu Mengzhou*, Trustrechtslehre, S. 69. Allgemein für Verträge *Ling*, S. 124.
701 Siehe dazu *Ling*, S. 124ff. (natürliche Personen), 130ff. (juristische Personen) und 139ff. (andere Organisationen).
702 Im Einzelnen siehe *Xu Mengzhou*, Trustrecht, S.76f.
703 Vgl. *Bian Yaowu*, S. 23.
704 Vgl. *Bian Yaowu*, S. 24.
705 *Bian Yaowu*, S. 24.
706 § 10 S. 1 VertragsG.
707 *Wang/Guo*, S. 18f. Siehe allgemein zur Form von Verträgen *Ling*, S. 95ff.

unterscheidet das chinesische Trustrecht von anderen Rechtsordnungen, in denen eine mündliche Errichtung eines Trust häufig zumindest für nicht-kommerzielle Zwecke zulässig ist. Begründet wird die chinesische Fassung in der Literatur überwiegend mit praktischen Erwägungen. Da es noch an Erfahrungen mit dem Trust mangele und die Bevölkerung wie auch Unternehmenseinheiten mit dem Trustkonzept noch nicht ausreichend vertraut seien, müssten die Rechte und Pflichten der Beteiligten klargestellt und Streitigkeiten so vermieden werden.[708] Die Schriftform hat hiernach also vor allem Klarstellungs- und Beweisfunktion.

Obwohl das TrustG die Rechtsfolge eines Verstoßes gegen das Schriftformerfordernis nicht ausdrücklich regelt, wird vertreten, dass Verträge, die mündlich oder konkludent geschlossen werden, unwirksam sind.[709] Dies entspricht der wohl überwiegenden Praxis im allgemeinen Vertragsrecht.[710]

c) Mindestangaben

§ 9 TrustG stellt an den Inhalt aller Errichtungsdokumente und damit auch den Inhalt des Trustvertrages bestimmte Mindestanforderungen.[711] Festzulegen sind im Trustvertrag der Zweck des Trust (§ 9 S. 1 Nr. 1 TrustG), der Name oder die Bezeichnung sowie Wohnort bzw. Sitz des *settlor* und des *trustee* (§ 9 S. 1 Nr. 2 TrustG), der *beneficiary* oder der Kreis der *beneficiary* (§ 9 S. 1 Nr. 3 TrustG), Kreis, Gattung und Zustand des Trustvermögens (§ 9 S. 1 Nr. 4 TrustG) und Form und Methode, in der der *beneficiary* die Vorteile aus dem Trust erhalten soll (§ 9 S. 1 Nr. 5 TrustG). Neben diesen zwingend zu regelnden Inhalten können ferner weitere Punkte festgelegt werden, wie eine Befristung des Trust, Einzelheiten zur Verwaltung des Trustvermögens, Lohn des *trustee*, Methoden der Auswahl und Ernennung neuer *trustee* und Beendigungsgründe.

Auch wenn die formalen Anforderungen des Gesetzes an die Gestaltung des Trustvertrages die Parteien in den meisten Fällen zur klaren Formulierung ihrer Absichten zwingen werden, verlangt das TrustG aber nicht die Verwendung des Wortes „Trust“ bei der Erstellung der Trusturkunde. Es genügt daher die schriftliche Erklärung, dass ein Gegenstand an eine Person für die Verwaltung und Verfügung zugunsten eines Dritten übergeben wird.[712]

2) Besondere Voraussetzungen der Wirksamkeit des Trustverhältnisses

Für die das Trustverhältnis und damit den Trust begründende Trusthandlung stellt das TrustG im 2. Kapitel einige besondere Wirksamkeitsvoraussetzungen auf. Ungeachtet der Einbettung in die Dogmatik des chinesischen Zivilrechts ver-

---

708 *Bian Yaowu*, S. 11, 59; *Wang/Guo*, S. 19.
709 *Wang/Jiang*, S. 46.
710 Dazu *Ling*, S. 103 f.
711 Siehe ausführlich *Hu/Zhang*, S. 52 ff.
712 *Zhou Yuhua*, S. 121.

deutlichen gerade diese die Parallelen zum englischen Trustrecht, insbesondere den *three certainties*.

a) Trustzweck

Gem. § 6 TrustG muss die Errichtung eines Trust zu einem bestimmten Trustzweck[713] erfolgen. Der Trustzweck ist der Zweck, den der *settlor* mit Hilfe des Trust zu erreichen sucht, und als solcher unerlässliche Voraussetzung des Trust.[714] Der *trustee*, der das Trustvermögen erhält um es zu verwalten und darüber zu verfügen, ist bei der Erfüllung dieser Aufgabe an den Trustzweck gebunden.[715] Der *settlor* kann grundsätzlich jede Art von Trustzwecken festlegen;[716] es gilt insoweit das Autonomieprinzip[717].[718]

Das TrustG schränkt das Autonomieprinzip allerdings in § 6 TrustG gleichzeitig ein, indem es die Errichtung zu einem legalen Trustzweck fordert.[719] § 11 Nr. 1 TrustG konkretisiert diesen Grundsatz, indem er einen Trust für unwirksam erklärt, dessen Zweck gegen Gesetze oder Verwaltungsrechtsnormen verstößt oder das öffentliche Interesse der Allgemeinheit schädigt. Diese Regelung erscheint vergleichbaren Vorschriften des allgemeinen chinesischen Zivilrechts nachgebildet, die die Einhaltung des zwingenden Rechts bei der Durchführung von Rechtsgeschäften erfordern.[720] Die exponierte Stellung der Vorschrift am Anfang des Kapitels über die Errichtung des Trust deutet aber auch auf die Vorsicht des Gesetzgebers hin, dem die Geschichte und Eignung des Trust als Mittel zur Gesetzesumgehung bekannt gewesen sein dürfte.[721] Vergleichbare Unwirksamkeitsregelungen finden sich auch in den Regelungen anderer Trustrechtsordnungen.[722]

Gesetze im Sinne der Vorschrift sind Normen, die durch den Nationalen Volkskongress oder seinen Ständigen Ausschuss erlassen wurden, Verwaltungsrechtsnormen sind alle durch den Staatsrat erlassene Normen.[723] Eine Verletzung von lokalen Verwaltungsrechtsnormen soll für die Annahme einer Unwirksamkeit nicht genügen.[724] Unter dem generalklauselartigen Begriff des öffentlichen Interesses ist das gemeinschaftliche Interesse aller Mitglieder der Gesellschaft zu verstehen und kann verschiedene Inhalte wie gesellschaftliche Lebensgrundlagen, Umwelt, Ord-

---

713 信托目的.
714 *Wang/Guo*, S. 16; *Bian Yaowu*, S. 56.
715 Vgl. *Zhou Yuhua*, S. 112.
716 *Wang/Guo*, S. 16.
717 自愿原则.
718 § 5 TrustG. Vgl. *Wang/Guo*, S. 16.
719 Vgl. *Wang/Guo*, S. 16.
720 Vgl. *He Baoyu*, S. 112; *Arbeitsgruppe*, S. 44; *Wang/Guo*, S. 26. Siehe §§ 55 Nr. 3, 58 Nr. 5 AGZ, § 52 Nr. 4, 5 VertragsG. Zu den Regelungen des VertragsG *Ling*, S. 163 ff.
721 Vgl. *He Baoyu*, S. 112; *Zhou Yuhua*, S. 113.
722 *Arbeitsgruppe* S. 32 mit Vergleich Südkorea und Taiwan; *Xu Mengzhou*, Trustrechtslehre, S. 71 mit Vergleich Taiwan.
723 *Hu/Zhang*, S. 63.
724 *Ho*, S. 188.

nung, Sitten und Gewohnheiten etc. umfassen.[725] Neben der Generalklausel des § 11 Nr. 1 TrustG bestimmt das Gesetz ferner in § 11 Nr. 4 TrustG einen speziellen unzulässigen Trustzweck. So ist ein Trust unwirksam, dessen Zweck das Klagen oder das Eintreiben von Schulden ist.[726]

Als Beispiel eines unwirksamen Trust wird in der Literatur die Situation angeführt, in der ein Geschäftsführer einer Gesellschaft das Vermögen der Gesellschaft einem *trustee* anvertraut und sich selbst als *beneficiary* einsetzt, um so in Verletzung der Vorschriften des GesellschaftsG Zugriff auf das Gesellschaftsvermögen zu nehmen. Ein solcher Trust ist unwirksam.[727] Unwirksam sind auch (zwischengeschaltete) Trusts, die der Umgehung der bestehenden Beschränkungen für ausländische Investoren in China dienen.[728]

b) Trustvermögen

Das Trustvermögen ist das Objekt der Verwaltungstätigkeit des *trustee.* § 7 TrustG stellt für die Errichtung des Trust zwei Voraussetzungen auf, deren Fehlen gem. § 11 TrustG zur Unwirksamkeit des Trust führt.[729] Ein Trust ist danach unwirksam, wenn das Trustvermögen nicht bestimmt werden kann, § 11 Nr. 2 TrustG. Der Bestimmtheitsgrundsatz ist für die Scheidung des Trustvermögens von den Vermögen des *settlor, trustee* und *beneficiary* und damit für das Trustrecht insgesamt unentbehrlich. [730] Ist nicht klar, welche Vermögensgegenstände Teil des Sondervermögens sind, laufen die intendierten Rechtsfolgen der Trusterrichtung ins Leere. Das englische Trustrecht erkennt diesen Grundsatz als einer der *three certainties* daher mit gleicher Rechtsfolge an.[731] Die Bestimmung des Trustvermögens muss anhand der Regelungen im Trustvertrag erfolgen.[732]

Es muss sich ferner um rechtmäßiges Eigentum des *settlor* handeln, § 7 TrustG.[733] Errichtet der *settlor* den Trust mit illegalem Vermögen oder mit Vermögen, mit dem nach dem Trustgesetz ein Trust nicht errichtet werden darf, ist der Trust unwirksam, § 11 Nr. 3 TrustG. Der *settlor* muss vollberechtigter Eigentümer sein, der Besitz-, Nutzungs-, Verfügungs- und Fruchtziehungsrechte am Vermögen hat.[734] Wäre es anders, bestünde die Gefahr, dass Dritte an dem vom *trustee* zu verwaltenden Vermögen Rechte geltend machen könnten und dadurch die zweckgemäße Verwaltung beeinträchtigen könnten.[735] Ob damit das drittschützende Prinzip des

---

725 *Hu/Zhang*, S. 63.
726 Keine Unwirksamkeit, sondern lediglich Aufhebbarkeit durch die Volksgerichte liegt vor, wenn der Zweck des Trust die Interessen der Gläubiger verletzen soll, vgl. § 12 S. 1 TrustG.
727 Beispiel nach *Bian Yaowu*, S. 68 f.
728 *Ho*, S. 187 ff.; *Hutchens*, S. 21.
729 Zum Trustvermögen siehe ferner noch unten S. 196.
730 Vgl. *Hu/Zhang*, S. 39 f.; *Xu Mengzhou*, Trustrecht, S. 164.
731 Siehe dazu oben S. 15.
732 Vgl. § 9 Nr. 4 TrustG.
733 *Hu/Zhang*, S. 40; *Arbeitsgruppe*, S. 34.
734 *Arbeitsgruppe*, S. 34.
735 So die Erläuterung bei *Hu/Zhang*, S. 40.

Perpetuierung des widerrechtlichen bzw. bemakelten Besitzes[736] gesetzlich anerkannt wird, ist umstritten, da das Gesetz insoweit nicht ausdrücklich Stellung bezieht.[737] Angesichts der Gefahr, dass ein *settlor* seinen unrechtmäßigen Besitz mittels eines Trust in Eigentum verwandelt[738], wird aus § 7 TrustG aber weithin gefolgert, dass ein gutgläubiger Erwerb vom nichtberechtigten *settlor* durch den *trustee* ausgeschlossen ist.[739]

Einigen Ansichten nach beschränkt sich § 7 TrustG aber nicht auf das Vollrecht. Vielmehr soll es genügen, wenn der *settlor* nur ein Verfügungsrecht innehat[740], oder ein Verwaltungsrecht[741] wie beispielsweise Staatsunternehmen.[742]

c) Bestimmbarkeit des *beneficiary*

Der *beneficiary* ist nicht Beteiligter des Trustvertrages, sondern des Trustverhältnisses. Für die Wirksamkeit des Trust(verhältnisses) ist gem. § 11 Nr. 5 TrustG erforderlich, dass der *beneficiary* oder der Kreis der *beneficiary* bestimmt werden können. Die Bestimmbarkeit eines Begünstigten, der Rechte aus dem Trust geltend machen kann, ist unabdingbarer Kern des (englischen) Trustrechts.[743] Auch wenn die Einzelheiten der Rechtsstellung des *beneficiary* ungeklärt sind, so wird doch dieser Grundsatz im Zusammenhang mit diesem Unwirksamkeitsgrund auch in der chinesischen Literatur hervorgehoben.[744] Teilweise wird vertreten, dass sich erstere Alternative auf private Trusts, letztere auf gemeinnützige Trusts beschränke.[745]

3) Anvertrauen

Nach der Definition des TrustG ist es Aufgabe des *trustee*, zugunsten des *beneficiary* das Trustvermögen zu verwalten und zu verfügen. Hierzu ist es unabdingbar, dass der *trustee* ein Mindestmaß an Kontrolle über das Trustvermögen erhält. Das TrustG regelt die Fragen der Einräumung der Kontrolle und Herrschaft am Trustvermögen nicht im Zusammenhang mit der Errichtung des Trust. Die Notwendigkeit der Einräumung der Sachherrschaft am Trustvermögen als eine gesetzliche Voraussetzung der Trusterrichtung ergibt sich vielmehr aus der Definition des Trust in § 2 TrustG, nach der der *settlor* dem *trustee* das Trustvermögen anvertrauen muss.[746]

---

736 瑕疵占有的承继原则.
737 Ablehnend *Xu Mengzhou*, Trustrecht, S. 149 f.
738 Vgl. *Xu Mengzhou*, Trustrecht, S. 149.
739 *He Baoyu*, S. 147 f.; *Zhong/Chen*, S. 160; *Cao Xinzhai*, S. 91; im Ergebnis wohl auch *Xu Mengzhou*, Trustrecht, S. 149 f.
740 *Xu Mengzhou*, Trustrecht, S. 75.
741 经营权.
742 *Hu/Zhang*, S. 40.
743 *Hayton*, Principles, S. 48.
744 *Hu/Zhang*, S. 65.
745 *Wang/Guo*, S. 27 f.
746 Es sei darauf hingewiesen, dass die chinesische Literatur auf diesen Punkt selten ausdrücklich verweist. Vgl. aber *Zhong/Zhou*, S. 33.

a) Begriff

Die Hintergründe um die Wahl des Begriffes „Anvertrauen“ sind bereits dargestellt worden.[747] Die Weite des vom Gesetzgeber gewählten Begriffes hat eine rege Diskussion um die richtige Auslegung des § 2 TrustG entfacht, die kurz vorzustellen ist. [748] Die vorherrschenden Auslegungstheorien lassen sich in drei Gruppen unterteilen, je nachdem, wer Inhaber am Trustvermögen wird[749]: erstens die Ansichten, die das Eigentum zwingend beim *settlor* verbleibend sehen, zweitens die Ansichten, die eine Eigentumsübertragung an den *trustee* verlangen und drittens jene, die diese nur für möglich, aber nicht erforderlich halten. Es ist zum jetzigen Zeitpunkt nicht ersichtlich, dass sich einer dieser Standpunkte durchgesetzt hätte. Ob für die Errichtung eines chinesischen Trust neben einer rechtsgeschäftlichen Vereinbarung auch ein Übertragungsakt zwingend erforderlich ist, bleibt daher einer der umstrittensten Punkte des TrustG.[750] Einigkeit dürfte zumindest insoweit bestehen, als der *trustee* Besitz an (beweglichen) Vermögensgegenständen erhalten muss.[751]

Zhang[752] ist der Ansicht, dass das Eigentum am Trustvermögen beim *settlor* verbleibt. Das in § 2 TrustG beschriebene „Anvertrauen von Vermögensrechten“ beinhalte zwar auch das Eigentum als ein Vermögensrecht, führe aber keinesfalls zu einer Übertragung, weil ein Anvertrauen eben keine Übertragung sei. Daher habe der *settlor* das Eigentum auch nach Errichtung des Trust inne. Dafür sprächen insbesondere §§ 28, 29 TrustG, die sich auf das Vermögen verschiedener *settlor* bezögen, sowie § 15 TrustG.[753]

Qu[754] hält auf Grund einer Analyse des Begriffs *weituo* und des systematischen Zusammenhangs die Schlussfolgerung für unausweichlich, dass das chinesische Trustrecht eine Eigentumsübertragung voraussetze. Der Begriff *weituo* des Trustgesetzes sei nämlich nicht gleichbedeutend mit dem gleich lautenden Begriff *weituo* des Auftragsrechts, da im chinesischen Stellvertretungsrecht der Beauftragte im Namen des Vertretenen, im Trustrecht aber im eigenen Namen handele. Ferner handele es sich auch nicht um eine Art der Kommission, bei der der Agent zwar im eigenen Namen, aber für Rechnung eines anderen tätig werde, denn der *trustee* verfüge im eigenen Namen und könne nicht nur über bewegliche Güter wie ein Kommissionsagent, sondern auch über Grundstücke und andere Gegenstände verfügen. Der Begriff *weituo* führe somit nicht notwendigerweise zu der Annahme, dass eine Eigentumsübertragung nicht zu erfolgen habe, und sollte daher auch nicht dahingehend verstanden werden. Nach *Qu* sei die Pflicht gem. § 10 TrustG

747 Siehe oben S. 80.
748 Einen zusammenfassenden Überblick gibt *He Baoyu*, S. 10 f.
749 Ebenso *Sheng Xuejun*, S. 140.
750 Vgl. beispielsweise den Artikel in der China Securities Journal v. 21.11. 2004 („法制完善信托业四大难题破解路径“) abrufbar unter www.cs.com.cn. Ferner *Entwicklungsbericht 2004*, S. 113.
751 Vgl. *Zhou Yuhua*, S. 134; *Xu Mengzhou*, Trustrecht, S. 146.
752 *Zhang Chun*, S. 112 f.
753 Kritisch zu dieser Ansicht *Hu/Chen*, S. 86.
754 *Qu*, S. 355 ff.

zur Registrierung von registrierungspflichtigen Eigentumsrechten nur durch einen *trustee* zu erfüllen, der auch Eigentümer sei. Ferner würden die §§ 14 und 15 TrustG eine Trennung des Trustvermögens vom Vermögen des *settlor* bzw. des *trustee* erfordern, was überflüssig wäre, wenn die Rechte am Trustvermögen nicht auf den *trustee* übertragen worden wären. Insgesamt gründe sich das Trustgesetz daher auf eine Eigentumsübertragung zwischen *settlor* und *trustee*, was insbesondere durch die Kodifikationen anderer kontinentaleuropäischer Rechtsordnungen unterstrichen werde.

In dieselbe Richtung zielen *Zhong/Zhou*, die die Notwendigkeit einer Eigentumsübertragung im Gesetzestext dadurch verankern wollen, indem sie den Begriff *weituo gei* in seine Bestandteile zergliedern.[755] Sie argumentieren, ein spezielles Trustgesetz, das ein allein durch eine Willenserklärung, d.h. ohne Eigentumsübertragung zu errichtendes Auftragsverhältnis kodifiziere, sei überflüssig, da insoweit das bereits bestehende Auftragsrecht die Probleme ausreichend löse. § 52 TrustG lege ferner fest, dass das Trustrechtsverhältnis bei Tod, Auflösung oder Verlust der Geschäftsfähigkeit des *settlor* nicht beendet werde. Da der *settlor* kein Eigentum mehr innehaben könne, da ihm dazu die Fähigkeit in diesen Fällen fehle, müsse das Eigentum übertragen worden sein. Schließlich stellen sie die Frage, wie ein *trustee*, der nicht das Eigentum innehabe, entsprechend der Definition in § 2 TrustG im eigenen Namen verwalten könne. Aus alledem folgern *Zhong/Zhou*, dass *weituo gei* den Errichtungstatbestand inklusive einer Eigentumsübertragung bezeichne. *Weituo* beziehe sich dabei auf das Erfordernis einer Willenserklärung, während *gei* den sachenrechtlichen Teil des Errichtungsgeschäfts, mithin eine Eigentumsübertragung repräsentiere.

Xu verwendet das verbreitete Argument, dass § 14 S. 1 TrustG von einem „Erhalt“[756] des Trustvermögens spreche. Hiermit könne nur gemeint sein, dass der *trustee* das Eigentum innehabe.[757] Auch *Zhou* fordert die Anerkennung einer Eigentumsübertragung, damit der chinesische Trust Geist und Wesen des angelsächsischen Trust vollständig rezipiere und ein Trust im wahren Sinne werde.[758]

Ho hält hingegen eine Eigentumsübertragung für zulässig, aber nicht zwingend erforderlich.[759] Der Begriff *weituo* bedeute nur, dass jemand für einen anderen zur Erledigung bestimmter Aufgaben tätig werde, nicht aber erfordere er eine Eigentumsübertragung. Auch zeige § 15 TrustG, dass das Eigentum durch den *settlor* zurückbehalten werden könne, denn § 15 bestimme die Trennung von Trustvermögen und Vermögen des *settlor*, was andernfalls überflüssig wäre. Sie führt ferner an, dass ein chinesischer Trust gem. § 8 TrustG bereits mit Wirksamkeit des Vertrags

---

755 *Zhong/Zhou*, S. 31.
756 取得.
757 *Xu Mengzhou*, Trustrecht, S. 93.
758 *Zhou Yuhua*, S. 153.
759 *Ho*, S. 65 f.

entstehe und seine Entstehung damit nicht von einer Eigentumsübertragung abhänge.[760]

Auch *He* hält eine Eigentumsübertragung für möglich, aber nicht erforderlich.[761] Die Wahl des Begriffes *weituogei* bedeute aber keineswegs, dass das Eigentum nicht an den *trustee* übertragen werden könne und daher zwingend beim *settlor* verbleibe. Einige Vorschriften des TrustG, wie beispielsweise die Registrierungspflicht bei Errichtung des Trust, erforderten sogar die Übertragung von Grundstücken etc. an den *trustee*, damit dieser die Registrierung vornehmen kann.

Eine ähnlich Ansicht vertreten *Wang/Guo*, wonach der Begriff *weituo* nur dass Innenverhältnis zwischen einem Auftraggeber (*weituoren*)[762] und einem Beauftragtem (*shoutuoren*)[763] bezeichne, während es sich im Außenverhältnis im konkreten Fall um eine Vertretung, Kommission, Ermächtigung oder Trust handeln könne.[764] Im Kontext des TrustG handele es sich daher um ein Trustverhältnis.[765]

b) Dogmatische Einordnung

Die Frage der dogmatischen Anbindung der Voraussetzung des „Anvertrauens" führt in das Gebiet der insgesamt noch wenig entwickelten Trustdogmatik und dreht sich um die Frage, ob das Anvertrauen des Trustvermögens eine Voraussetzung der Wirksamkeit des Trustvertrages oder des Trustverhältnisses (bzw. des Trust selbst) ist. Im englischen Recht stellt sich diese Frage nicht, da, solange nicht Willenserklärung und Eigentumsübertragung vorliegen, die *Equity*-Maximen *„Equity will not assist a volunteer"* und *„Equity will not perfect an imperfect gift"* die Entstehung eines Trust verhindern.[766] Die Existenz dieses im Folgenden zu erläuternden dogmatischen Problems im chinesischen Recht ist damit eine unmittelbare Folge der Rezeption des Trust mithilfe des Vertragskonzepts. Letztlich geht es um die vom Gesetzgeber offen gelassene Entscheidung, ob der *trustee* in die Lage versetzt werden soll, die Übergabe des Trustguts verlangen zu können und damit um die Frage der Geltung der genannten englischen *Equity*-Maximen im chinesischen Recht.[767]

Die chinesische Wissenschaft diskutiert entlang dieser Grundsätze die Rechtsnatur des Trustvertrages und damit die Frage, ob der Übergabeakt eine Voraussetzung der Wirksamkeit des Trustvertrages ist oder nicht.[768] Der Unterschied zwischen

760 *Ho*, S. 66.
761 *He Baoyu*, S. 12 f.
762 委托人. Im Chinesischen auch Begriff für *settlor*.
763 受托人. Im Chinesischen auch Begriff für *trustee*.
764 *Wang/Guo*, S. 5 f.
765 Vgl. auch *Qin Su*, S. 35.
766 Vgl. *Edwards/Stockwell*, S. 41.
767 Siehe zu diesem Problemkreis insgesamt den Überblick bei *He Baoyu*, S. 98 ff.
768 Es wird insoweit zwischen Annahme- (诺成合同) und Übergabevertrag (要物合同 oder 实践合同) unterschieden, wobei ersterer bereits mit Einigung, letzterer erst mit Übergabe des Gegenstandes wirksam wird. Siehe dazu neben *He Baoyu*, a.a.O. auch *Wang/Jiang*, S. 47. Ferner *Zhong/Chen*, S. 50, 154 ff.; *Zhang Chun*, S. 111 f. und *Zhou Xiaoming*, S. 205 f.

beiden Ansichten besteht darin, dass im letzteren Fall bereits ein wirksamer Trustvertrag besteht, aus dem die Beteiligten Rechte ableiten können. Insbesondere könnte der *trustee* die Übergabe durch den *settlor* verlangen.[769] Diese Konsequenz stünde insbesondere im Gegensatz zur Rechtsauffassung im angelsächsischen Trustrecht, die den Trust erst mit vollständiger Übereignung als wirksam und damit die Trusterklärung allein als rechtliche Grundlage für ein Einfordern des Trustvermögens durch den *trustee* als nicht ausreichend ansieht. Auch ließe sich fragen, ob angesichts der Unentgeltlichkeit des Trustvertrages eine frühzeitige Bindung überhaupt interessengerecht wäre.[770] Demgegenüber würden im anderen Fall der Trustvertrag und der Trust erst mit Übergabe gleichzeitig wirksam.

Nach wohl überwiegender Auffassung ist das Anvertrauen des Trustvermögens keine Voraussetzung des Trustvertrages, sondern Wirksamkeitsvoraussetzung des Trust.[771] Gestützt wird diese Ansicht auf § 8 S. 3 TrustG, der bestimmt, dass der Trust bereits mit Unterzeichnung des Trustvertrages errichtet ist. Aus dem Fehlen eines Hinweises auf eine Übergabe des Trustvermögens wird sodann – in Anlehnung an die gebräuchliche Unterscheidung zwischen Errichtung und Wirksamkeit im chinesischen Zivilrecht – gefolgert, dass das Anvertrauen Wirksamkeitsvoraussetzung des Trust ist und der Trust daher erst mit Anvertrauen des Trustvermögens wirksam werden kann.[772] Der Zeitpunkt der Wirksamkeit von Trustvertrag und Trust können hiernach auseinander fallen.[773] Verdeutlicht wird dieser Zusammenhang zwischen Wirksamkeit des Trustvertrag und Trust in der Regel anhand der Regelung des § 10 TrustG. Solange eine Registrierung noch nicht vorgenommen ist, schließt § 10 TrustG nämlich die Wirksamkeit des Trust aus, ohne an der Wirksamkeit des Trustvertrages etwas zu ändern.[774] Im Grundsatz kann der *trustee* damit die Durchführung des Trust verlangen.[775]

4) Registrierung des Trust

Die Existenz eines Trust hat für den Rechtsverkehr weitreichende Folgen, weil Dritte, die mit dem *trustee* Geschäfte abschließen, den Schutzvorschriften des Trustrechts unterworfen werden. Ein wirksamer Trust führt zur Bildung eines Sondervermögens, das allein für Trustgläubiger tauglicher Vollstreckungsgegen-

769 Siehe ausführlich *Zhong/Chen*, S. 154ff.

770 Vgl. *Zhang Chun*, S. 112. Allerdings zeigt *Zhang Chun*, dass angesichts der heutzutage vorherrschenden Entgeltlichkeit der Trustverwaltung die Übergabe – wie im chinesischen Recht – gerade keine Voraussetzung mehr sein sollte.

771 *He Baoyu*, S. 99; *Zhong/Chen*, S. 50; *Xu Mengzhou*, Trustrecht, S.170f. A.A. *Chen Dagang*, Trustrecht, S. 130f.

772 *Zhong/Chen*, S. 156, die konsequenterweise die Trusthandlung als 要物行为 beschreiben.

773 *He Baoyu*, S. 99.

774 Vgl. *He Baoyu*, S. 99.

775 Dies mag den *Common Law*-Prinzipien zuwider laufen, könnte wertungsmässig insoweit aber zu rechtfertigen sein, als der *settlor* ähnlich wie der Schenker des BGB sich förmlich gebunden hat. Die Formbedürftigkeit des Trustvertrags könnte also diese Abweichung zivilrechtlich tragen. Das chinesische Vertragsrecht lässt dasselbe Prinzip erkennen, als hier Schenkungen grundsätzlich widerruflich, § 186 VertragsG, aber *nicht* formbedürftig sind.

stand ist bzw. in das bei trustfremden Geschäften im Grundsatz nicht vollstreckt werden darf und dessen Existenz im Falle eines trustverletzenden Verhaltens des *trustee* den Dritten zur Rückgewähr verpflichten kann. Der Rechtsverkehr hat daher – so er denn nicht schon prinzipiell von der Möglichkeit der Existenz eines Trust ausgeht – ein hohes Interesse daran zu erfahren, ob er mit einem *trustee* Geschäfte abschließt.

Die Vorschriften des TrustG tragen diesem Publizitätsgedanken in gewissem Umfang Rechnung. Das TrustG bestimmt in § 10 TrustG, dass ein Trust registriert werden muss, wenn Gesetze oder Verwaltungsrechtsnormen die Registrierung des Trustvermögens bestimmen. Das chinesische Trustrecht folgt mit dieser Regelung anderen kontinentalen Rechtssystemen.[776] Bei diesen dürfte auch die Beschränkung der Registrierungspflicht auf bestimmte Arten von Vermögensgegenständen entlehnt sein.[777] Die Vorschrift findet dem Wortlaut nach nämlich nur auf solche Gegenstände des Trustvermögens Anwendung, deren Übertragung selbst registrierungs- oder eintragungspflichtig ist.[778] Der Grund für die Ausklammerung von nicht registrierungspflichtigen Gegenständen, wie beispielsweise Geld oder bewegliches Vermögen, könnte im hohen administrativen Aufwand und den Kosten bestanden haben, die zum niedrigen wirtschaftlichen Wert und der hohen Zahl solcher Gegenstände in keinem Verhältnis stehen.[779] Ob die Beschränkung auf registrierungspflichtige Gegenstände angemessen ist, kann in Frage gestellt werden, wenn Zweck der Registrierungspflicht sein soll, die Interessen der am Trustverhältnis nicht beteiligten Dritten zu schützen.[780]

Im Ergebnis ist damit nicht jeder chinesische Trust registrierungspflichtig, sondern nur ein solcher, der Gegenstände umfasst, die zu registrieren sind.[781] Dazu gehören zum Beispiel Immobiliarsachenrechte, Eigentum an Schiffen, Patente und Markenrechte, Wertpapiere wie Aktien und Schuldverschreibungen.[782]

Unter Berücksichtigung der vermögensrechtlichen Konzeption des TrustG ist allerdings unklar, ob die Vorschrift nur im Falle einer tatsächlichen Übertragung des Trustvermögens von *settlor* auf den *trustee* gilt oder ob sie bei jeder Trusterrichtung eingreift, also auch dann, wenn der *settlor* das Eigentum behält.[783] Die in § 10 TrustG angesprochenen Vorschriften erfordern eine Registrierung regelmäßig nur bei Übertragungen,[784] so dass bei strenger Wortlautauslegung eine Registrierung bei Fehlen einer Übertragung nicht erforderlich wäre. Dem Wortlaut des § 10

776 Vgl. *Zhou Xiaoming*, S. 150.
777 Vgl. *Zhou Xiaoming*, S. 151 zum japanischen und koreanischen Recht. Siehe auch den Vergleich bei *Zou Yixiang*, S. 193 mit dem japanischen Recht.
778 *Xu Mengzhou*, Trustrechtslehre, S. 77; *Ho*, S. 79 f. Nach *Zhong/Zhou*, S. 32 soll dies registrierungs- (登记) und anmeldepflichtige (注册) Vermögensgüter erfassen.
779 Vgl. *Zhou Xiaoming*, S. 151.
780 Siehe hierzu *Xu Mengzhou*, Trustrechtslehre, S. 77.
781 *Hu/Zhang*, S. 61.
782 *Xu Mengzhou*, Trustrechtslehre, S. 77; *Zhong/Zhou*, S. 32.
783 Offen lassend *Hu/Zhang*, S. 61.
784 Siehe *Hu/Zhang*, S. 61.

TrustG nach besteht die Registrierungspflicht von registrierungspflichtigen Vermögensgütern ferner nur bei Errichtung des Trust, nicht aber bei einem späteren Erwerb während der Verwaltung des Trust.[785]

Eine sich auf die Praxis erheblich auswirkende Schwäche des TrustG ist, dass Einzelheiten des Verfahrens der Trustregistrierung nicht geregelt worden sind.[786] Es ist bereits unklar, welcher der Beteiligten die notwendige Registrierung vornehmen soll.[787] Ferner war seit Erlass des Gesetzes unklar, welche Behörde für die Trustregistrierung zuständig ist. Mitte 2006 ist das Shanghai Trust Registration Center[788] (STRC) im Shanghaier Pudong Distrikt durch die lokale Regierung geschaffen worden, bei dem nunmehr – auch nicht in Shanghai ansässige – Trusts registriert werden können.[789] Erklärtes Ziel der Schaffung dieses Registrierungscenters ist es, die unklare Zuständigkeit im Hinblick auf die Anforderungen nach § 10 TrustG zu beseitigen. Die Schaffung des STRC führt ferner auch zu einer Klärung der Registrierungspraxis, als das STRC eigene Anmeldungsregeln aufgestellt hat, die die Lücken des Gesetzes in weitem Umfang ausfüllen. Nach den Eigeninformationen des STRC sind nicht nur Angaben nach § 10 TrustG zum Trustvermögen zu machen, sondern auch grundlegende Informationen zum Trust. Das schließt insbesondere auch Angaben zu nicht registrierungspflichtigem Vermögen ein.[790] Damit gehen die Anforderungen des STRC über die gesetzlichen Anforderungen hinaus.

Rechtsfolge einer fehlenden Registrierung ist grundsätzlich die Unwirksamkeit des Trust, § 10 S. 2 TrustG. Die Registrierung ist damit eine Voraussetzung eines wirksamen Trustverhältnisses, so dass registrierungspflichtig und damit gegebenenfalls unwirksam nicht der Trustvertrag, sondern der Trust ist.[791] Mit der Festlegung der Registrierung als eine Wirksamkeitsvoraussetzung des Trust hat der Gesetzgeber sich gegen ein System entschieden, das bei fehlender Registrierung dem Trust lediglich gegenüber Dritten die Wirkung versagt, die Wirksamkeit aber prinzipiell unberührt lässt.[792] Er weicht damit von Vorentwürfen und den im Entwurfsprozess vertretenen Positionen einiger Wissenschaftler ab.[793] Während im Trustrecht anderer Länder ein nicht registrierter Trust zwar wirksam ist, aber gegenüber Dritten keine Wirkung entfaltet, ist ein chinesischer Trust also dem

---

785 Vgl. aber *Zhong/Zhou*, S. 32, die die Regelung insoweit ausweiten wollen.
786 *Zhong/Zhou*, S. 32 f. Zu den Problemen siehe auch *Ho*, S. 80.
787 *Zhong/Zhou*, S. 32.
788 上海信托登记中心. Siehe http://www.strc.org.cn/.
789 Siehe „Trust registration centre set up to fill gap“ in: People's Daily Online (Englisch) v. 22. Juni 2006.
790 Siehe http://www.strc.org.cn/
791 Nach chinesischem Zivilrecht ist die Registrierung eines Vertrages grundsätzlich keine Wirksamkeitsvoraussetzung des Vertrages. Siehe *Ling*, S. 100 ff. In der Praxis wird diese Unterscheidung im Regelfall keinen Unterschied machen. Zu beachten ist aber, dass im Falle der fehlenden Registrierung Ansprüche aus dem bestehenden Vertrag gelten gemacht werden könnten.
792 Siehe hierzu die Diskussion bei *Zhong/Chen*, S. 79 ff. unter Verweis auf Vorentwürfe des Gesetzes.
793 Siehe zu den Vorentwürfen *Zhong/Chen*, S. 79 ff.; ferner *Zhou Xiaoming*, S. 151. Zur Kritik siehe *Peng Liping*, S. 50.

Grundsatz nach vollständig unwirksam.[794] Das hat zur Folge, dass trotz wirksamen Abschlusses des Trustvertrages und Übereignung des Trustvermögens bei Fehlen der erforderlichen Registrierung der *trustee* nicht zur Verwaltung des Trustvermögens berechtigt und verpflichtet ist, der *beneficiary* keinen Anspruch auf die Trustvorteile hat und der *settlor* das Trustvermögen jederzeit vom *trustee* zurückfordern kann.[795] Im Außenverhältnis könnte der *settlor* von einem Dritten das Trustvermögen ferner zurückverlangen und der *trustee* sich gegebenenfalls schadensersatzpflichtig machen.[796] Allerdings räumt das Gesetz eine zeitlich unbeschränkte Heilungsmöglichkeit ein, so dass ein (noch) nicht registrierter Trust lediglich schwebend unwirksam ist und jederzeit geheilt werden kann.[797]

III. Zeitpunkt, Folgen und Aufhebbarkeit der Trusterrichtung

Liegen die genannten Voraussetzungen vor, entsteht ein wirksames Trustverhältnis zwischen *settlor, trustee* und *beneficiary*. Den Zeitpunkt der Errichtung des Trust bestimmt § 8 S. 3 TrustG, wonach mit Unterzeichnung des Trustvertrages der Trust errichtet wird. Wirksam ist der Trust aber erst, wenn auch die übrigen Voraussetzungen vorliegen. Entsprechend der dem chinesischen Zivilrecht eigenen Unterscheidung sind daher Errichtung und Wirksamkeit eines Trust zu trennen.[798] Die Wirksamkeit des Trust kann daher beispielsweise von einer noch ausstehenden Registrierung, aber auch von dem Eintritt einer Bedingung oder Ablauf einer Frist abhängen.[799]

Mit dem Vorliegen eines Trustverhältnisses treten die im TrustG bestimmten Rechtsfolgen der Trusterrichtung ein. Das TrustG „verfestigt" das auf dem Trustvertrag basierende Trustverhältnis durch zahlreiche Bestimmungen, wie beispielsweise der Vermögenstrennung[800], dem Recht des am Vertrag nicht beteiligten *beneficiary*[801], die Folgenlosigkeit von Änderungen in den Personen des *settlor* und *trustee*[802], und nähert es so in den Rechtsfolgen dem *Common Law* an, das den Trust streng vom Vertrag unterscheidet.

Das Gesetz gewährt Gläubigern des *settlor* in § 12 Abs. 1, 3 TrustG das Recht, die Aufhebung der Trusterrichtung bei den Volksgerichten innerhalb eines Jahres zu beantragen, wenn die Trusterrichtung die Interessen von Gläubigern verletzt. Anhand der überwiegend allgemeinen Formeln Literatur wird allerdings nicht deutlich, wann von einer Interessensverletzung der Gläubiger auszugehen ist. Maßgeb-

794 *Xu Mengzhou*, Trustrechtslehre, S. 77; *Zou Yixiang*, S. 193.
795 *Zou Yixiang*, S. 193.
796 *Zou Yixiang*, S. 193.
797 Siehe hierzu *Ho*, S. 80.
798 *Xu Mengzhou*, Trustrecht, S. 171.
799 *Xu Mengzhou*, Trustrecht, S. 171 f.
800 § 15, 16 TrustG.
801 §§ 43, 44 TrustG.
802 § 52 TrustG.

lich könnte insoweit der Aspekt der vorsätzlichen Schädigung oder die rein objektive Erschwerung der Verwirklichung der Gläubigeransprüche sein.[803] Hebt das Volksgericht den Trust auf, so ist er von Anfang an unwirksam.[804] Den Interessenausgleich zwischen Gläubiger und *beneficiary* nimmt das TrustG in § 12 Abs. 2 TrustG dahingehend vor, dass der *beneficiary* Vorteile behalten darf, wenn er gutgläubig war.[805]

---

803 *Bian Yaowu*, S. 70 f.

804 *Arbeitsgruppe*, S. 47.

805 Gutgläubigkeit soll dann gegeben sein, wenn der *beneficiary* von der Interessenverletzung nicht wusste und sein Nichtwissen nicht auf Fahrlässigkeit beruht, vgl. *Hu/Zhang*, S. 67. Nach *Wang/Guo*, S. 29 schadet den *beneficiary* nur grobe Fahrlässigkeit.

E. Der *trustee*

Das Recht des *trustee* betrifft vorwiegend die sich an die Trusterrichtung anschließende Phase des werbenden Trust.[806] Da auch im chinesischen Recht prinzipiell der *trustee* der Herr der Verwaltung ist, beinhaltet das Recht des *trustee* den zentralen Ausschnitt der die laufende Verwaltung betreffenden Rechtsverhältnisse. Das TrustG hat auch *settlor* und *beneficiary* einige Kompetenzen verliehen, die für das Verständnis der Funktionsweise des werbenden Trust unentbehrlich sind. In diesem Abschnitt sollen vor allem die Rechte (siehe unter IV.) und Pflichten (unter V.) des *trustee* dargestellt werden. Vorangestellt ist eine allgemeine Erläuterung der Stellung des *trustee* (unter I.) sowie eine Darstellung der Voraussetzungen der Person und des Wechsels des *trustee* (unter II. und III.). Die Darstellung schließt mit den Regelungen zu gemeinsamen *trustees* (unter VII.). Die Möglichkeiten der Einflussnahme auf die aktive Verwaltung des Trust durch *settlor* und *beneficiary* werden in den nachfolgenden Abschnitten zum *settlor* und *beneficiary* zu behandeln sein.

I. Funktion und Rechtsstellung des *trustee*

Einer sich an § 2 TrustG anlehnenden, in der Literatur weit verbreiteten Formulierung nach ist der *trustee* die Person, der der *settlor* das Trustvermögen anvertraut und die gemäß dem Trustzweck zum Nutzen des *beneficiary* das Trustvermögen verwaltet oder darüber verfügt.[807] Nach der viel zitierten Beschreibung von *Zhang Xuwu*[808], stellvertretender Leiter des Finanzausschusses des Nationalen Volkskongresses, „nimmt der *trustee* als einer der drei Beteiligten des Trust die zentrale Stellung hinsichtlich der Kontrolle, Verwaltung und Verfügung des Trustvermögens ein, weshalb die Qualitäten des *trustee* und seine Fähigkeit zum Wirtschaften entscheidend dafür sind, ob der *beneficiary* die Trustvorteile erhält und der Trustzweck des *settlor* verwirklicht wird.“[809] Viele Autoren beschreiben die Aufgabe des *trustee* auch dahingehend, beim Trust als einer Vermögensverwaltungsbeziehung mit mehreren Beteiligten sei es allein der *trustee*, der die tatsächliche Führung der Trustgeschäfte übernehme, während der *settlor* lediglich das Trustvermögen beisteuere und der *beneficiary* nur die Vorteile aus der Verwaltung ziehe.[810] Die Verwirklichung des Trustzweckes sei daher auf den Einsatz des *trustee* angewiesen, so dass der *trustee* als wichtigster Beteiligter des Trust anzusehen sei.[811]

Hat der *trustee* nach diesen landläufigen Beschreibungen also auch im chinesischen Recht die Aufgabe der Vermögensverwaltung, so wird aus ihnen noch nicht deut-

---

806 Als Vertragspartner ist der *trustee* aber bereits in der Phase der Errichtung des Trust aktiv beteiligt.
807 *Arbeitsgruppe*, S. 78.
808 张绪武.
809 Zitat nach *Hu/Zhang*, S. 109.
810 *Zhong/Chen*, S. 98; *Xu Mengzhou*, Trustrechtslehre, S. 145; *Zhong Ye/Zhang*, S. 128.
811 *Xu Mengzhou*, Trustrechtslehre, S. 145.

lich, welche konkrete Rechtstellung der *trustee* nach den Regelungen des TrustG eigentlich innehat. Im englischen Trustrecht wird ein *trustee* Vollrechtsinhaber und kann als ein solcher das Trustvermögen (im Außenverhältnis) verwalten. Er ist aber an die in der Trusterklärung festgelegten Ziele und Verwaltungsvorschriften sowie ferner an gesetzliche Vorschriften (im Innenverhältnis) gebunden, wobei hieraus ergebende Beschränkungen auf Geschäfte mit Dritten und damit auf das Außenverhältnis im Regelfall durchschlagen. Die Rechtsposition des *trustee* ist daher die eines – durch Bestimmungen des *settlor* und Gesetz gebundenen – Eigentümers.[812]

Aus den Bestimmungen des TrustG wird demgegenüber nicht auf Anhieb deutlich, welche Kompetenzen der *trustee* im Außenverhältnis überhaupt haben soll. Das TrustG erfordert keine Eigentumsübertragung, da dem chinesischen *trustee* das Trustvermögen gem. § 2 TrustG lediglich „anvertraut" werden muss. Der Gesetzgeber hat aus bereits dargestellten Motiven[813] bewusst ungeklärt gelassen, in welcher Weise der *trustee* am Trustvermögen dinglich berechtigt sein soll, was zur Folge hat, dass im Falle des Fehlens eines Übertragungsaktes der *settlor* Inhaber der Rechte bleibt. In einem solchen Fall ist der *trustee* daher nicht Vollrechtsinhaber, sondern zunächst einmal nur ein durch den Trustvertrag im Innenverhältnis gebundener Verwalter fremden Vermögens.

Dies führt zwangsläufig zu der Frage, wie ein nichtberechtigter *trustee* überhaupt Geschäfte mit dem Trustvermögen tätigen kann, ohne die Zustimmung des *settlor* einholen zu müssen.[814] Diese Frage wird in der chinesischen Literatur vielfach gar nicht erst aufgeworfen, weil im Rahmen der Auslegung des Begriffes *weituo* das Für und Wider einer Eigentumsübertragung im Mittelpunkt der Diskussionen steht.[815] Nimmt man den gesetzgeberischen Willen aber ernst, so kann sich eine im Außenverhältnis bestehende und sich auf das (fremde) Trustvermögen beziehende Rechtsmacht des *trustee* nur aus einer Einwilligung des *settlor* oder aus einer gesetzlichen Anordnung des TrustG ergeben.[816] In welchem Umfang der *trustee* aus § 2 TrustG Rechtsmacht für Geschäfte mit dem Trustvermögen im Außenverhältnis ableiten kann, wird daher im Einzelnen unten unter IV. darzustellen sein.

Wie sich in den Darstellungen des englischen Trust- und des deutschen Treuhandrechts gezeigt hat, kommt im Recht des Treuhänders große Bedeutung ferner der Frage zu, ob Beschränkungen, die dem Treuhänder durch den Treugeber im Innenverhältnis auferlegt wurden, auch auf das Außenverhältnis durchschlagen. Angesprochen sind hiermit vor allem Situationen, in denen ein *trustee* unter Verletzung der ihm obliegenden Bindungen aus der Trusterklärung Geschäfte mit Dritten durchführt. Während ein solcher *breach of trust* im englischen Recht nahezu ausnahmslos zur Wiederherstellung des Trustvermögens führt, kann der deutsche

812 Vgl. *Hayton*, Principles, S. 52.
813 Siehe dazu oben S. 80.
814 Vgl. *Ho*, S. 68. Siehe dazu noch unten S. 128.
815 Siehe dazu oben S. 146.
816 Vgl. *Hu/Zhang*, S. 75.

Treuhänder im Außenverhältnis aber aufgrund seiner Stellung als Volleigentümer trotz Verletzung des rein schulrechtlichen Treuhandvertrages wirksam an Dritte verfügen.

Das TrustG lässt deutlich erkennen, dass der chinesische Gesetzgeber das Trustrecht im Hinblick auf den Gleichlauf von Innen- und Außenverhältnis dem angelsächsischen Recht nachzubilden versucht hat. So misst das chinesische TrustG Verstößen im Innenverhältnis grundsätzlich auch im Außenverhältnis Bedeutung bei. Gem. § 25 Abs. 1 TrustG muss der *trustee* die Bestimmungen des Trustvertrages einhalten. Tut er dies nicht und verfügt er über Gegenstände des Trustvermögens, so kann der *settlor* oder der *beneficiary* diese Verfügungen unter bestimmten Voraussetzungen mit Wirkung gegenüber Dritten annullieren, vgl. §§ 22, 49 TrustG. Die Einzelheiten werden insoweit im Zusammenhang mit den Fragen des Schutzes des Trustvermögens darzustellen sein.

Der *trustee* nimmt wie im englischen Recht eine Doppelposition ein: Zum einen ist er Verwalter des Trustvermögens und damit in der Rechtssphäre des Trust tätig. Zum anderen kann er auch Rechtsgeschäfte tätigen, die nicht die Sphäre des Trust, sondern seine persönliche Rechtssphäre betreffen.[817]

II. Person des *trustee*

Bei der Errichtung des Trust wählt der *settlor* auf Grundlage seines Vertrauens eine ihm geeignet erscheinende Person oder Organisation zum *trustee*. Gem. § 24 S. 1 TrustG kommen für diese Aufgabe des *trustee* nur natürliche oder juristische Personen in Betracht, die über volle Zivilgeschäftsfähigkeit verfügen. Entsprechend den Regeln der Allgemeinen Grundsätze der Zivilrechts (AGZ) zur Zivilgeschäftsfähigkeit können damit zum einen natürliche Personen *trustee* werden, wenn sie 18 Jahre oder älter sind.[818] Auch natürliche Personen, die zwischen 16 und 18 Jahren alt sind und selbst durch Arbeit für ihren Unterhalt sorgen, können *trustee* werden, da sie ebenfalls die volle Zivilgeschäftsfähigkeit haben.[819] Als natürliche Personen können daher beispielsweise Rechtsanwälte und Wirtschaftsprüfer eingesetzt werden.[820]

Während der Beratung des TrustG war – wohl im Hinblick auf die weite Verbreitung von Trustgesellschaften in China – umstritten, ob natürliche Personen überhaupt die Aufgaben eines *trustee* übernehmen sollen dürfen. Dies wurde aus drei Gründen zugelassen[821]: Erstens seien es in der Geschichte des Trust anfangs gerade natürliche Personen wie nahe Angehörige gewesen, denen der *settlor* vertraute und die daher zum *trustee* ernannt wurden. Trusts, die durch eine Organisation geführt wurden, seien erst später im 20. Jahrhundert aufgekommen. Obwohl in China natürliche

817 Vgl. *Zhong Ye/Zhang*, S. 128.
818 § 11 AGZ.
819 *Hu/Zhang*, S. 112.
820 *Wang/Guo*, S. 65.
821 *Arbeitsgruppe*, S. 78 f.; *Hu/Zhang*, S. 110.

Personen nur selten als *trustee* eingesetzt wurden, zeige zweitens der Vergleich mit entwickelten Ländern, dass dort sehr häufig natürliche Personen die Aufgaben eines *trustee* übernehmen, was aus langfristiger Perspektive gerade im Hinblick auf den steigenden Wohlstand Einzelner für die Zulassung von natürlichen Personen spreche. Schließlich bedürfe es im Hinblick auf Auslandsinvestitionen von Staatsunternehmen einer solchen Regelung. Denn diese hätten die im Ausland erforderlichen Registrierungen von Zweigstellen zumeist im Namen von Einzelpersonen durchgeführt, was zu einem Abfluss des Staatsvermögens geführt hätte. Dem könnte das Trustmodell entgegenwirken und dadurch das Staatsvermögen schützen.

Juristische Personen verfügen grundsätzlich gem. § 36 AGZ über volle Zivilrechts- und Zivilrechtsfähigkeit.[822] Die Trustgesellschaften[823] die als juristische Person organisiert sind, stellen die überwiegende Zahl der *trustees* in China. Der Gesetzgeber hat deren Organisation nicht im TrustG festgelegt, sondern den Staatsrat in § 4 TrustG ermächtigt, besondere Verwaltungsvorschrift für Trustorganisationen zu erlassen.[824]

III. Wechsel des *trustee*

Das TrustG zählt in § 39 TrustG die Gründe für die Beendigung der Amtspflichten des *trustee* auf. Die Literatur unterteilt diese gesetzlichen Gründe für einen Wechsel mitunter in natürliche [825] und durch menschliches Verhalten ausgelöste[826] Beendigungsgründe.[827] Neben der Kündigung durch den *trustee* gem. § 38 TrustG und der Entlassung des *trustee* gem. § 23 TrustG finden sich in § 39 TrustG weitere gesetzliche Beendigungstatbestände. Ist ein solcher gegeben, rückt der neue *trustee* nach den gesetzlichen Vorschriften in die Position des alten *trustee* ein; dazwischen können übergangsweise Dritte die Verwaltung übernehmen.

1) Kündigung, § 38 TrustG

Das TrustG eröffnet dem *trustee* in § 38 Abs. 1 TrustG die Möglichkeit, nach Errichtung des Trust[828] zu kündigen[829]. Anders als der Beauftragte im Auftragsrecht, vgl.

822 *Wang/Guo*, S. 65.
823 Vor Erlass der Vorschriften zur Verwaltung von Trustgesellschaften (siehe folgende Fussnote) Trust-und Investmentgesellschaften.
824 Vgl. die (neu gefassten) Vorschriften zur Verwaltung von Trustgesellschaften (信托公司管理办法) vom 23. 1. 2007.
825 自然终止.
826 人为终止.
827 Siehe *He Baoyu*, S. 249. *He* versteht unter den natürlichen Gründen im Wesentlichen den Tod und Verlust der zivilrechtlichen Handlungsfähigkeit während er Kündigung und Entlassung unter die durch menschliche Handlung ausgelösten Beendigungsgründe fasst.
828 Eine Kündigung kann damit bereits zwischen Errichtung und Wirksamkeit des Trust erfolgen, *Hu/Zhang*, S. 146.
829 辞任.

§ 410 VertragsG, kann der *trustee* aber nicht frei kündigen.[830] Erforderlich für die Kündigung ist die Zustimmung des *settlor* und des *beneficiary*.[831] Eine Zustimmung anderer *trustee* sieht die Vorschrift aber nicht vor.[832] Das chinesische Recht weicht mit dem Erfordernis der Zustimmung des *settlor* vom englischen Recht ab, das die Zustimmung des *beneficiary* genügen lässt. Ursächlich für die Einführung des Zustimmungsrechts des *settlor* war offenbar die Befürchtung, dass der *beneficiary* das Trustvermögen nach Kündigung verschwenden oder missbrauchen und dadurch eine Verletzung des Trustzweckes eintreten könne.[833] Von einer Kündigungsmöglichkeit mittels Anrufung eines Gerichts wurde abgesehen, weil das chinesische Zivilverfahrensrecht ein spezielles Verfahren zu Zeitpunkt des Gesetzeserlasses nicht vorsah und daher in der Praxis mit Schwierigkeiten gerechnet wurde.[834] Offen ist, ob eine abweichende Vereinbarung über die Voraussetzungen der Kündigung im Trustvertrag zulässig ist, so dass z.B. der *trustee* bedingungslos kündigen kann.[835]

Dogmatisch handelt es sich nach manchen Autoren bei der Kündigung um ein willenskonformes Geschäft[836] bzw. zweiseitiges Rechtsgeschäft[837] zwischen *trustee* einerseits und *settlor* und *beneficiary* andererseits[838], so dass der *trustee* nicht nur gegenüber seinem Vertragspartner, dem *settlor*, sondern auch gegenüber dem *beneficiary* kündigen muss.

Infolge der Kündigung scheidet der *trustee* aus dem Trustverhältnis aus und ist nicht weiter als *trustee* tätig, so dass die Amtspflichten erlöschen, § 39 Abs. 1 Nr. 5 TrustG.[839] Das Gesetz versucht allerdings das Entstehen eines Trust ohne *trustee* zu verhindern und eine ununterbrochene und effektive Verwaltung des Trustvermögens zu garantieren. Kündigt daher der einzige *trustee*, muss er solange seine Aufgaben erfüllen, bis ein neuer *trustee* gewählt ist, § 38 Abs. 2 TrustG.[840] Dem Wortlaut nach greift diese Regelung auch dann, wenn noch weitere *trustee* vorhanden sind, die die Verwaltung des Trustvermögens fortsetzen könnten.[841] Ungeklärt ist aber, in welchem Verhältnis die Regelung zu § 42 TrustG steht, der vorsieht, dass im Falle der Beendigung der Amtspflichten eines *trustee* die übrigen *trustee* die Verwaltung des Trustvermögens fortsetzen.

---

830 Dies ist der Fall, obwohl der *trustee* unentgeltlich tätig wird, der Beauftragte im chinesischen im Regelfall aber entgeltlich handelt, vgl. § 405 VertragsG.
831 Vgl. *Hu/Zhang*, S. 146, die auf die Problematik des Wortes „und“ in Situationen hinweisen, in denen es z.B. noch keinen *beneficiary* gibt.
832 Anders *Ho*, S. 125.
833 *Arbeitsgruppe*, S. 101 f.
834 *Arbeitsgruppe*, S. 101.
835 Für die Möglichkeit einer Abbedingung offenbar *He Baoyu*, S. 252. Anders wohl *Arbeitsgruppe*, S. 101.
836 合意行为.
837 双方法律行为.
838 *Hu/Zhang*, S. 145 f.
839 Vgl. *Hu/Zhang*, S. 145.
840 *Arbeitsgruppe*, S. 102.
841 *Ho*, S. 126.

2) Entlassung, §§ 23, 49 TrustG

Verletzt der *trustee* durch eine Verfügung den Trustzweck oder handelt der *trustee* bei der verwaltenden Nutzung oder Verfügung grob fahrlässig, kann der *settlor* gem. § 23 TrustG den *trustee* entlassen, wenn er sich dieses Recht im Trustvertrag ausdrücklich vorbehalten hat. Andernfalls muss er sich an ein Gericht wenden und die Entlassung beantragen. In Abweichung von den japanischen oder südkoreanischen Rechtsordnungen kann der *settlor* sich somit im Trustvertrag ein eigenes Recht zur Entlassung des *trustee* vorbehalten.[842] Dieses Entlassungsrecht findet seine Rechtfertigung in dem Verständnis des *settlor* als Initiator des Trust[843], der die weitere Entwicklung des Trust überwachen und daher gerade bei Verletzung des von ihm bestimmten Trustzweckes den *trustee* entlassen können muss, da er ihn auf Grundlage seines Vertrauens eingesetzt hat.[844]

Aufgrund der Verweisung in § 49 TrustG kann der *beneficiary* prinzipiell unter denselben Voraussetzungen den *trustee* entlassen. Unklar ist aber, ob es genügt, dass der *settlor* sich selbst ein Entlassungsrecht eingeräumt hat, das dann vom *beneficiary* ausgeübt werden kann, oder ob er dem *beneficiary* ausdrücklich ein eigenes Entlassungsrecht im Trustvertrag einräumen muss.

3) Beendigung, § 39 TrustG

Das Gesetz zählt in § 39 Abs. 1 TrustG die gesetzlichen Beendigungstatbestände des Amtes des *trustee* auf. Unter diesen finden sich vor allem Fälle, aufgrund derer der *trustee* die zur Durchführung der Trustverwaltung erforderliche Zivilrechts- und Zivilgeschäftsfähigkeit verliert und deshalb nicht weiter sein Amt ausführen kann. Die Vorschrift ist daher eng mit den Regelungen zu Zivilrechts- und Zivilgeschäftsfähigkeit der Allgemeinen Grundsätze des Zivilrechts verknüpft. Daneben finden sich auch die schon dargestellten, gesetzlich gesondert ausgestalteten Beendigungstatbestände.[845]

Nach § 39 Abs. 1 Nr. 1 TrustG endet das Amt des *trustee*, wenn er stirbt oder rechtmäßig für tot erklärt wird und infolgedessen die Zivilrechtsfähigkeit verliert, vgl. § 9 AGZ. Unter den Voraussetzungen des § 23 AGZ kann eine natürliche Person für tot erklärt werden, wenn ihr Verbleib unklar ist. Da ein *trustee* volle Zivilgeschäftsfähigkeit haben muss, endet gem. § 39 Abs. 1 Nr. 2 TrustG sein Amt, wenn er zu einer Person ohne oder mit beschränkter Zivilgeschäftsfähigkeit erklärt wird. Der Umfang der Zivilgeschäftsfähigkeit natürlicher Personen richtet sich dabei nach den §§ 11ff. AGZ. § 39 Abs. 1 Nr. 3, 4 TrustG betreffen dagegen Fälle, in denen nicht natürliche, sondern juristische Personen die Zivilrechts- oder Zivilgeschäftsfähigkeit oder eine andere gesetzlich bestimmte Qualifikation verlieren. Ersteres

---

842 *He Baoyu*, S. 131.
843 Siehe dazu oben S. 97.
844 *Xu Mengzhou*, Trustrecht, S. 83; *Arbeitsgruppe*, S. 73.
845 Siehe zum Folgenden *He Baoyu*, S. 249ff.

bezieht sich vor allem auf § 45 AGZ, der Gründe für das Ende einer juristischen Person enthält.[846] Zu den gesetzlich bestimmten Qualifikationen werden vor allem besondere Genehmigungen für Trustgesellschaften gezählt.[847] Neben § 39 Abs. 1 Nr. 5 TrustG, der die schon unter 1) und 2) dargestellten Situationen erfasst, findet sich schließlich in § 39 Abs. 1 Nr. 6 TrustG eine Öffnungsklausel für Gesetze und Vorschriften, um neue Beendigungstatbestände einzuführen.[848]

4) Folgen

Durch die Beendigung des Amtes des *trustee* wird nicht der Trust selbst beendet. Vielmehr ist gesetzliche Folge der Beendigung das Ende der Amtspflichten des bisherigen *trustee* (§ 39 TrustG), die Bestellung eines neuen *trustee* (§ 40 S. 1 TrustG) und die Fortsetzung des Trustverhältnisses (§ 40 Abs. 2 TrustG).[849]

Die Bestellung des neuen *trustee* regelt § 40 TrustG. Maßgeblich für die Auswahl des neuen *trustee* sind nach dieser Vorschrift in erster Linie die Bestimmungen, die *settlor* und *trustee* im Trustvertrag getroffen haben. Enthalten diese keine Regelungen, so darf der *settlor* den neuen *trustee* auswählen. Kann oder will der *settlor* keinen *trustee* bestimmen, kommt der *beneficiary* zum Zuge. Der Gesetzgeber hat damit davon abgesehen, eine gerichtliche Auswahl und Bestellung eines neuen *trustee* zu eröffnen. In der Literatur wird auch hier als Grund das noch nicht ausreichend entwickelte Gerichtswesen in China genannt. So fehle für eine gerichtliche Bestellung ein spezielles Verfahren in der Zivilverfahrensordnung. Auch sei mit einer langen Verfahrensdauer zu rechnen, die nicht günstig für die Trustverwaltung sei. Ferner sei die Kompetenz der Richter in Fragen der Vermögensverwaltung noch nicht ausreichend, so dass ein durch ein Gericht ausgewählter *trustee* möglicherweise nicht der Absicht des *settlor* oder *beneficiary* entsprechen würde.[850]

Die praktische Handhabung der Bestellung eines neuen *trustee* wird weder vom Gesetz noch von der Literatur thematisiert. Fraglich ist beispielsweise, ob angesichts der zwingenden Schriftform des Trustvertrages auch Formpflichten hinsichtlich der Bestellung bestehen oder ob es genügt, dass der *settlor* lediglich mündlich gegenüber dem neuen *trustee* dessen Bestellung erklärt. Auch die im Hinblick auf Beweiszwecke im Rechtsverkehr nicht fern liegende Möglichkeit einer Ergänzung des Trustvertrages oder Änderung der Registrierung werden insoweit nicht diskutiert.

Ist der neue *trustee* bestellt, gehen gem. § 40 Abs. 2 TrustG die Rechte und Pflichten zur Erledigung der Trustaufgaben des bisherigen *trustee* auf den neuen *trustee* über. Der hier zugrunde liegende Mechanismus wird in der Literatur kaum erörtert. § 40 Abs. 2 TrustG legt nahe, dass „der Trust" unabhängig vom *trustee* ist und dieser wie

---

846 Vgl. *Arbeitsgruppe*, S. 103.
847 *Arbeitsgruppe*, S. 104.
848 *Zhong/Chen*, S. 128.
849 Vgl. *Zhong/Chen*, S. 128.
850 Zu diesen Argumenten siehe *Zhong/Chen*, S. 128 f.

ein Vertretungsorgan abberufen und ausgewechselt werden kann.[851] Der neue *trustee* tritt daher grundsätzlich in die Rechtsposition des bisherigen *trustee* ein.[852] Ist der bisherige *trustee* Eigentümer des Trustvermögens, so gehen diese automatisch auf den neuen *trustee* über. Das gleiche gilt für Verbindlichkeiten gegenüber dem *beneficiary* und Dritten.[853]

Um die Übergabe der Trustaufgabe zu erleichtern, hat der bisherige *trustee* in den Fällen des § 39 Abs. 1 Nr. 3 bis 6 TrustG einen (schriftlichen)[854] Bericht über seine Tätigkeit zu erstellen. Der neue *trustee* kann insoweit bei Unklarheiten eine Erläuterung des bisherigen *trustee* verlangen.[855] Ferner hat er einen Kontenabschluss durchzuführen und die Aufgaben zu übergeben. Der bisherige *trustee* haftet grundsätzlich weiter, wie sich aus § 41 Abs. 2 TrustG ergibt. Die Nachhaftung kann aber durch die Genehmigung von *settlor* und *beneficiary* über die in dem Bericht des *trustee* enthaltenen Gegenstände ausgeschlossen werden. Ein Ausschluss über Gegenstände, die nicht im Bericht enthalten sind, findet daher nicht statt.

Das Gesetz unternimmt es, auch die Verwaltung für den Zeitraum zu regeln, in dem ein neuer *trustee* noch nicht bestellt ist. Während in den Fällen, in denen der *trustee* durch eine Kündigung wechselt[856], der bisherige *trustee* seine Aufgabe bis zum Eintritt des neuen *trustee* weiter erledigen muss, scheidet diese Möglichkeit in den überwiegenden Fällen des § 39 Abs. 1 TrustG aus. In § 39 Abs. 2 TrustG wird daher angeordnet, dass der Erbe oder Erbschaftsverwalter, der Vormund oder der Liquidator das Trustvermögen in zweckmäßiger Weise verwalten muss, bis ein neuer *trustee* die Aufgabe übernimmt. Diese Regelung wird vielfach für professionelle Trusts, die nicht gewöhnliche Vermögensgegenstände sondern Wertpapiere, Währungen etc. verwalten, für unzureichend erachtet.[857]

IV. Rechte des *trustee*

Den Kern der Rechte des *trustee* bestimmt § 2 TrustG, der festlegt, dass der *trustee* berechtigt (und verpflichtet[858]) ist, das Trustvermögen im eigenen Namen zu verwalten und darüber zu verfügen. Neben diesen fundamentalen Verwaltungsrechten hat das TrustG einzelne Rechte wie das Recht auf Vergütung gem. § 35 ff. TrustG und den Aufwendungsersatz in § 37 TrustG gesondert geregelt. Ferner ist das bereits erörterte Kündigungsrecht gem. § 38 TrustG zu nennen.

---

851 Vgl. allgemein *Zhong/Chen*, S. 128.
852 *Zhong/Chen*, S. 129.
853 *Zhong/Chen*, S. 129.
854 *He Baoyu*, S. 254.
855 *He Baoyu*, S. 254.
856 § 39 S. 1 Nr. 5 TrustG.
857 *Arbeitsgruppe*, S. 105; *He Baoyu*, S. 254.
858 *Xu Mengzhou*, Trustrechtslehre, S. 114.

1) Verwaltungs- und Verfügungsrecht, § 2 TrustG

Das gesetzliche Leitbild des chinesischen Trustrechts, nach dem der *trustee* kein Eigentum an den Gegenständen des Trustvermögens hält, wirft die Frage auf, auf welche Weise der *trustee* wirksam Geschäfte mit Dritten über das Trustvermögen abschließen kann, um die Zwecke des Trust zu erfüllen.[859] Die Problematik lässt sich am Beispiel eines Kaufvertrages verdeutlichen. Gem. § 132 VertragsG muss der Verkäufer das Eigentum an der Sache oder das Recht zur Verfügung haben, da andernfalls ein Kaufvertrag nicht wirksam ist.[860] Ein Verkauf des Trustgutes beispielsweise zum Zwecke der weiteren Investition des Erlöses müsste daher an der mangelnden Rechtsstellung des *trustee* scheitern.

Überträgt der *settlor* also dem *trustee* nicht das Eigentum am Trustvermögen und räumt er ihm auch sonst keine Ermächtigung am Trustvermögen ein, können sich die Kompetenzen des *trustee* nur aus dem Gesetz ableiten. Das chinesische Trustrecht beschreibt die Verwaltungsaufgabe des *trustee* in § 2 TrustG durch die weiten[861] Begriffe „Verwaltung" und „Verfügung". Der Gesetzgeber hat sich bei dieser Art der Bestimmung der Kompetenzen offenbar von der Vorstellung leiten lassen, dass kontinentale Trustsysteme die Rechte des *trustee* eher abstrakt festlegen, während *Common Law*-Systeme wie beispielsweise das englische Recht dagegen detaillierte Trustee-Gesetze erlassen.[862] Ähnlich wie die Trustgesetze Japans und Südkoreas verwendet das chinesische Recht nämlich mit der Formulierung „Verwaltung und Verfügung des Trustvermögens in eigenem Namen" in § 2 TrustG eine abstrakte Beschreibung der Kompetenzen des *trustee*, die keinerlei Eingrenzung oder Konkretisierung seines Aufgabenbereichs unternimmt.[863]

Zu den genannten Rechtsordnungen besteht allerdings ein wesentlicher Unterschied: wenn der *trustee* im chinesischen Trustrecht – anders als im japanischen und südkoreanischen Recht – kein Vollrechtsinhaber wird, d.h. seine Rechtsstellung nach außen nicht durch seine umfassende Rechtsmacht am Trustvermögen begründet wird, liegt es nahe, dass die Begriffe „Verwaltung" und „Verfügung" nicht allein das Innenverhältnis, sondern gerade auch die Rechtsmacht des *trustee* im Außenverhältnis beschreiben. Für ein solches Verständnis als Kompetenznorm im Außenverhältnis spricht vor allem, dass der *trustee* bei der Verwaltung und Verfügung „im eigenen Namen" auftritt, also nach außen die Tätigkeit als *trustee* im Regelfall nicht kundtut und daher für eine effektive Verwaltung einen gewissen Umfang an Rechtsmacht erhalten muss.

---

859 Vgl. *Ho*, S. 68.
860 *Baumann*, S. 140; *Drewes*, S. 147.
861 *Zhou Xiaoming* hatte im Rahmen der Gesetzesvorbereitungen insoweit zu den Trustgesetzen der Nachbarstaaten Japan und Südkorea angemerkt, dass die Auferlegung von Pflichten allein nicht genüge, um einen Missbrauch durch den *trustee* zu vermeiden, vielmehr sei es auch wichtig den Aufgabenbereich und Inhalt der Tätigkeit zu einzugrenzen, wie dies im englischen Recht der Fall sei. Vgl. *Zhou Xiaoming*, S. 152. Der Gesetzgeber ist diesem Vorschlag offenkundig nicht gefolgt.
862 Vgl. *Zhou Xiaoming*, S. 152; *Zhou Yuhua*, S. 203; *Xu Mengzhou*, Trustrecht, S. 94.
863 Vgl. *Zhou Xiaoming*, S. 152.

Anhand der Kommentarliteratur lässt sich freilich nur schwer ein klares Bild über den genauen Inhalt der Begriffe „Verwaltung“ und „Verfügung“ und damit der Rechtsmacht des *trustee* gewinnen. Dies liegt auch an der vorgelagerten und nach wie vor virulenten Diskussion um das grundsätzliche Erfordernis eines Übertragungsaktes, die eine generelle Unsicherheit in der Literatur hinsichtlich der Rechtsstellung des *trustee* zufolge hat.[864]

Das Gesetz selbst bestimmt zwar nicht, was unter „Verwaltung“[865] des Trustvermögens zu verstehen sein soll[866], verpflichtet aber den *trustee* in § 25 Abs. 1 TrustG darauf, die Bestimmungen der Trusturkunde einzuhalten. Der Inhalt des Verwaltungsrechtes soll daher der Literatur nach in erster Linie durch die Parteien im Trustvertrag zu bestimmen sein.[867] Ähnlich wie im angelsächsischen Recht wird das Trustdokument also als wichtigste Quelle der Rechte des *trustee* angesehen.[868] Die im Trustvertrag getroffenen Vereinbarungen dürfen aber nicht zwingenden Gesetzesbestimmungen zuwiderlaufen.[869] Hat der *settlor* keine Bestimmungen getroffen, so muss der Inhalt des Verwaltungsrechts anhand seiner allgemeinen zivilrechtlichen Bedeutung ermittelt werden. Danach beinhaltet die Verwaltung des Trustvermögens allgemein die Aufbewahrung, Verbesserung, Nutzung des Vermögens um Gewinn zu ziehen, den Wert des Vermögens zu steigern oder das Vermögen zu erhalten.[870]

Wohl nicht zuletzt wegen der Formulierung des § 2 TrustG, nach der der *trustee* „über das Trustvermögen im eigenen Namen verfügt“, ist in der Kommentarliteratur die Feststellung anzutreffen, dass der *trustee* über das Trustvermögen verfügen kann.[871] Problematisch an diesen Aussagen der Literatur ist indes, dass nicht immer klar wird, ob von den Autoren ein Verfügungsrecht im rechtstechnischen Sinne gemeint ist oder lediglich das Gesetz zitiert wird. Einige Kommentare gehen aber explizit von der Existenz eines Verfügungsrechtes aus, das den *trustee* befähigt, im eigenen Namen zu handeln.[872] So soll nach dem Kommentar der Arbeitsgruppe der Begriff der Verfügung des § 2 TrustG entsprechend der allgemeinen zivilrechtlichen Bedeutung zu bestimmen sein.[873]

---

864 Vgl. beispielsweise *Xiao Minjuan*, S. 125 f.
865 管理.
866 Das Gesetz verwendet teilweise auch andere Begriffe wie „verwaltende Nutzung“ in § 23 TrustG. Aus den Kommentierungen geht nicht hervor, ob damit etwas anderes gemeint ist.
867 *Arbeitsgruppe*, S. 17.
868 Vgl. *Xu Mengzhou*, Trustrecht, S. 92. Findet sich dort beispielsweise eine Regelung, nach der das Trustvermögen nach einer drei jährigen Akkumulationsphase zu gleichen Anteilen an drei beneficiary zu verteilen ist, so bestimmt dies den Inhalt des Verwaltungs- und Verfügungsrechts, vgl. *Arbeitsgruppe*, S. 17.
869 *Xu Mengzhou*, Trustrecht, S. 92.
870 *Arbeitsgruppe*, S. 17.
871 Vgl. beispielsweise *Zhong Ye/Zhang*, S. 167.
872 So vor allem der Kommentar der *Arbeitsgruppe*, S .17; ferner *Xu Mengzhou*, Trustrechtslehre, S. 118; *Bian Yaowu*, S. 74, 79.
873 *Arbeitsgruppe*, S. 17. In der allgemeinen zivilrechtlichen Literatur wie auch in der zu dieser Frage Stellung nehmenden Trustliteratur wird überwiegend ein sog. sehr weiter Verfügungsbegriff verwendet, von dem sowohl tatsächliche als auch rechtliche Verfügungen erfasst werden. Siehe

Dieses Verständnis ist allerdings nicht unumstritten. So lehnt *Zhang* die Annahme einer gesetzlichen Verfügungsbefugnis des *trustee* ab, weil nur ein Eigentümer über das Vermögensgut verfügen könne.[874] Nach § 71 AGZ[875] umfasse das Vermögenseigentum das Recht des Eigentümers das Vermögensgut zu besitzen, zu gebrauchen, Vorteile daraus zu ziehen und darüber zu verfügen. Daraus folge, dass ein separates Verfügungsrecht des *trustee* der Grundlage entbehre, wenn der *settlor* das Eigentum behalte. Das Trustgesetz könne lediglich bestimmen, wer das Eigentum innehabe. Eine Verfügungsbefugnis laufe ferner nicht nur dem Wesen des Trust zuwider, sondern sei auch aus Sicht der Anwendung des Trust unvorstellbar. Das ausländische Trustrecht sehe den *trustee* als Eigentümer an und könne daher dem *trustee* ohne diese Mängel das Verfügungsrecht zuweisen.[876]

Gegen diese, augenscheinlich von der Notwendigkeit einer Eigentumsübertragung geprägten Vorstellung wendet sich hingegen *Cao*, der darauf hinweist, dass das Trustgesetz in seiner Definition des Trust festlege, dass dem *trustee* das Trustgut anvertraut werde, damit er dieses verwalte und über es verfüge.[877] Das Trustgesetz selbst gewähre damit ein Verfügungsrecht, weshalb nicht einzusehen sei, warum ein solches Verfügungsrecht des *trustee* der Grundlage entbehren solle.[878] Auch seien die Aspekte des Vermögenseigentums auf verschiedene Subjekte ohne Konflikte mit den Allgemeinen Grundsätzen des Zivilrechts aufteilbar, so dass der *settlor* die Verfügungsbefugnis auf den *trustee* übertragen könne, gleichzeitig aber weiter Eigentümer bleiben könne. Dies sei beispielsweise beim Staatsvermögen der Fall, wo Staatsunternehmen das Staatsvermögen zur Verwaltung und Verfügung erhalten würden, ohne dass der Staat sein Eigentum verlöre.[879]

Diese Parallele zwischen Trustvermögen und Staatseigentum war dem Gesetzgeber beim Entwurf der chinesischen Trustkonzeption offenbar bewusst. So hat *Jiang Ping* in der Marktzeitung[880] vom 24. Mai 2001 auf eine bedeutende Änderung des TrustG hingewiesen, wonach das TrustG nunmehr offenlasse, ob der *trustee* das Eigentum innehabe.[881] Vielmehr sei dem *trustee* ein Wirtschaftsverwaltungs-

---

Wang Liming, Zivilrecht, S. 217; *Xu Mengzhou*, Trustrechtslehre, S. 117 ff. Hierunter fallen der Wechsel der Form, die Umgestaltung und die Beschädigung des Vermögens sowie die Übertragung, Beschränkung und Aufhebung des Vermögensrechtes, so dass im Ergebnis entweder die Gestalt des Vermögens oder das Vermögensrecht selbst verändert werden. Ferner fallen darunter der Verbrauch des Vermögens, der Verkauf, die Übertragung einer Forderung und die Besicherung. Siehe *Arbeitsgruppe*, S. 17.

874 *Zhang Chun*, S. 113. Ebenso *Cha Zhigang*, S. 117.

875 Nunmehr § 39 SachenrechtsG.

876 *Zhang Chun*, S. 113.

877 Vgl. § 2 TrustG.

878 *Cao Xinzhai*, S. 90: „怎能说没有为受托人处理信托财产提供处分权依据呢?“

879 *Cao Xinzhai*, S. 90.

880 市场报.

881 Dort heißt es unter anderem: „这次在《信托法》立法里做了一个非常大的修正，与世界各国不一样的是既没有明确规定财产的所有权或者财产权属于受托人，而只规定信托财产的经营管理的权利交给了受托人，我想这个基本的原则很重要。可以看到《信托法》的这一个特征告诉我们必须要同时兼顾两方面的利益：一是受托人对于财产应该享有的完全分配的权利;“ Siehe http://www.trust-one.com/oldtrust/xtdt_Folder/new_page_48.htm. Siehe zu dieser Aussage *Jiang Pings* schon oben S. 79.

recht[882] zugewiesen, was erfordere, dass der *trustee* ein umfassendes Recht zur „Verfügung" erhalte.[883] Die Wahl des Begriffes „Wirtschaftsverwaltungsrecht" ist insoweit überraschend, als es sich um einen zivil- und verfassungsrechtlichen Begriff handelt, der nicht im Kontext des TrustG, sondern im Zusammenhang mit der Reform der Staatsunternehmen in den 1980er Jahren eingeführt wurde und Gegenstand intensiver Diskussionen ist.[884] Der Begriff, der seinen Ursprung im sowjetischen Recht hat, zielt darauf, das Verhältnis zwischen autonomer Rechtsstellung der Staatsunternehmen einerseits und der Eigentümerschaft des Staates andererseits zu klären, indem er die Befugnisse der Staatsunternehmen am Staatseigentum zivilrechtlich zu legitimieren sucht. Obwohl der Staat Eigentümer an den Wirtschaftsgütern der Staatsunternehmen ist, gibt ein Wirtschaftsverwaltungsrecht dem Unternehmen autonome, eigentumsähnliche Rechte am Staatsvermögen. Die Definition des Wirtschaftsverwaltungsrecht in einigen Entwürfen eines Zivilgesetzbuches, die auf dem Zivilrechtlichen Lehrbuch aus dem Jahr 1958[885] basierten, erhellt, warum *Jiang Ping* diesen Begriff zur Beschreibung der Rechtsstellung des *trustee* herangezogen haben dürfte:

„Within the scope of state authorisation, state organs, SOEs and institutions exercise the rights of possession, use, and disposal over the state property entrusted to them for operational administration."[886]

Die Rechtsstellung des *trustee*, dem aus den dargelegten Gründen die Eigentümerstellung durch den Gesetzgeber verwehrt wurde, der aber nach der funktionalen Eigentumstheorie die drei Aspekte Besitz, Nutzung und Verfügung innehat, findet also eine (unerwartete) Parallele in der Problematik der Rechtsbefugnisse der Staatsunternehmen, denen eben diese drei Befugnisse zustehen. Trotz dieser Ähnlichkeit hat sich dieser Begriff, der mit der Reform der Staatsunternehmen untrennbar verbunden ist, bislang aber nicht in der Literatur durchsetzen können.[887] Für die Frage der Rechtsstellung des *trustee* im Außenverhältnis kann damit unter Heranziehung der Stellungnahme von *Jiang Ping* zwar gefolgert werden, dass der Gesetzgeber den *trustee* in umfassender Weise in Stand setzen wollte, das Trustvermögen zu verwalten und darüber zu verfügen.[888] Ob es sich damit um ein Wirtschaftsverwaltungsrecht oder eine (gesetzliche) Verfügungsbefugnis handelt, ist in der chinesischen Literatur dagegen noch nicht abschließend geklärt.

---

882 经营管理权.
883 *Jiang Ping* wählt hier den untechnischen Begriff „完全分配的权利", d.h. „umfassendes Verteilungsrecht", der im Sinne seiner Interpretation aber gerade Verfügungen mit einschließen dürfte.
884 Siehe dazu bereits oben S. 58 und *Epstein*, Property Rights, S. 193 ff.; *Chen*, Private Law, S. 90 ff. und 160 ff. Anstelle von 经营管理权 wurde seit 1984 auch 经营权 verwendet.
885 „Grundsätzliche Probleme des Zivilrechts der Volksrepublik China", erschienen im Rechtsverlag, Peking, 1958. Siehe zu diesem *Chen*, Private Law, S. 154.
886 Zitiert nach *Chen*, Private Law, S. 156.
887 Bezug nehmen insoweit aber ausdrücklich *Hu/Chen*, S. 87.
888 Vgl. *Huang Laiji*, S. 49. Das umfassende Verfügungsrecht der *trustee* wird bestätigt durch Vorschriften wie § 22 TrustG, der die Folgen einer zweckwidrigen Verfügung regelt und damit eine Verfügungsbefugnis des trustee voraussetzt. Vgl. ferner *Arbeitsgruppe*, S. 20.

2) Vergütung, § 35 TrustG

Ebenso wie die anderen asiatischen Rechtsordnungen, die dem englischen Modell mit seinem Grundsatz der Unentgeltlichkeit gefolgt sind[889], gewährt das chinesische TrustG dem *trustee* keine Vergütung, wenn diese nicht zwischen *settlor* und *trustee* ausdrücklich vereinbart worden ist. Dem *trustee* steht ein Recht auf Vergütung daher erst dann zu, wenn ein solcher im Trustdokument bei Errichtung des Trust vereinbart wurde, § 35 Abs. 1 S. 1 TrustG. Dieses Regel-Ausnahme-Verhältnis dürfte angesichts der Anwendung des Trust im überwiegend professionellen Kontext nicht den Bedürfnissen der Praxis entsprechen. Das TrustG ermöglicht aber den Beteiligten des Trust, nachträglich eine Vergütung zu vereinbaren oder auf Veränderungen der wirtschaftlichen Lage durch Inflation etc. mittels einer Anpassung der Höhe der bereits vereinbarten Vergütung zu reagieren, § 35 Abs. 1 S. 2, Abs. 2 TrustG.[890]

Die Rechtsnatur des Vergütungsrechtes regelt das Gesetz nicht[891], sondern überlässt wegen des Verweises auf die getroffene Vereinbarung die inhaltliche Ausgestaltung den Vertragsparteien.[892] § 26 TrustG spricht lediglich davon, dass der *trustee* die Vergütung aus dem Trustvermögen verlangen kann. Es dürfte daher möglich sein, den *trustee* sowohl schuldrechtlich als auch dinglich, dies beispielsweise durch ein Zurückbehaltungsrecht, am Trustvermögen zu berechtigen.[893]

Verfügt der *trustee* unter Verstoß gegen den Trustzweck über das Trustvermögen oder wird das Trustvermögen durch eine Pflichtverletzung oder die unangemessene Erledigung der Aufgaben geschädigt, so darf der *trustee* die Zahlung des Lohnes solange nicht verlangen, wie das Trustvermögen nicht wiederhergestellt oder Schadensersatz geleistet ist, § 36 TrustG. Nach Beendigung des Trust bleibt sein Vergütungsanspruch erhalten, § 57 TrustG.

3) Aufwendungsersatz, § 37 TrustG

Die Verwaltung des Trustvermögens wird regelmäßig zur Entstehung von Kosten für den *trustee* führen. Da es sich um eine fremdnützige Verwaltung zugunsten des *beneficiary* handelt, ist es interessengerecht, dass der *trustee* diese Kosten nicht selbst zu tragen hat; begleicht er die Kosten aus eigenen Mitteln, müssen sie ihm ersetzt werden. § 37 Abs. 1 S. 1 TrustG bestimmt daher, dass Aufwendungen, die im Zusammenhang mit der Trustverwaltung entstehen, nicht vom *trustee* persönlich, sondern vom Trustvermögen zu tragen sind. Der *trustee* hat also, anders als z.B. im

---

889 Siehe zu Japan und Südkorea *Xu Mengzhou*, Trustrechtslehre, S. 152f.
890 *He Baoyu*, S. 239; *Zhong/Chen*, S. 120.
891 Vgl. *Ho*, S. 102.
892 *Hu/Zhang*, S. 138; *Xu Mengzhou*, Trustrecht, S. 96.
893 Ein Zurückbehaltungsrecht sieht das Gesetz in § 57 TrustG vor. Siehe zu dieser Frage auch *Ho*, S. 102.

japanischen oder südkoreanischen Recht, keinen Anspruch gegen den *beneficiary*.[894] Unter den Begriff der Aufwendungen[895] fallen beispielsweise Steuern, Aufwendungen zum Erhalt und Ersatz des Trustvermögens, gewöhnliche Verwaltungskosten sowie Verluste, die nicht auf ein Verschulden des *trustee* zurückzuführen sind.[896] Ersetzt werden aber nur Aufwendungen, die ohne Verletzung von Verwaltungspflichten oder der unangemessenen Erledigung von Trustaufgaben entstanden sind, vgl. § 37 Abs. 2 TrustG. § 37 Abs. 1 S. 1 TrustG weitet diese Grundsätze ferner auf jegliche Verbindlichkeiten gegenüber Dritten aus und regelt damit einen wichtigen Ausschnitt des Außenrechts des Trust.[897]

Die „Übernahme der Aufwendungen durch das Trustvermögen" wird dahingehend interpretiert, dass der *trustee* die Kosten unmittelbar vom Trustvermögen abziehen kann.[898] Hat der *trustee* bereits aus eigenem Vermögen Aufwendungen getätigt oder Verbindlichkeiten bezahlt, so steht ihm gem. § 37 Abs. 1 S. 2 TrustG ein Recht auf bevorzugte Erstattung[899] zu. Das Gesetz ist insoweit nicht deutlich, ob der *trustee* seine Kosten nur unmittelbar aus dem Trustvermögen begleichen kann[900] oder ob es ihm ferner ermöglicht, Trustvermögen zu verkaufen, um aus dem Erlös seine Kosten zu erstattet zu bekommen, wenn das Trustvermögen kein oder nicht ausreichend Geld beinhaltet.[901] Der Vorrang des Rechts auf bevorzugte Erstattung ergibt sich vor allem gegenüber dem *beneficiary*, der das Recht auf Auszahlung der Trustvorteile aus dem Trustvermögen hat[902], sowie anderen Gläubigern des Trust.[903] Nicht abschließend geklärt ist, inwieweit dieses Recht gegenüber Ansprüchen dinglich gesicherter Gläubiger vorrangig ist. Die überwiegende Ansicht hält das Recht des *trustee* für vorrangig.[904] Anders als § 398 VertragsG im Auftragsrecht gewährt das Trustrecht dem *trustee* aber keinen Anspruch auf Ersatz seines Zinsausfalls.

V. Pflichten des *trustee*

Vergleichsweise große Sorgfalt hat der Gesetzgeber auf die Formulierung der Pflichten des *trustee* verwendet. Aufgrund der Zugriffsmöglichkeiten des *trustee* auf eine fremde bzw. nicht zu seinem Nutzen übertragene Vermögensmasse eröffnet sich die Gefahr eines Missbrauchs des Trustvermögens durch den *trustee*. Ebenso

---

894 Vgl. *Zhou Xiaoming*, S. 207.
895 费用.
896 *He Baoyu*, S. 234; *Zhong/Chen*, S. 121.
897 Siehe dazu noch unten S. 143.
898 *Zhong/Chen*, S. 121.
899 优先受偿的权利.
900 So *He Baoyu*, S. 236. Vgl. aber *Ho*, S. 124.
901 So *Zhong/Chen*, S. 121. Anders *He Baoyu*, S. 236, der einen Anspruch gegen den *beneficiary* für gegeben hält.
902 *Arbeitsgruppe*, S. 100.
903 *Hu/Zhang*, S. 143.
904 Vgl. *Ho*, S. 124. Siehe auch *Zhong/Chen*, S. 121. *He Baoyu*, S. 236 hält, solange der Trust nicht öffentlich bekannt gemacht wurde, die Rechte dinglich gesicherter Gläubiger für vorrangig.

wie in anderen Rechtsordnungen legt das chinesische Recht daher als Korrektiv umfangreiche Pflichten des *trustee* fest.

1) Pflicht, die Bestimmungen des Trustdokumentes einzuhalten, § 25 Abs. 1 1. HS TrustG

Der *trustee* ist verpflichtet, die Bestimmungen des Trustdokuments einzuhalten, § 25 Abs. 1 1. HS TrustG. Das Trustdokument ist damit ähnlich wie im englischen Recht die „Verfassung“ des Trust.[905] Ist der Trust wie regelmäßig in den Fällen des privaten Verwaltungstrust durch Vertrag errichtet worden, ist das Trustdokument der Trustvertrag.[906] Auch wenn das Trustdokument also anders als im englischen Recht ein Vertrag zwischen *trustee* und *settlor* und nicht eine einseitige Willenserklärung des *settlor* ist, verkörpert der Vertrag den Willen des *settlor* und bestimmt Trustzweck und die Regeln der Verwaltung des Trustvermögens.[907] Der *trustee* ist allerdings bereits als Vertragspartner verpflichtet, die Bestimmungen des Trustvertrages einzuhalten[908], so dass die Reichweite des § 25 Abs. 1 1. HS TrustG über die bereits aus Vertrag bestehenden Verpflichtungen im Ergebnis nicht hinausgehen dürfte. § 25 Abs. 1 1. HS TrustG bekräftigt somit letztlich lediglich die Bindung des *trustee* im Innenverhältnis.

2) Sorgfaltspflicht, § 25 Abs. 2 TrustG

Gem. § 25 Abs. 2 TrustG muss der *trustee* bei der Verwaltung des Trustvermögens seiner Verantwortung gewissenhaft nachkommen und seine Pflicht zu Treu und Glauben, Sorgfalt und effizienter Verwaltung erfüllen. Der Zweck dieser wie auch der Pflicht zur Einhaltung der Trustbestimmungen ist es, Grundsatzregelungen für die Haftung des *trustee* zu schaffen.[909] Die Vorschrift ist weit gefasst und ermöglicht so eine fallgruppenbezogene Konkretisierung des anzuwendenden Sorgfaltsmaßstabs durch Literatur und Rechtsprechung.[910]

Einigkeit besteht darüber, dass der bei der Verwaltung des Trustvermögens anzulegende Sorgfaltsmaßstab über die Sorgfalt in eigenen Angelegenheiten hinausgeht, da der *trustee* fremdes Vermögen auf Grundlage des Vertrauens des *settlor* erhält und es nicht für sich selbst verwalten soll.[911] Die Regelung in den Vorentwürfen des TrustG, die noch einen entsprechenden Sorgfaltsmaßstab vorsahen, wurde im Rahmen der Beratungen geändert.[912] Nach verbreiteter Ansicht verlangt § 25 Abs. 2 TrustG, dass der *trustee* die Sorgfalt eines optimalen Verwal-

905 Vgl. *He Baoyu*, S. 207.
906 Vgl. *He Baoyu*, S. 206.
907 Vgl. *Zhong/Chen*, S. 107.
908 *Arbeitsgruppe*, S. 83; *Zhong/Chen*, S. 107.
909 *Arbeitsgruppe*, S. 83.
910 Vgl. *Arbeitsgruppe*, S. 85. Insoweit geht die Kritik von *Ho*, S. 107 fehl.
911 *He Baoyu*, S. 210.; *Zhong/Chen*, S. 108.
912 Siehe *Hu/Zhang*, S. 115.

ters[913] anwendet.[914] Der *trustee* hat danach die ihm höchstmögliche Sorgfalt bei der Erledigung seiner Aufgaben einzuhalten. Im Trustvertrag kann aber eine Haftungsminderung oder ein Haftungsausschluss vereinbart werden.[915] Für professionelle *trustees* soll der jeweils für das Berufsfeld anzuwendende besondere Maßstab gelten. Seine Sorgfaltspflicht erfüllt der *trustee*, wenn er beispielsweise das Trustvermögen registriert, die relevanten Vorschriften des Trustdokuments und etwaige besonders zu beachtende Punkte ermittelt und entsprechend der Vorschriften des Trustdokuments sorgfältig die Pflichten erfüllt.[916]

3) Treuepflichten, §§ 25 ff. TrustG

Nach chinesischem Recht besteht zwischen *trustee* und *beneficiary* ein Treueverhältnis[917], das von zahlreichen Treuepflichten[918] des *trustee* flankiert wird.[919] Die Treuepflichten des TrustG sind in weitem Maße den durch das angelsächsische *Case Law* entwickelten Pflichten nachgebildet und in ihren vielfältigen Ausprägungen in den §§ 25 bis 28 TrustG geregelt. Den treuerechtlichen Grundsatz, nach dem der *trustee* die Interessen des *beneficiary* zu wahren hat (*duty of loyalty*)[920], hat das Gesetz in § 25 Abs. 1 2. Hs TrustG verankert. Der *trustee* hat danach seine treuhänderischen Aufgaben zum größten Vorteil des *beneficiary* zu erledigen. Dies schließt aus, dass der *trustee* zu seinem eigenem oder zum Nutzen von Verwandten, Bekannten oder Dritten handelt.[921] Die chinesische Kommentarliteratur führt in diesem Zusammenhang regelmäßig den aus dem englischen Trustrecht bekannten Grundsatz an, dass der *trustee* vermeiden muss, sich in eine Position zu bringen, die zu Konflikten mit seiner treuhänderischen Aufgabe führt.[922] Die Verwaltung zum größten Nutzen des *beneficiary* erfordert eine Abwägung zwischen Nutzen und Risiken einer Investition sowie zwischen kurz- und langfristigen Erträgen.[923]

Im Gesetz ist die aus der allgemeinen Treuepflicht ableitbare Pflicht berücksichtigt, nach der ein *fiduciary* aus seiner Vertrauensstellung keinen Nutzen ziehen darf (*duty not to profit from his trust*), vgl. § 26 Abs. 1 TrustG. Manche Kommentatoren sehen den Zweck des § 26 Abs. 1 TrustG in der Gewährleistung des chinesischen Verwaltungsprinzips „*shourenzhituo, dairenlicai*".[924] Im Gegensatz zu der Pflicht des *Common Law* untersagt § 26 Abs. 1 TrustG aber dem Wortlaut nach nur Handlungen, durch die das Trustvermögen zum Erstreben von Vorteilen ausgenutzt wird.

---

913 善良管理人的注意义务.
914 *Zhong Ye/Zhang*, S. 143; *Cui Caihong*, S. 23. Vgl. auch *Zhong/Chen*, S. 108.
915 *Hu/Zhang*, S. 116.
916 *Arbeitsgruppe*, S. 84.
917 信赖关系.
918 信赖义务.
919 Siehe zum Begriff des Vertrauens und seine Bedeutung für die Treuepflichten oben S. 95.
920 忠实义务.
921 Vgl. *He Baoyu*, S. 210.
922 *Zhong/Chen*, S. 108; *He Baoyu*, S. 210; *Xu Mengzhou*, Trustrecht, S. 101.
923 *Wang/Guo*, S. 66; *Xu Mengzhou*, Trustrechtslehre, S. 114.
924 Vgl. *Hu/Zhang*, S. 118. Siehe zu diesem Prinzip oben S. 90.

Gegen die im Vergleich zum englischen Recht engere Fassung des Wortlauts wird eingewendet, dass ein *trustee* auch Vorteile aus seiner Stellung ziehen könne, ohne dass das Trustvermögen unmittelbar betroffen sei. Beispielsweise kann der *trustee* Geschäftschancen, die ihm bei der Verwaltung zur Kenntnis gelangt sind, für sich nutzen.[925] Der Wortlaut der Vorschrift macht eine Einbeziehung solcher und ähnlicher Fälle aber nicht unmöglich, da letztlich jedes treuewidrige Verhalten des *trustee* das Trustvermögen (mittelbar) schädigen wird. Entsprechend wird in der chinesischen Literatur vertreten, dass auch ein Missbrauch der Stellung als *trustee* unter § 26 Abs. 1 TrustG falle, durch den unmittelbar oder mittelbar dem *trustee* die Vorteile zufließen.[926]

Inkorporiert wurde ferner das aus dem englischen Recht bekannte Prinzip, dass der *trustee* selbst keine Geschäfte mit dem Trust durchführen darf (*self-dealing rule*)[927], vgl. § 28 Abs. 1 TrustG. Ferner untersagt § 28 Abs. 1 TrustG wechselseitig Geschäfte mit dem Vermögen verschiedener Trusts durchzuführen. Es handelt sich hierbei um Insichgeschäfte, bei denen der *trustee* eine Doppelstellung einnimmt und die das chinesische Recht mit Blick auf die abstrakte Möglichkeit eines Interessenkonfliktes zum Schaden des *beneficiary* prinzipiell untersagt.[928] Dies entspricht zwar grundsätzlich dem englischen Recht, das ebenfalls Geschäfte des *trustee* mit sich selbst ungeachtet ihrer Angemessenheit der Bedingungen ausschließt. Das TrustG steht dem Regelungsgehalt nach Vorschriften wie dem § 181 BGB aber näher, da der Gesetzgeber eine dem englischen Trustrecht unbekannte Befreiungsmöglichkeit vorgesehen hat.[929] Zulässig sind danach Geschäfte mit dem Trustvermögen, wenn das Trustdokument dies ausdrücklich zulässt oder der *beneficiary* einverstanden ist. Trotz einer Befreiung verlangt das Gesetz überdies, dass das Geschäft zum angemessenen Marktpreis durchgeführt wird.

Ein ausdrückliches Wettbewerbsverbot zulasten des *trustee* kennt das Gesetz nicht. Es wird aber vorgeschlagen, ein solches aus dem Grundsatz des § 25 Abs. 1 2. Alt TrustG abzuleiten.[930]

4) Pflicht zur getrennten Verwaltung und Buchführung, § 29, 27 TrustG

Der Gesetzgeber hat besonderes Gewicht auf die Trennung von Trustvermögen und eigenem Vermögen des *trustee* gelegt. Deshalb verpflichtet er den *trustee*, die

925 Siehe hierzu *Ho*, S. 103f. mit Verweis auf andere Fälle aus der angelsächsischen Rechtsprechung.

926 *Zhong/Chen*, S. 109. Ferner sollen nach dieser Ansicht hierunter Geschäfte mit dem Trustvermögen zugunsten des *trustee* sowie solche Geschäfte mit dem Trustvermögen fallen, bei denen der *trustee* vom Geschäftspartner einen Vorteil erlangt. Siehe hierzu auch *Ho*, S. 104, mit abweichender Ansicht.

927 Die sog. *fair-dealing rule* erfasst die Vorschrift demgegenüber nicht, siehe *Ho*, S. 105f.

928 Vgl. *Zhong/Chen*, S. 109f.

929 Vgl. *Ho*, S. 105. Ferner erfasst § 28 Abs. 1 TrustG ähnlich wie § 181 BGB Fälle, in denen der *trustee* Repräsentant zweier fremder Vermögen ist.

930 *Ho*, S. 106.

Vermögenstrennung bei der Verwaltung zu gewährleisten. Der Grundgedanke findet sich in § 29 TrustG, der die getrennte Verwaltung und Buchführung der Vermögen bestimmt und ergänzt wird durch § 27 TrustG.

Wegen der Selbständigkeit des Trustvermögens als ein vom übrigen Vermögen des *trustee* und den anderen Beteiligten getrenntes Sondervermögen hat der *trustee* aufgrund § 29 TrustG wie im englischen Recht die Pflicht, durch eine separate Verwaltung und Buchführung die Trennung der Vermögen zu gewährleisten und nach außen hin erkennbar zu machen.[931] Vermischen sich Trustvermögen und andere Vermögen des *trustee*, verliert das Vorteilsrecht des *beneficiary* seine Grundlage und das Trustrecht kann seine Schutzfunktion nicht erfüllen.[932] Diese Grundsätze gelten gleichermaßen für die Trustvermögen verschiedener *settlor* in der Hand desselben *trustee*. Neben der Gewährleistung der Selbständigkeit des Trustvermögens soll diese Pflicht zur Trennung ferner einen Missbrauch durch den *trustee* vermeiden helfen und die Verwaltung des *trustee* überprüfbar machen.[933]

Das Verbot des § 27 S. 1 TrustG, das Trustvermögen in eigenes Vermögen umzuwandeln, stimmt dabei in seinem Regelungsbereich mit der Pflicht zu getrennten Verwaltung und Buchführung überein.[934] Es soll ebenso die Selbständigkeit des Trustvermögens und die Existenz des Trust sicherstellen.[935] Unter den Begriff „Umwandlung" von Trustvermögen fassen manche Kommentatoren drei Situationen: die fehlende Anerkennung als Trustvermögen durch den *trustee* und Darstellung nach außen als eigenes Vermögen, die Vermischung des Trustvermögens und des eigenen Vermögens des *trustee* und die Beanspruchung der Trustgewinne als eigene.[936]

Die Literatur will hinsichtlich der Anforderungen an eine getrennte Verwaltung nach der Art des Vermögensgegenstandes unterscheiden.[937] Danach sind Gattungsgegenstände getrennt aufzubewahren, zu zählen und zu dokumentieren. Für Einzelstücke genügt es dagegen, sie lediglich getrennt zu dokumentieren. Über Geld ist getrennt Buch zu führen und ein eigenes Konto anzulegen. Wenn Geschäfte mit dem Trustvermögen geführt werden, darf der *trustee* die Vermögen nicht verwechseln. Er muss daher darauf hinweisen, dass es sich um Trustvermögen handelt.[938]

5) Verschwiegenheitspflicht, § 33 Abs. 3 TrustG

Der *trustee* ist verpflichtet, hinsichtlich der Verhältnisse und Informationen des *settlor*, des *beneficiary* sowie über die Erledigung der Aufgaben des Trust entspre-

931 Vgl. *Zhong/Chen*, S. 110.
932 *Zhou Xiaoming*, S. 155.
933 *Zhong/Chen*, S. 111.
934 *Wang/Guo*, S. 71.
935 Vgl. *Hu/Zhang*, S. 120.
936 *Wang/Guo*, S. 71 f.
937 Siehe zum Folgenden *Zhong/Chen*, S. 110 f. Vgl. auch *Zhou Xiaoming*, S. 155.
938 *Zhong/Chen*, S. 111.

chend der Gesetze Stillschweigen zu bewahren, § 33 Abs. 3 TrustG. Teilweise wird diese Pflicht als spezielle Treuepflicht eingestuft.[939] Sie verpflichtet den *trustee*, beispielsweise den Namen und Beruf eines Beteiligten, Kontonummer oder die Umstände der Errichtung des Trust oder der Vorteilsziehung geheim zu halten. Manche Autoren vertreten insoweit einschränkend, dass sich die Norm nur auf geschäftliche, nicht aber alle dem *trustee* bekannten Umstände beziehe.[940]

Die Geheimhaltungspflicht besteht aber nicht uneingeschränkt, wie aus der Satzteil „gemäß den Gesetzen" abgeleitet wird.[941] Eine Geheimhaltung ist daher nur im Einklang mit den Gesetzen zulässig. Erfordern diese aber eine Offenlegung von Informationen, so ist der *trustee* von seiner Verschwiegenheitspflicht entbunden und hat Informationen gegenüber Behörden offen zulegen.[942]

6) Pflicht, in eigener Person die Verwaltung durchzuführen, § 30 TrustG

Im Grundsatz ist der *trustee* verpflichtet, die Aufgabe der Verwaltung des Trustvermögens selbst zu erledigen, § 30 Abs. 1 S. 1 TrustG. Der Grund dafür, dass eine Delegation der Aufgabenerfüllung grundsätzlich unzulässig ist, wird aus der Natur des Trustverhältnisses abgeleitet. Dieses charakterisiert den Trust als ein Rechtsverhältnis, das sich auf dem Vertrauen des *settlor* in die Fähigkeiten, Charakter und Erfahrungen des *trustee* gründet.[943] Schließt diese Überlegung prinzipiell eine Delegation durch den *trustee* aus, so folgt daraus auch, dass eine Aufgabenübertragung zulässig sein muss, wenn der *settlor* diese ausdrücklich zulässt, weil dann sein Vertrauen auch die Urteilsfähigkeit des *trustee* bei der Delegation von Aufgaben umfasst. Entsprechend sieht § 30 Abs. 1 S. 2 TrustG vor, dass der *trustee* eine andere Person mit der Erledigung beauftragen darf, wenn das Trustdokument eine entsprechende Bestimmung enthält.

Neben den im Trustdokument ausdrücklich geregelten Fällen ermöglicht das Gesetz daneben eine Delegation nur in Situationen, in denen zwingende Gründe vorliegen, die zum Zeitpunkt der Vereinbarung durch *trustee* und *settlor* nicht vorhergesehen wurden, § 30 Abs. 1 S. 2 TrustG. Das TrustG ist damit strenger als das englische Trustrecht, das dem *trustee* eine allgemeine Delegationsbefugnis einräumt.[944] Auch das Einholen des Einverständnisses des *settlor* oder *beneficiary*, ähnlich wie im Vertretungsrecht, vgl. § 68 AGZ, sieht das Gesetz nicht vor. „Zwingende Gründe" liegen nicht erst vor, wenn es sich um Fälle von *force majeure*, d.h. unabwendbare (Natur-)Ereignisse handelt. Es genügt schon, wenn es dem *trustee* unmöglich ist, selbst die Trustaufgaben zu erledigen, z.B. wenn der *trustee* an einer Krankheit leidet, sich in der Familie ein Unglücksfall ereignet hat oder eine länger-

---

939 So *Ho*, S. 101.
940 *Hu/Zhang*, S. 134.
941 Siehe dazu auch *He Baoyu*, S. 229.
942 *Zhong/Chen*, S. 116.
943 *Zhong/Chen*, S. 112. Ähnlich *He Baoyu*, S. 221.
944 Vgl. *Ho*, S. 109 mit Verweis auf Trustee Act 2000 s.11.

fristige Dienstreise angetreten wird.[945] Für Organisationen, die als *trustee* fungieren, wird teilweise angenommen, dass für die Zeit, in der Führungspositionen bei Unternehmensrestrukturierungen noch nicht neu besetzt worden sind, eine Delegationsbefugnis besteht.[946] Hinzukommen muss immer, dass die Aufgabenerledigung nicht weiter hinausgeschoben werden kann. Dem *trustee* steht selbst die Entscheidung über das Vorliegen eines zwingenden Grundes zu.[947]

Die Delegation der Aufgabe durch den *trustee* ist mit einer strengen Haftung versehen und unterscheidet sich darin gleichfalls vom englischen Recht.[948] Der *trustee* ist bei der Wahl des Vertreters und der rechtlichen Form der Delegation frei. Die Handlungen des Vertreters werden ihm aber zugerechnet, d.h. er wird so behandelt, als ob er selbst im eigenen Namen gehandelt hätte und haftet daher voll für das Verhalten des anderen, § 30 Abs. 2 TrustG.[949] Eine Möglichkeit der Exkulpation durch den Nachweis der sorgfältigen Auswahl oder Überwachung des Vertreters besteht nicht. Dies kann offenkundig zu einer unbilligen Haftung gerade in den Fällen führen, in denen zwingende Gründe vorlagen, der *trustee* also die Erledigung übertragen musste. Die Vorschrift ist aus diesem Grund Gegenstand der Kritik in der Literatur.[950]

7) Buchführungs-, Aufbewahrungs- und Berichtspflicht, § 33 TrustG

§ 33 Abs. 1 TrustG verlangt, dass der *trustee* die vollständigen Protokolle über die Erledigung seiner Aufgaben aufbewahrt. Dem Wortlaut nach verpflichtet bereits § 29 TrustG den *trustee* zur (getrennten) Buchführung, die Literatur sieht den Regelungsschwerpunkt dieser Vorschrift aber in der getrennten Verwaltung des Trustvermögens.[951] Die Protokollierungs- bzw. Buchführungspflichten haben im Wesentlichen zwei Funktionen: Die Protokollierungspflicht soll zum einen die Überwachung des *trustee* ermöglichen, einen Missbrauch seiner Stellung verhindern helfen und damit letztlich die Rechte und Interessen des *beneficiary* absichern.[952] Sie dient aber ebenso als Mittel zum Nachweis einer ordnungsgemäßen Geschäftsführung seitens des *trustee* und damit auch seinen Interessen.[953]

Das Gesetz macht allerdings keine Aussagen über Art, Umfang oder Form der Buchführung. Ins Auge fällt insoweit, dass § 29 TrustG von „Buchführung“[954], § 33 TrustG hingegen von „Protokollierung“[955] spricht. Unbestritten ist aber wohl, dass

---

945 *Zhong/Chen*, S. 112 f.
946 *Zhong/Chen*, S. 113.
947 *Zhong/Chen*, S. 112.
948 Vgl. *Ho*, S. 109.
949 *Zhong/Chen*, S. 113.
950 *Xu/Cha*, S. 43 ff.; *He Baoyu*, S. 225.
951 *Arbeitsgruppe*, S. 89.
952 *Zhong/Chen*, S. 114 f.
953 *He Baoyu*, S. 226.
954 记账.
955 记录.

ein Rechnungsbuch einzurichten ist.[956] Die Aufbewahrungspflicht des § 33 Abs. 1 TrustG ist offenbar nicht näher konkretisiert worden, um sowohl schriftliche als auch elektronische Buchführung zu ermöglichen. Die Entscheidung liegt insoweit beim *trustee*.[957] Überwiegend wird auf die Anwendung der Methoden der handels- und steuerlichen Rechnungslegung und der Wirtschaftsprüfung verwiesen.[958]

Das TrustG verpflichtet den *trustee*, jedes Jahr regelmäßig über die Verhältnisse die Verwaltung des Trustvermögens und die Einnahmen- und Ausgabensituation gegenüber *beneficiary* und *settlor* Bericht zu erstatten, vgl. § 33 Abs. 2 TrustG. Die Vorschrift verlangt damit mindestens einmal pro Jahr zu einem fixen Zeitpunkt eine Berichterstattung durch den *trustee*.[959] Die Berichterstattung darf durch mündliche Unterrichtung, schriftliche Zusendung oder auch öffentliche Bekanntmachung erfolgen, solange gewährleistet ist, dass der *settlor* und der *beneficiary* auf einem üblichen Weg Kenntnis des Berichtes erhalten können.[960]

8) Pflicht zu Auszahlung der Trustvorteile, § 34 TrustG

Gem. § 34 TrustG hat der *trustee* gegenüber dem *beneficiary* die auf das Trustvermögen begrenzte Pflicht, die Vorteile des Trust[961] auszuzahlen. Die Trustvorteile werden in das anfänglich eingesetzte Kapital und den erwirtschafteten Ertrag unterteilt, die beide Teil des Trustvermögens sind.[962] Die Pflicht zur Auszahlung ist die grundlegendste Pflicht des *trustee*, die sich aus dem Zweck des Trustverhältnisses ableitet, dem *beneficiary* über einen *trustee* Vorteile zu gewähren.[963] Ihre Verletzung kann daher zu einer Entlassung des *trustee* führen.[964] Der Pflicht zur Auszahlung der Trustvorteile steht der Anspruch des *beneficiary* auf Erhalt der Vorteile gegenüber, § 43 TrustG.[965]

Zwei Aspekte verdeutlicht § 34 TrustG: zum einen ist der *beneficiary* auf die Mitwirkung, in der Regel eine Auszahlung des *trustee* angewiesen, um die Trustvorteile zu erhalten.[966] Die Einzelheiten bestimmt aber der *settlor* im Trustvertrag, da es sich um die Art und Methode um eine Pflichtangabe gem. § 9 Abs. 1 Nr. 5 TrustG

---

956 *He Baoyu*, S. 226 f
957 So *He Baoyu*, S. 226.
958 *Arbeitsgruppe*, S. 95; *Zhong/Chen*, S. 115. In diese Richtung auch *He Baoyu*, S. 227.
959 *Arbeitsgruppe*, S. 95. Anders *Ho*, S. 97, die Unklarheiten in der Anwendung befürchtet, da der Ausdruck *„meinian dingqi"* (每年定期) mehrdeutig sei. Der Gesetzgeber dürfte diesen Begriff aber bewusst gewählt und damit den Parteien die Festlegung der Häufigkeit der Berichterstattung überlassen haben. Die Wortwahl lässt eher die Absicht des Gesetzgebers vermuten, eine regelmäßige und zu einem festen Termin erfolgende Berichterstattung gewährleisten zu wollen. Vgl. *Zhong/Chen*, S. 115, die eine einmalige oder mehrmalige Berichterstattung im Jahr für zulässig halten.
960 *Arbeitsgruppe*, S. 95.
961 信托利益.
962 *Wang/Guo*, S. 91 f.
963 *Zhong/Chen*, S. 116 f.
964 *Zhong Ye/Zhang*, S. 140.
965 *Zhong Ye/Zhang*, S. 139.
966 Vgl. *Cheng/Zhang*, S. 56.

handelt. Zum anderen muss der *trustee* den Anspruch des *beneficiary* nicht aus seinem eigenen Vermögen erfüllen, sondern die Auszahlung ist auf das Trustvermögen beschränkt.[967]

VI. Rechtsfolgen des Fehlverhaltens des *trustee*

Anders noch als im ersten Entwurf des TrustG aus dem Jahr 1996[968] hat es der Gesetzgeber versäumt, die ihm vorschwebenden Grundsätze der Haftung des *trustee* in einigen wenigen Paragraphen geschlossen darzulegen.[969] Das Haftungsregime für Verstöße des *trustee* ist daher eines der am schwersten zugänglichen Teile des TrustG. Die Haftungstatbestände wurden auf zahlreiche Vorschriften verteilt und aus der Perspektive des *trustee* formuliert, ohne dass aber jeder gesetzlichen Pflicht des *trustee* auch eine eindeutige Haftungsfolge für den Fall ihrer Verletzung zugeordnet oder, wo dies der Fall ist, immer der Anspruchsinhaber bestimmt wäre.[970] Auch wurde unterlassen, das Verhältnis dieser Vorschriften untereinander, aber vor allem auch zu den Vorschriften des allgemeinen Zivilrechts klarzustellen. Da überdies die chinesische Wissenschaft bislang kaum zur Konkretisierung und Systematisierung beigetragen hat[971] und über Grundlagen wie der Rechtsnatur der Haftung uneins ist, begegnet die Darstellung des geltenden Haftungsregimes des Trust erheblichen Schwierigkeiten. Es soll an dieser Stelle nicht eine weitere Aufzählung der Unstimmigkeiten des TrustG erfolgen[972], sondern versucht werden, einen geordneten Überblick über das noch rudimentäre Haftungsrecht des chinesischen Trust zu geben.

Das Haftungsrecht des chinesischen Trust lässt sich prinzipiell in eine Binnen- und eine Außenhaftung unterteilen.[973] Im Rahmen der Binnenhaftung haftet der *trustee* vor allem auf Ausgleich von Schäden des Trustvermögens durch pflichtwidrige Handlungen, während die Außenhaftung seine Verantwortlichkeit gegenüber Dritten bezeichnen soll. Die Binnenhaftung des *trustee* (siehe unten 1)) lässt sich in drei tatbestandliche Kategorien einteilen[974]: die Schädigung des Trustvermögens durch Verletzung von Verwaltungspflichten oder durch unangemessene Erledigung der Trustaufgaben, § 22 Abs. 1 2. Alt TrustG, die Schädigung des Trustver-

---

967 *Hu/Zhang*, S. 136.

968 Vgl. § 112 dieses Entwurfes (abgedruckt bei *Arbeitsgruppe*, S. 176).

969 Als Grund wird von *Gebhardt/Hanisch*, in: *Zhu/Gebhardt*, S. 269f. angegeben, dass ein eigenständiges Kapitel zur Haftung nicht mehr erforderlich gewesen sei, nachdem man die Regulierung der Trustgesellschaften im TrustG aufgegeben habe.

970 Zu letzterem siehe auch *Huang Musheng*, S. 27.

971 Dies gilt vor allem für die Festlandliteratur. *Ho* hat sich an die Ausarbeitung einer systematischen Pflichten- und Haftungsregimes aus Sicht einer *Common Law*-Jurisdiktion gemacht. Siehe *Ho*, S. 139ff.

972 Siehe dazu ausführlich *Ho*, S. 139ff.

973 Vgl. *He Baoyu*, S. 241. In Anlehnung an das *Common Law* systematisiert *Ho*, S. 150ff. dagegen die Haftung nach *personal remedies* und *property remedies*.

974 Außen vor bleibt hier die bereits dargestellte Haftung in den Fällen der Delegation der Trustaufgabe in § 30 Abs. 3 TrustG.

mögens durch Umwandlung von Trustvermögen in eigenes Vermögen, § 27 TrustG oder die Schädigung des Trustvermögens durch Insichgeschäfte, § 28 TrustG. Die Außenhaftung des *trustee* (siehe unten 2)) bestimmt vor allem sein Auftreten als Rechtsinhaber nach außen, ist aber aufgrund § 37 TrustG auf das Trustvermögen beschränkt. Die Rückführung eines an einen Dritten weggegebenen Gegenstands in das Trustvermögen durch Aufhebung des zugrunde liegenden Rechtsgeschäfts, § 22 Abs. 1 1. Alt TrustG, ist dagegen im Zusammenhang mit dem Schutz des Trustvermögens zu erörtern.[975]

1) Binnenhaftung

Die Binnenhaftung des *trustee* wird im Wesentlichen durch §§ 22, 27, 28 TrustG umrissen. Als Grundnorm der zivilrechtlichen Binnenhaftung scheint § 22 Abs. 1 2. Alt TrustG konzipiert zu sein, der bestimmt, dass der *trustee* den Zustand des Trustvermögens wiederherzustellen oder Schadensersatz zu leisten hat, wenn eine Verfügung über das Trustvermögen unter Verstoß gegen den Trustzweck, eine Verletzung von Verwaltungspflichten oder die unangemessene Erledigung von Trustaufgaben zu einem Schaden am Trustvermögen führt.[976] Im Gegensatz zum Aufhebungsrecht der ersten Alternative des § 22 Abs. 1 TrustG geben die Standardkommentare über das Verständnis dieser zweiten Alternative kaum Auskunft. Insbesondere werden die beiden Tatbestandsalternativen „Verletzung von Verwaltungspflichten“ und „unangemessene Erledigung von Trustaufgaben“ nicht von einander abgegrenzt, so dass offen bleibt, ob und inwieweit es Überschneidungen gibt. *Hu/Zhang* sehen eine unangemessene Erledigung von Trustaufgaben gegeben, wenn der *trustee* die Trustvorschriften verletzt, beispielsweise das Trustvermögen nicht getrennt verwaltet oder nicht getrennte Bücher führt.[977] Zwischen dem tatsächlich eingetretenen Schaden und einem der drei Tatbestandsvoraussetzungen muss ferner eine kausale Beziehung bestehen.[978] Ist das Trustvermögen nicht mehr vorhanden, kann nicht Wiederherstellung, sondern nur noch Schadensersatz verlangt werden.[979] Aus § 22 Abs. 2 TrustG folgt, dass der Anspruch innerhalb eines Jahres seit Kenntnis oder Kennenmüssen bei den Volksgerichten geltend gemacht werden muss.[980] Anspruchsinhaber sind gem. § 22 i.V.m. § 49 TrustG der *settlor* und der *beneficiary*.

Ergänzt wird diese Regelung durch zwei Vorschriften, die das Trennungsprinzip der Vermögensmassen zu schützen suchen. Durch den *trustee* sind Schäden zu er-

---

975 Siehe dazu unten S. 154.

976 § 22 Abs. 1 TrustG unterscheidet damit prinzipiell zwei Rechtsfolgen: die Aufhebung von zweckwidrigen Verfügungen an Dritte einschließlich der Rückgewähr an das Trustvermögen sowie den Anspruch auf Wiederherstellung oder Schadensersatz gegenüber dem *trustee*, vgl. *Wu Hong*, S. 377.

977 *Hu/Zhang*, S. 173 f.

978 *Hu/Zhang*, S. 174.

979 *Xu Mengzhou*, Trustrechtslehre, S. 139.

980 Die Einschaltung der Gerichte soll der Vermeidung von Missbräuchen durch *settlor* oder *beneficiary* dienen, vgl. *Wu Hong*, S. 376.

setzen, die dadurch entstehen, dass der *trustee* Trustvermögen in eigenes Vermögen umwandelt oder mit dem Trustvermögen Insichgeschäfte betreibt, §§ 27 S. 2 TrustG, 28 Abs. 2 TrustG. Nicht geregelt ist, wer eine Verletzung dieser Vorschriften geltend machen kann.[981] Weiter sieht § 36 TrustG eine Einwendung gegen den Lohnanspruch vor, solange nicht Schäden am Trustvermögen ausgeglichen worden sind. Dem *trustee* droht ferner die Entlassung gem. § 23 TrustG, wenn er bei der verwaltenden Nutzung oder Verfügung über das Trustvermögen grob fahrlässig handelt.

2) Außenhaftung

Auch wenn der *trustee* nach der Vorstellung des Gesetzes nicht Inhaber des Trustvermögens ist, das ihm gem. § 2 TrustG lediglich anzuvertrauen ist, so tritt er nach außen dennoch wie ein solcher auf und schließt Geschäfte im eigenen Namen. Der *trustee* haftet daher wie ein Eigentümer gegenüber Dritten.[982]

Verwaltet und verfügt der *trustee* im Einklang mit den Anforderungen des Trustvertrages und unter Einhaltung der gesetzlichen Pflichten, so treffen die Folgen seines Handelns nicht sein eigenes Vermögen, sondern allein das Trustvermögen. Gem. § 37 Abs. 1 S. 1 TrustG werden daher die gegenüber Dritten entstandenen Verbindlichkeiten unmittelbar vom Trustvermögen „übernommen". Zahlt der *trustee* auf eine Verbindlichkeit mit seinem eigenen Vermögen, so ermöglicht § 37 Abs. 1 S. 2 TrustG einen Rückgriff auf das Trustvermögen. Die Beschränkung auf das Trustvermögen findet dann nicht statt, wenn gem. § 37 Abs. 2 TrustG der *trustee* seine Verwaltungspflichten verletzt oder unangemessen seine Aufgaben erledigt.

Für den Dritten, der mit dem *trustee* Geschäfte abschließt und für den das Vorliegen eines Trust prinzipiell nicht erkennbar ist, führt diese damit zu einer Haftungsbeschränkung auf das Trustvermögen.[983] Begründet wird dies damit, dass der *trustee* zugunsten des *beneficiary* handelt, so dass er nicht mit seinem eigenen Vermögen haften soll.[984] Der hier zu entscheidende Interessenskonflikt zwischen *trustee* und dem Rechtsverkehr, der typischerweise nicht mit einer beschränkten Haftung rechnet, hat der Gesetzgeber – trotz Kenntnis der Regelungen in anderen Ländern[985] – also zugunsten des *trustee* entschieden.[986]

---

981 *Huang Musheng*, S. 27.
982 So *He Baoyu*, S. 247.
983 *Arbeitsgruppe*, S. 100; *Hu/Zhang*, S. 143. Vgl. auch *Zhou Xiaoming*, S. 207.
984 *Arbeitsgruppe*, S. 100.
985 *Arbeitsgruppe*, S. 100 verweist auf den angelsächsischen Trust, bei dem der *trustee* seine Stellung kundtun muss, will er einer unbeschränkten Haftung entgehen.
986 Die Regelung ist aber nicht unumstritten. Vgl. Artikel in China Securities Journal v. 21. 11. 2004 („法制完善信托业四大难题破解路径") abrufbar unter www.cs.com.cn.

VII. Gemeinsame *trustees*

Gibt es mehrere *trustees*, so gelten für deren Aufgabenerfüllung und Haftung ergänzende Regeln, vgl. §§ 31, 32 TrustG. Grundsätzlich haben die sogenannten gemeinsamen *trustees*[987] die Trustaufgaben gemeinsam zu erledigen, wenn nicht die Trusturkunde etwas anderes bestimmt, § 31 Abs. 2 TrustG. Bei der Erledigung der Trustaufgaben sollen die *trustees* einen Konsens herstellen,[988] wobei die Beziehung der *trustees* untereinander der von Gesellschaftern einer Personengesellschaft ähnlich sein soll, die gemeinsam Vermögen innehaben und gemeinsam die Aufgaben erledigen.[989] Interne Arbeitsteilungen sollen aber zulässig sein.[990] Kommt es zu keiner Einigung über die Aufgabenerledigung, so bestimmt § 31 Abs. 3 TrustG, dass entsprechend der Regelungen des Trustdokumentes verfahren wird; fehlen solche, ist die Entscheidung des *settlor, beneficiary* oder sonstiger Personen, deren Interessen betroffen sind, maßgeblich. Diese Regelung gibt aber weder eine Rangordnung dieser Personen vor noch erläutert sie, welches Gewicht der Interessen erforderlich ist, damit bei Unentschiedenheit der *trustees* „sonstige Personen" über die Verwaltung des Trustvermögens entscheiden darf. Für Dritte genügt es, wenn sie gegenüber einem der *trustee* eine Willenserklärung abgeben, § 32 Abs. 1 S. 2 TrustG.

Die gemeinsamen *trustees* haften – gem. § 37 Abs. 1 TrustG aber bei rechtmäßigem Verhalten auf das Trustvermögen begrenzt[991] – für Verbindlichkeiten gegenüber Dritten gesamtschuldnerisch, § 32 Abs. 1 TrustG.[992] Die übrigen *trustees* haben für Einbußen des Trustvermögens, die aus dem Verhalten eines *trustee* herrühren, gem. § 32 Abs. 2 TrustG mit ihrem Privatvermögen einzustehen, weil ihnen insoweit die Kontrolle der Aufgabenerledigung durch die anderen *trustee* obliegt.[993]

---

987 共同受托人.
988 *Arbeitsgruppe*, S. 92.
989 *Bian Yaowu*, S. 105.
990 *Zhong/Chen*, S. 103.
991 *Arbeitsgruppe*, S. 93.
992 *Arbeitsgruppe*, S.92.
993 *Zhong/Chen*, S. 104; *Arbeitsgruppe*, S. 94.

F. Der *settlor*

Im angelsächsischen Recht verfügt der *settlor* grundsätzlich nur in der Phase der Errichtung des Trust über Einflussmöglichkeiten auf den Verlauf des rechtlichen Geschehens. Ist der Trust einmal errichtet, spielt der *settlor* für die laufende Verwaltung hingegen keine Rolle mehr, da ihm nach angelsächsischer Doktrin regelmäßig keine Verwaltungs- oder Kontrollrechte zustehen.[994] Im englischen Recht rühren die Rechte der Beteiligten aus ihrer Beziehung zum Trustvermögen her, weshalb der *beneficiary* aus dem *beneficial title* am vom *trustee* gehaltenen Eigentum Rechte ableiten kann, während der *settlor* sich seiner Rechte am Trustvermögen durch Übereignung an den *trustee* begeben hat.[995] Die im Folgenden darzustellende Rechtsposition des *settlor* im chinesischen Trustrecht weicht von diesem Konzept in sehr beachtlichem Maße ab, da das chinesische Recht dem *settlor* auch eine Einflussnahme auf die Verwaltung des Trust zubilligt.[996] Auf die dieser Konzeption zugrunde liegenden Vorstellungen ist bereits eingegangen worden[997], so dass hier vor allem die einzelnen Rechte des *settlor* dargestellt werden sollen.

I. Rechtstellung des *settlor* – kein Verfügungsrecht

Legt man die besondere Konzeption des chinesischen TrustG zugrunde, nach der der *settlor* prinzipiell Rechtsinhaber am Trustvermögen bleiben kann, so stellt sich die Frage, ob der *settlor* wie der deutsche Treugeber einer Ermächtigungstreuhand weiterhin über das Trustvermögen verfügen kann. In der Literatur wird ein Verfügungsrecht abgelehnt und mit § 15 TrustG begründet, wonach das Trustvermögen vom *settlor* unabhängig ist.[998]

II. Rechte des *settlor*

Der Gesetzgeber hat den *settlor* in den §§ 20 ff. TrustG mit umfangreichen Verwaltungs- und Kontrollrechten ausgestattet. Im Vergleich zu anderen ostasiatischen Trustrechtsordnungen hat der chinesische *settlor* mehr Rechte inne und kann diese überdies unmittelbar, d.h. ohne einen Ermessensspielraum von Gerichten, geltend machen.[999]

---

994 Siehe dazu oben S. 17.
995 *Ho*, S. 112.
996 Das chinesische Recht steht hiermit allerdings nicht allein da, vgl. *Ho*, S. 113.
997 Siehe oben S. 125.
998 *Arbeitsgruppe*, S. 51, 54.
999 Siehe hierzu *Xu Mengzhou*, Trustrecht, S. 84 f.

1) Informations- und Einsichtsrecht, § 20 TrustG

Die starke Stellung des *settlor* gründet sich auf einem umfangreichen Informations- und Einsichtsrecht, § 20 TrustG, das der Überwachung der Verwaltung des Trustvermögens durch den *trustee* dient.[1000] Weil der *settlor* sich vom Trustvermögen trenne und die Kontrolle über dieses vollständig dem *trustee* überlasse, sei zur Vermeidung von Missbräuchen eine Überwachung des *trustee* unabdingbar, deren Grundlage die Kenntnis von den Umständen der Verwaltung sei.[1001] § 20 Abs. 1 TrustG räumt daher dem *settlor* das Recht ein, die Verhältnisse bei der Verwaltung und Verfügung sowie die finanzielle Situation des Trust zu erfahren. Dieses Informationsrecht hat eine doppelte Funktion: es soll zum einen der Überwachung der Verwaltung und Schutz des Trustzweckes dienen, zum anderen bei Trustrechtsverletzungen die Voraussetzungen für die Durchsetzung von Rechtsbehelfen schaffen.[1002]

Zur Kenntniserlangung sieht das TrustG zwei Mittel vor.[1003] Gem. § 20 Abs. 1 TrustG darf der *settlor* Erläuterungen durch den *trustee* verlangen. Mangels besonderer gesetzlicher Anordnungen können diese mündlich oder schriftlich erfolgen.[1004] Bestehen Zweifel oder Fragen, die auch aus der fehlenden Kompetenz des *settlor* herrühren können, hat der *trustee* diese wahrheitsgetreu auszuräumen.[1005] Ferner darf der *settlor* die sich auf das Trustvermögen beziehenden Bücher[1006] und andere Dokumente der Trustverwaltung einsehen und von diesen Abschriften und Kopien erstellen, § 20 Abs. 2 TrustG. Das Gesetz meint mit „Bücher“[1007] die Unterlagen, in denen zum Trustvermögen gehörendes Vermögen, Schulden, Erträge, Ausgaben, Zinsen etc. buchhalterisch vermerkt werden.[1008] Dokumente der Trustverwaltung sind Vertragsunterlagen, Registrierungsdokumente und andere Niederschriften der Trustverwaltung.[1009] Der *trustee* muss den *settlor* bereitwillig bei der Einsichtnahme unterstützen und hat auch die entstehenden Kosten zu übernehmen.[1010]

Da es während des Entwurfs des Gesetzes Bedenken gab, dass bei der Verwaltung mehrerer Trustvermögen durch einen *trustee* ein *settlor* auch auf Unterlagen anderer Trusts zugreifen könne, wurde die Beschränkung auf das jeweilige Trustvermögen eingeführt.[1011]

1000 *Zhong/Chen*, S. 89.
1001 *Xu Mengzhou*, Trustrecht, S. 81; *Arbeitsgruppe*, S. 68
1002 *Xu Mengzhou*, Trustrecht, S. 81; *Arbeitsgruppe*, S. 68.
1003 Vgl. *Zhong/Chen*, S. 89 f.
1004 *Arbeitsgruppe*, S. 68; *Zhong/Chen*, S. 89.
1005 *Arbeitsgruppe*, S. 68; *Zhong/Chen*, S. 89.
1006 Diese können elektronisch geführt sein, vgl. *Zhong/Chen*, S. 89.
1007 账目.
1008 *Zhong/Chen*, S. 90.
1009 *Zhong/Chen*, S. 90.
1010 So *Zhong/Chen*, S. 90, wobei nicht klar ist, in welcher Funktion dieser die Kosten übernehmen soll. Eine Übernahme der Kosten durch das Trustvermögen erschiene insoweit als interessengerecht.
1011 *Arbeitsgruppe*, S. 69.

2) Recht zur Anpassung der Regeln der Verwaltung, § 21 TrustG

Das TrustG eröffnet dem *settlor* unter bestimmten Bedingungen die Möglichkeit, die vom *trustee* zu beachtenden Grundsätze der Verwaltung des Trust zu verändern. Gem. § 25 Abs. 1 TrustG hat der *trustee* bei der Erledigung seiner Aufgabe die in der Trusturkunde festgelegten Bestimmungen einzuhalten, wozu auch Bestimmungen über die Verwaltung des Trustvermögens gehören, wenn der *settlor* diese festgelegt hat, wozu er aber nicht verpflichtet ist, vgl. § 9 Abs. 2 TrustG. Die Regeln der Verwaltung bezeichnen die Methoden der Verwaltung und Verfügung, die den Wert des Trustvermögens bewahren bzw. steigern.[1012] Gem. § 21 Trust kann der *settlor* die vom *trustee* zu befolgenden Verwaltungsmethoden anpassen, wenn diese aufgrund besonderer Ursachen nicht (mehr) der Verwirklichung des Trustzwecks oder den Interessen des *beneficiary* dienen.

Die sich aus dieser Vorschrift ergebenden Einflussmöglichkeiten des *settlor* auf die Verwaltung des Trust sind aber weniger weit, als es den Anschein haben mag. Nach der Kommentarliteratur räumt die Vorschrift dem *settlor* – anders als das deutsche Treuhandrecht dem Treugeber – keineswegs ein unbeschränktes Weisungsrecht ein, sondern ermächtigt ihn vielmehr im Sinne einer Reserveinstanz zur Abänderung der Verwaltungsmethoden in besonderen Fällen. Der *settlor* ist nicht ohne weiteres befugt, auf die Geschicke des Trust willkürlich Einfluss zu nehmen, da die Verwaltung des Trustvermögens grundsätzlich Aufgabe des *trustee* ist.[1013] Die Vorschrift hat vielmehr die Änderungen zugrunde liegender Umstände im Auge, die bei Errichtung des Trust nicht vorhersehbar gewesen sind und daher nicht durch Auslegung des Trustvertrages bewältigt werden können.[1014] § 21 TrustG zielt daher in erster Linie auf solche Trusts, bei denen im Trustdokument die Verwaltungsmethode konkret bestimmt oder durch allgemeine Vorgaben eingeschränkt wurde, eine Änderung der Verhältnisse aber eine Anpassung erforderlich macht.[1015] Sieht dagegen die Trusturkunde keinerlei konkrete Bestimmungen der Verwaltung vor, ist der *trustee* also autonom in der Wahl seiner Verwaltungsmethode, kann er im Einklang mit dem Trustzweck und den Interessen des *beneficiary* die Verwaltungsregeln selbst anpassen.[1016] Werden in der Trusturkunde verschiedene Alternativen der Verwaltung vorgesehen, kann der *trustee* hiervon eine auswählen und selbst die Verwaltungsmethode anpassen.[1017]

1012 *Xu Mengzhou*, Trustrecht, S. 81; *Bian Yaowu*, S. 90.
1013 *Xu Mengzhou*, Trustrecht, S. 81.
1014 Voraussetzung des Anspruches ist damit, dass die Gründe für die Änderung zum Zeitpunkt der Trusterrichtung nicht vorhergesehen wurden oder vorhersehbar waren, *Arbeitsgruppe*, S. 70. Als Beispiel nennt die Literatur den Erwerb von B-Aktien durch Inländer, die vormals nur von Ausländern erworben werden durften, und den der Gesetzgeber im Jahre 2001 ermöglichte. Die Änderung der Umstände darf nicht von einem der Beteiligten des Trust zu verantworten sein, siehe *Wang/Guo*, S. 56.
1015 *Arbeitsgruppe*, S. 70.
1016 *Bian Yaowu*, S. 90.
1017 *Bian Yaowu*, S. 90.

Erforderlich ist eine Anpassung nach § 21 TrustG dann, wenn die bisherige Verwaltungsmethode nicht der Verwirklichung des Trustzweckes nützt oder nicht den Interessen des *beneficiary* entspricht. In der Kommentarliteratur haben sich zur Auslegung dieser Begriffe noch keine Leitlinien herausgebildet.

Die Einräumung des Anpassungsrechtes des *settlor* kann zu Interessenkonflikten mit dem *beneficiary* führen, der der eigentliche Empfänger der Vorteile des Trust ist, § 43 TrustG.[1018] Der *beneficiary* hat nach Errichtung des Trust eine verfestigte und mit gewissen Erwartungen unterlegte Rechtsposition, die durch die Änderung der Verwaltungsgrundsätze gefährdet werden könnte. Teilweise wird daher als wünschenswert erachtet, den *settlor* einer Treuepflicht zu unterwerfen.[1019]
Eine Besonderheit des chinesischen Trustrechts ist, dass der *settlor* unmittelbar gegen *trustee* vorgehen und von ihm eine Änderung der Verwaltung verlangen kann. Der *settlor* muss also nicht ein Gericht über die Anpassung der Methode entscheiden lassen, wie dies in anderen Rechtsordnungen der Fall ist.[1020]

3) Weitere Einzelrechte

Das TrustG gewährt dem *settlor* neben den genannten Rechten noch weitere Rechte.[1021] Zu nennen sind insbesondere das Recht auf Aufhebung von Verfügungen und Schadensersatz, § 22 TrustG, das Recht zu Entlassung des *trustee*, § 23 TrustG, das Recht zur Verfügung über das Vorteilsrecht des *beneficiary*, § 51 TrustG, das Recht zur Beendigung des Trust, § 50 TrustG. All diese Rechte werden an anderen Stellen dieser Arbeit erörtert.

1018 Zu diesem Problem *Ho*, S. 115f.

1019 *Ho*, S. 116. Eine Bindung an die Interessen des *beneficiary* könnte sich allerdings bereits aus der Vorschrift selbst ergeben, die die Interessen des *beneficiary* zur Leitlinie macht.

1020 *Arbeitsgruppe*, S. 71; *Wang/Guo*, S. 56 mit Verweis auf Japan und Südkorea.

1021 Siehe die umfassende Aufzählung bei *Zhong/Chen*, S. 89ff.

G. Trustvermögen

Eines der Kernprinzipien des angelsächsischen Trustrechts ist die Existenz eines gesonderten Trustvermögens, das dem Nutzen des *beneficiary* gewidmet ist und auf das Dritte nur beschränkt zugreifen können.[1022] Insbesondere der Schutz vor Zugriffen von Gläubigern und Erben des *trustee* ist ein Hauptanliegen des Trustrechts.[1023] Die vermögensrechtliche Konzeption des chinesischen Trust lehnt sich im Grundsatz nah an das angelsächsische Vorbild an, indem es das Trustvermögen als insolvenz- und gläubigerfestes Sondervermögen versteht[1024] und das Prinzip der dinglichen Surrogation anerkennt. Das Trustgesetz regelt das Recht des Trustvermögens neben den §§ 14 ff. TrustG im 3. Kapitel („Trustvermögen") auch teilweise im 2. Kapitel („Errichtung eines Trust"), wo es in § 7 TrustG die Geltung des Bestimmtheitsgrundsatzes sowie das Erfordernis der rechtmäßigen Inhaberschaft am Trustvermögen bestimmt.[1025] Ferner finden sich im 4. Kapitel („Trustbeteiligte") dem Schutz des Trustvermögens zuzurechnende Vorschriften, namentlich § 22 TrustG, der zweckwidrige Geschäfte mit Dritten über das Trustvermögen regelt.

Bevor die genannten Prinzipien im Einzelnen dargestellt werden, sind Begriff und Besonderheiten des chinesischen Trustvermögens zu erläutern. Die Rechtsbeziehungen zum Trustvermögen im chinesischen Recht sind wesentlich von dem Umstand geprägt, dass gem. § 2 TrustG eine Eigentumsübertragung an den *trustee* nicht zwingend erforderlich ist, sondern das Vermögen lediglich „anvertraut" werden kann, was zur Folge hat, dass das Eigentum beim *settlor* verbleibt, wenn nichts anderes vereinbart ist.[1026]

I. Begriff und konzeptionelle Besonderheiten

§ 14 S. 1 TrustG definiert das Trustvermögen als das Vermögen, das der *trustee* aufgrund der Annahme des Trust erhält. Ähnlich wie das taiwanesische Trustrecht grenzt das chinesische Trustrecht das Trustvermögen nach dem äußeren Kriterium des Erhalts des Vermögens ein und vermeidet damit insbesondere die Frage nach der Inhaberschaft der Rechte am Trustvermögen.[1027] Indem diese Definition auf die Annahme des Trust durch den *trustee* abstellt, soll sie ferner den Umstand widerspiegeln, dass im chinesischen Recht insoweit die *Equity*-Maxime *„A trust shall not fail for want of a trustee"* keine Geltung hat, für die Entstehung des Trustvermögens also die Annahme des Trust durch den *trustee* konstitutiv ist.[1028]

1022 *Hayton*, Principles, S. 35, 38.
1023 *Hayton*, Principles, S. 46.
1024 Dies war in den Gesetzesberatung offenbar aber nicht unumstritten. Nach *Huang Laiji*, S.50, wurde auch erwogen, dem Trustvermögen eine eigene Rechtspersönlichkeit zu geben.
1025 Siehe dazu bereits oben S. 110.
1026 Siehe dazu oben S. 76.
1027 *Xu Mengzhou*, Trustrecht, S. 135.
1028 *Wang/Guo*, S. 35 f. Mit Abschluss des Trustvertrages nimmt der *trustee* den Trust an, vgl. *Wang/Guo*, S. 36.

Der Versuch zu beantworten, was unter „erhalten" zu verstehen ist, führt spiegelbildlich zu der Kernfrage des chinesischen Trustrechts, wie der Begriff „Anvertrauen" in § 2 TrustG auszulegen ist. Weil es gesetzgeberische Absicht war, die Zuordnung der Rechte am Trustvermögen nicht ausdrücklich zu regeln, kann zumindest dem Wortlaut nach der Erhalt die Besitzeinräumung oder auch die Übertragung des Vollrechts bedeuten, wobei zu diesem Punkt verschiedene Ansichten vertreten werden.[1029]

Der in der Frage der Eigentumszuordnung eingeschlagene Weg könnte konzeptionell auch Auswirkungen auf das Trustvermögen in seiner Eigenschaft als Sondervermögen haben, das grundsätzlich nur Gläubigern des Trust und dem *beneficiary* zur Verfügung stehen soll. Obwohl das Konzept des Sondervermögens eng mit der umstrittenen Frage der Eigentümerschaft am Trustvermögen verbunden zu sein scheint[1030], hat während des Gesetzgebungsverfahrens im Hinblick auf diese Frage aber Einigkeit geherrscht[1031], trotz des Umstandes, dass das Trustvermögen nach der geltenden Fassung in viel weiterem Maße Zugriffen von Dritten ausgesetzt sein kann. Während das Trustvermögen im angelsächsischen Recht allein von Seiten des *trustee* und dessen Gläubigern bedroht ist, weitet sich im chinesischen Recht das Bild wegen der besonderen Ausgangssituation auf den *settlor* und dessen Gläubiger, da der *settlor* mit dem Eigentumstitel verwertbares Substrat zurückbehalten kann. Für einen solchen Fall greifen offenkundig alle gesetzlichen Schutzmechanismen zu kurz, die nur an der Person des *trustee* ansetzen.

Der chinesische Gesetzgeber hat sich folgerichtig damit beholfen, das insoweit unumstrittene Sondervermögenskonzept unabhängig von der Frage der Eigentumsübertragung zu regeln. Dazu hat er § 15 TrustG eingefügt, der die Trennung des Trustvermögens auch vom Vermögen des *settlor* festlegt. Das Einfügen des § 15 TrustG zielte darauf, die Bedeutung der Unabhängigkeit des Trustvermögens auch gegenüber dem *settlor* klarzustellen, obwohl dies eigentlich eine zwingende Folge der Trusterrichtung ist.[1032] Im englischen Trust ist eine solche Regelung unbekannt und wäre auch schlechthin überflüssig, verliert der *settlor* ohnehin grundsätzlich alle Rechte an den in den Trust überführten Gegenstände, sobald der Trust errichtet ist.[1033] § 15 TrustG weitet damit den Grundsatz der Unabhängigkeit des Trustvermögens auf den *settlor* aus und ist damit gesetzgeberische Konsequenz des Umstandes, dass im chinesischen Recht das Eigentum am Trustvermögen beim *settlor* verbleiben kann. Ungeachtet der Streitigkeiten um die dingliche Zuordnung hat das chinesische Recht im Ergebnis das Schlüsselmerkmal des angelsächsischen Trustrechts kodifiziert, indem es das Trustvermögen nicht nur gegen Zugriffe sei-

---

1029 Siehe dazu oben S. 111.
1030 Vgl. zutreffend aber *Wu Hong*, S. 109.
1031 *Arbeitsgruppe*, S. 51; *Hu/Zhang*, S. 79.
1032 *Wang/Guo*, S. 40.
1033 Entsprechend dürfte die Vorschrift leer laufen, wenn der *settlor* das Eigentum an den *trustee* übertragen hat.

tens des *trustee*, sondern auch solche seitens des *settlor* abgesichert und es damit als ein Sondervermögen versteht.[1034]

II. Gegenstände des Trustvermögens

Dem Grundsatz nach können alle übertragbaren Vermögensrechte in einen Trust überführt werden. Abgesehen von unrechtmäßigem Vermögen, vgl. § 7 Abs. 1 TrustG, verbietet oder beschränkt das TrustG lediglich in § 14 Abs. 3, 4 TrustG die Verwendung bestimmter nicht oder nur eingeschränkt zirkulationsfähiger Vermögensgegenstände.

Die Literatur konkretisiert die für Vermögensrechte des Trustvermögens bestehenden Beschränkungen wie folgt.[1035] Grundsätzlich muss es sich um Gegenstände handeln, deren Wert in Geld berechnet werden kann.[1036] Hierunter fallen sowohl materielle wie immaterielle Vermögensgegenstände, wie sich aus § 7 TrustG ergibt, der sowohl Vermögen als auch Vermögensrechte aufzählt.[1037] Für die materiellen Vermögensgegenstände kommen bewegliche und unbewegliche Gegenstände, Aktien, Wertpapiere und Geld, für die immateriellen Vermögensgegenstände Urheberrechte, Patent- und Markenrechte und anderes geistiges Eigentum in Betracht. Persönlichkeitsrechte wie das Namensrecht oder Statusrechte können hingegen nicht in einen Trust eingebracht werden.[1038]

Es muss sich ferner um aktives Vermögen[1039], also Aktiva handeln.[1040] Verbindlichkeiten dürfen nicht auf einen Trust ausgelagert werden, da diese dem *beneficiary* keine Vorteile gewähren können und der Trust andernfalls als Mittel zur Umgehung der Schuldnerpflichten verwendet werden könnte.[1041] Lässt sich das passive Vermögen vom aktiven Vermögen trennen, so ist der Trust nur teilweise bzgl. des passiven Vermögens, andernfalls vollständig nichtig.[1042] Es schadet aber wohl nicht, wenn aktives Trustvermögen dinglich belastet ist.[1043]

§ 14 Abs. 3, 4 TrustG beschränkt die Verwendung von besonderen Vermögensgütern, deren Übertragung verboten ist oder einem Genehmigungsvorbehalt unterliegt.[1044] Das Recht des *settlor*, über das Vermögensgut verfügen zu können, ist in diesen Fällen also eingeschränkt.[1045] Ob ein Vermögensgut beschränkt bzw. über-

---

1034 Siehe zu diesem Merkmal oben S. 94.
1035 Siehe *Zhou Yuhua*, S. 115.
1036 *Wang/Guo*, S. 35.
1037 *Bian Yaowu*, S. 58.
1038 *Wang/Guo*, S. 35.
1039 积极财产.
1040 *Wang/Guo*, S. 35.
1041 Vgl. *He Baoyu*, S. 138.
1042 *Lai/Wang*, S. 78.
1043 *Wang/Guo*, S. 35.
1044 Die zweite Alternative war in der Gesetzesberatung umstritten, siehe *Hu/Zhang*, S. 77.
1045 Vgl. *Hu/Zhang*, S. 77.

haupt nicht als Trustvermögen fungieren darf, richtet sich nach den jeweils einschlägigen Gesetzen und Verwaltungsnormen.[1046]

III. Umfang und Veränderungen des Trustvermögens

Das chinesische Trustrecht beschränkt die Wirkungen des Trust nicht nur auf die unmittelbar aus dem Vermögen des *settlor* stammenden Vermögensgegenstände. Anders als das von vielen Seiten wegen seines Unmittelbarkeitsprinzips kritisierte deutsche Treuhandrecht folgt es vielmehr dem angelsächsischen Recht und betrachtet einen Vermögensgegenstand auch dann als zugehörig zum Trustvermögen, wenn er an die Stelle eines Gegenstandes des Trustvermögens tritt.[1047]

§ 14 TrustG unterscheidet zwei Phasen für den Zugang von Vermögensgegenständen in das Trustvermögen[1048]: zum Trustvermögen ist zum einen das Vermögen zu rechnen, das der *trustee* aufgrund der Annahme des Trust erhält, § 14 Abs. 1 TrustG. Zum anderen gehört dazu Vermögen, das der *trustee* aufgrund seiner verwaltenden Nutzung, Verfügung oder anderer Umstände erhält, § 14 Abs. 2 TrustG. Während Abs. 1 also die bei Errichtung des Trust unmittelbar übergebenen Gegenstände betrifft, erweitert Abs. 2 den Umfang des Trustvermögens auf erwirtschaftete Gewinne und Veränderungen in der Zusammensetzung des Vermögens.[1049] Aus § 14 Abs. 2 TrustG ergibt sich damit die Anerkennung des Prinzips der dinglichen Surrogation des Trustvermögens.[1050] Neben den vom *settlor* übergebenen Gegenständen gehören damit erwirtschaftete Erlöse, bei Veräußerung erhaltene Gegenleistungen, Schadensersatzleistungen etc. zum Trustvermögen.[1051] Die vom *trustee* nacheinander mit dem Trustvermögen vorgenommenen Verkehrs- und Ersatzgeschäfte lassen damit einen Gegenstand an die Stelle des bisherigen im Trust befindlichen Gegenstandes treten.[1052]

Trotz des weiten Wortlauts des § 14 Abs. 2 TrustG bedarf das Nachschiessen von Kapital durch den *settlor* nach Errichtung des Trust wohl einer Änderung des zwischen *settlor* und *trustee* bestehenden Vertrages, wenn nicht der Vertrag eine besondere Ermächtigung vorsieht.[1053] Auch Dritte sollen Gegenstände in einen beste-

---

1046 Die Zirkulationsfähigkeit eines Vermögensgutes kann sich daher mit einem Wandel der rechtlichen Rahmenbedingungen ändern. In der Literatur werden beispielhaft genannt im Staatseigentum stehendes Vermögen wie Bodenschätze, Flüsse, Wälder oder im Eigentum der Allgemeinheit stehende Museen und Kulturgüter, ferner militärische Waffen und Ausrüstung, ausländische Währungen, Landnutzungsrechte, zum Verkauf bestimmte Tabakwaren etc.

1047 Vgl. *Zhong/Chen*, S. 146.

1048 Vgl. *Arbeitsgruppe*, S. 53.

1049 *Wang/Guo*, S. 37.

1050 *Wang/Guo*, S. 37.

1051 *He Baoyu*, S. 149, 151; *Xu Mengzhou*, Trustrechtslehre, S. 101 ff.

1052 *He Baoyu*, S. 151 f. mit einem Beispiel, wo der *trustee* eine Immobilie erhält, Mietzinsen aus dieser bezieht, die Immobilie dann verkauft, von dem Erlös Aktien und Schuldverschreibungen erwirbt, dann ein Bild erwirbt und dieses versichert, der Versicherungsfall eintritt usw.

1053 *Zhou Yuhua*, S. 148, der aber keine Angaben hinsichtlich der Einhaltung der Schriftform macht.

henden Trust geben können, auf welche Weise dies erfolgen kann, wird aber nicht näher erläutert.[1054]

Eine in diesem Zusammenhang weder durch das Trustgesetz noch in der Literatur behandelte Frage betrifft die Reichweite des Surrogationsprinzips. Auch wenn das Prinzip der dinglichen Surrogation in der Literatur anerkannt ist, sind die Folgen der Surrogation im Hinblick auf die besondere vermögensrechtliche Konzeption des chinesischen Trustrechts nicht geklärt. Die Wirkungsweise des Surrogationsprinzips ist nämlich fraglich, wenn das Eigentum beim *settlor* verblieben ist. Kauft der *trustee* mit dem Geld des *settlor* beispielsweise ein Ölgemälde, so ist grundsätzlich angesichts von § 14 Abs. 2 TrustG unbestritten, dass das Ölgemälde nunmehr zum Trustvermögen gehört. Allerdings ist damit nicht die Frage beantwortet, wem das Gemälde dinglich zusteht. Das chinesische Vertragsgesetz geht davon aus, dass der Käufer das Eigentum vom Verkäufer erhält und damit Eigentümer wird, vgl. § 130 VertragsG. Angesichts des Umstandes, dass der *trustee* im eigenen Namen auftritt, müsste dies auf den ersten Blick auch bei Bestehen eines Trust gelten. Ob mit der Zahlung des Kaufpreises tatsächlich der *trustee* Eigentümer des Ölgemäldes wird, ist aber aufgrund der hinter ihm stehenden Trustabrede durchaus zweifelhaft, anhand der zur Verfügung stehenden Literatur allerdings nicht zu klären.

IV. Sondervermögen und Schutzproblematik

Ist das Vorhandensein eines den Zielen des Trust gewidmeten Sondervermögens ein in allen Treuhandordnungen anzutreffendes Grundprinzip, so unterscheiden sich Treuhandregelungen aufgrund unterschiedlicher (Rechts-)Kultur und Geschichte oftmals im Umfang des Schutzes des Treuhandvermögens.[1055] Die Frage des Schutzes stellt sich insbesondere in den Fällen der Einzelvollstreckung, Insolvenz und im Erbfall.[1056] Eine maßgebliche Rolle spielt die gesetzgeberische Bewertung der Erwartungen des Rechtsverkehrs, denn dieser wird bei Geschäften mit dem *trustee* von der Existenz eines gesonderten Trustvermögens in der Regel nichts wissen.[1057]

Die grundlegenden Regelungen zur Eigenschaft des Trustvermögens als Sondervermögen finden sich in §§ 15 bis 18 TrustG.[1058] Die Kernaussage zum Sondervermögen enthält § 16 TrustG, der bestimmt, dass das Trustvermögen vom Vermögen

---

1054 Vgl. *He Baoyu*, S. 149.
1055 Vgl. *Hayton*, Principles, S. 34.
1056 Vgl. *Kötz*, S. 127.
1057 In dieser Frage sind daher häufig unterschiedliche Regelungen anzutreffen.Vgl. *Hayton*, Principles, S. 59. Zum deutschen Treuhandrecht, bei dem gutgläubige Dritte in der Regel den Einwand der Zugehörigkeit zu einem Sondervermögen nicht gegen sich gelten lassen müssen, siehe oben S. 58.
1058 Vgl. *Huang Laiji*, S. 50, zu den Gesetzesberatungen über die Eigenschaften des Sondervermögensprinzips.

des *trustee* unterschieden wird. Aus der „Unterscheidung“ verschiedener Vermögensmassen leitet sich die Sonderstellung des Trustvermögens ab. Gem. § 15 TrustG ist das Trustvermögen auch von dem übrigen Vermögen des *settlor* zu unterscheiden. Im Ergebnis sind damit drei Vermögensmassen voneinander zu trennen: das Trustvermögen[1059], das übrige Vermögen des *trustee*[1060] und das übrige Vermögen des *settlor*[1061]. § 17 TrustG regelt die Zwangsvollstreckung in das Trustvermögen und § 18 TrustG normiert ein Aufrechnungsverbot. Die Literatur diskutiert die Probleme des Sondervermögens im Allgemeinen unter dem Begriff der „Selbständigkeit“[1062] des Trustvermögens, der im Trustgesetz allerdings keine Verwendung findet.

Für die Ausgestaltung des Trustvermögens als ein Sondervermögen lassen sich in der Literatur verschiedene Motive finden.[1063] Allgemeiner Leitgedanke ist, dass das Trustvermögen der Verwirklichung des Trustzweckes dienen soll. Die Verwaltung des Trustvermögens durch den *trustee* ist daher durch den Trustzweck beschränkt; es ist ein Zweckvermögen.[1064] Kennzeichnend für das Trustvermögen ist ferner seine Abgeschlossenheit[1065], d.h. es ist vom übrigen Vermögen der Beteiligten getrennt, so dass Gläubiger der Beteiligten keinen Rückgriff auf das Trustvermögen nehmen können.[1066] Für das Sondervermögenskonzept dürfte auch der Gedanke des Schutzes vor einem etwaigen Missbrauch durch den *trustee* eine Rolle gespielt haben.[1067]

1) Schutz gegen zweckwidrige Verfügungen, § 22 TrustG

Grosse Bedeutung für die Praxis des Treuhandrechts hat die Frage, wer Vorrang genießt, wenn der *trustee* über einen Gegenstand des Trustvermögens pflichtwidrig verfügt: der Trust bzw. der am Trustvermögen berechtigte *beneficiary* oder der den Gegenstand erwerbende Dritte. Das englische Trustrecht räumt dem Trust in der Regel Priorität ein, weil nur ein gutgläubiger Erwerber, der sog. *„purchaser for value without notice“* – worunter nicht Erwerber fallen, die fahrlässig keine Kenntnis haben[1068] – den weitreichenden Wirkungen des Trustrechts entzogen ist.[1069] Das deutsche Treuhandrecht hingegen muss bzw. kann die Regelungen des BGB zum gutgläubigen Erwerb nicht anwenden, da der Treuhänder in der Regel Eigentümer des Treugutes und damit kein Nichtberechtigter ist. Der deutsche Treuhänder kann also unter Verstoß gegen die schuldrechtliche Abrede wirksam an den Dritten verfügen.

1059 信托财产.
1060 固有财产.
1061 未设立信托的财产.
1062 独立性.
1063 Vgl. *Wang/Guo*, S. 42.
1064 *Hu/Zhang*, S. 79; *Bian Yaowu*, S. 79. *Xu Mengzhou*, Trustrechtslehre, S. 107 f.
1065 闭锁效应.
1066 *Hu/Zhang*, S. 79. Ähnlich *He Baoyu*, S. 153.
1067 *Hu/Zhang*, S. 82; *Wang/Guo*, S. 42.
1068 *Hayton*, Trusts, S. 27.
1069 Er wird deswegen auch *„Equity's Darling“* genannt.

Das chinesische Recht ist beim Ausgleich zwischen den Interessen des Trust und denen des Rechtsverkehrs einen Mittelweg gegangen, indem es erst bei positiver Kenntnis des Dritten von der Pflichtwidrigkeit des Verhaltens des *trustee* Rechtsbehelfe für die Wiedererlangung bzw. Ersatz des Vermögens zur Verfügung stellt. Das chinesische Recht regelt die mit diesem Interessenausgleich verbundenen Fragen in § 22 TrustG. Dieser bestimmt, dass Verfügungen über das Trustvermögen, durch die der *trustee* gegen den Trustzweck verstößt, vor den Volksgerichten aufhebbar sind. Im Folgenden sind die Voraussetzungen und Rechtsfolgen der Vorschrift darzustellen.

Der *trustee* muss zunächst über das Trustvermögen verfügt haben.[1070] Die Verfügung muss ferner gegen den Trustzweck verstoßen. Dem liegt der Gedanke zugrunde, dass eine Abweichung vom Trustzweck bei Verfügungen zu einer Verletzung der Interessen des *settlor* und des *beneficiary* führen kann.[1071] Das Tatbestandsmerkmal des § 22 Abs. 1 1. Alt TrustG „Verstoß gegen den Trustzweck" wird in der Literatur allerdings kaum näher erläutert oder gar problematisiert, obwohl sich hier in der Praxis Schwierigkeiten ergeben dürften. Der nach § 9 Abs. 1 Nr. 1 TrustG zwingend niederzulegende Trustzweck wird nämlich häufig in allgemeiner Weise formuliert und von ggf. mehr oder weniger umfangreichen Handlungsgeboten und -verboten flankiert sein. Bei einer leitsatzartigen Fassung des Trustzweckes würde aber nicht immer ohne weiteres klar sein, ob eine konkrete Verfügung aufhebbar ist, weil diese – für sich betrachtet – trotz eines etwaigen Schadens am Trustvermögen durchaus zweckkonform sein kann.[1072] Es liegt daher nahe, die Zweckwidrigkeit anhand weiterer Kriterien wie der Verletzung einer konkreten Pflicht zu bestimmen.[1073] Eine Zweckwidrigkeit läge daher bei einer Pflichtverletzung vor, was allerdings in Widerspruch zu der Alternativität im Tatbestand des § 22 TrustG stehen würde. Da die zweite Alternative („Verletzung von Verwaltungspflichten") aber ebenfalls zu einer Aufhebung von Verfügungen berechtigt, dürfte in der Praxis eine Unterscheidung meist hinfällig sein.

Das Aufhebungsrecht ist ein Gestaltungsrecht.[1074] Anders als im japanischen oder südkoreanischen Recht kann eine zweckwidrige Verfügung nicht unmittelbar durch Willenserklärung angefochten, sondern es muss gem. § 22 Abs. 1 1. Alt TrustG mittels Klage bei Gericht die Aufhebung der Verfügung beantragt werden.[1075] Das Antragsrecht ist zeitlich begrenzt, und zwar auf ein Jahr seit Kenntnis oder Kennenmüssen des Grundes der Aufhebung durch den Anspruchsberechtigten. Anspruchsberechtigt ist sowohl der *settlor* als auch der *beneficiary*, §§ 22, 49

1070 Der Begriff der Verfügung ist bereits dargestellt worden. Siehe oben S. 129.
1071 Vgl. *Xu Mengzhou*, Trustrechtslehre, S. 119.
1072 Wird der Trustzweck z. B. mit „Investition des Trustvermögens am Kapitalmarkt zugunsten von X, Y, Z." umschrieben, so fällt hierunter zunächst einmal jede noch so spekulative Investition.
1073 So *Ho*, S. 162 f.
1074 *Bian Yaowu*, S. 91.
1075 *He Baoyu*, S. 183 f.

TrustG, die daher im eigenen Namen bei Gericht auf Aufhebung klagen können.[1076] Ein Urteil macht die betreffende Verfügung *ex tunc* nichtig.[1077]

Im Falle einer zweckwidrigen Verfügung muss der Erwerber den Gegenstand dann zurückgewähren oder Schadensersatz leisten, wenn er von dem Verstoß positiv wusste. Der Erwerber ist auch dann als gutgläubig anzusehen, wenn er den Verstoß hätte kennen können, (grob) fahrlässig aber nicht von ihm wusste.[1078] Mit dieser Konzeption schützt das chinesische Recht den Rechtsverkehr in wesentlich höherem Maße als beispielsweise das englische Recht, weil dieses auch bei fahrlässiger Unkenntnis eine Rückgewähr ausschließt und darüber hinaus das Vorliegen eines unentgeltlichen Erwerbs seitens des Dritten als einen für eine Annullierung relevanten Umstand erachtet. Auch eine Registrierung von registrierungspflichtigen Vermögensgegenständen soll insofern für die Frage der Gutgläubigkeit keine Rolle spielen, weil die Registrierung Wirksamkeitsvoraussetzung des Trust ist, nicht aber rechtsscheinzerstörende Wirkung hat. Es kommt daher auch bei registrierungspflichtigem Vermögen allein auf die Gut- bzw. Bösgläubigkeit des Dritten an.[1079] Vereinzelt wird vertreten, dass die Vorschrift auch Situationen erfasse, in denen der dritte Erwerber ein weiteres Geschäft mit dem erworbenen Vermögensgegenstand getätigt habe.[1080] Ob damit ein dem angelsächsischen *tracing* vergleichbar weitreichender Mechanismus im chinesischen Trustrecht anerkannt wird, ist aber mehr als zweifelhaft. In welchem Verhältnis die Gutgläubigkeitsregelung zum Aufhebungsrecht steht, lässt das Gesetz ferner offen. Nach dem Gesetzeswortlaut scheint es möglich, dass eine Verfügung zwar angefochten werden kann mit der Folge der Nichtigkeit der Verfügung, eine Rückgewähr des Erwerbers aber nicht zu erfolgen hat, wenn dieser gutgläubig ist. Als Alternative zur Rückgewähr sieht das Gesetz schließlich die Leistung von Schadensersatz durch den Dritten vor.[1081]

2) Schutz vor Vollstreckungszugriffen von Gläubigern

Eine Folge der gesetzlichen Unterscheidung verschiedener Vermögensmassen ist der Schutz des Trustvermögens vor Zugriffen von trustfremden Gläubigern der am Trust beteiligten Personen.[1082] Weil Grundlage der Vollstreckung das Vermögen des Vollstreckungsschuldners ist, ist das Trustvermögen kein taugliches Vollstreckungsobjekt, da es selbständig, d.h. vom übrigen Vermögen der Beteiligten und damit des Vollstreckungsschuldners zu unterscheiden ist.[1083] § 17 Abs. 1

1076 *Hu/Zhang*, S. 106. Beklagter ist der *trustee*, so dass das Gericht am (Wohn-)Sitz des *trustee* zuständig ist, *Hu/Zhang*, S. 106. Dort auch (überblicksartig) zu weiteren Einzelheiten der Klageerhebung.
1077 *Hu/Zhang*, S. 106 f.
1078 *He Baoyu*, S. 185.
1079 *Zhong/Chen*, S. 138.
1080 So *He Baoyu*, S. 186.
1081 Dem Wortlaut nach dürfte es sich um ein Wahlrecht handeln, das sich im Falle der Unmöglichkeit der Rückgewähr auf Schadensersatz verengt.
1082 Vgl. *Wang/Guo*, S. 46 f.
1083 *Arbeitsgruppe*, S. 58.

TrustG verbietet daher im Grundsatz jede Vollstreckung in das Trustvermögen. Nach allgemeiner Ansicht gilt dies für persönliche Gläubiger des *trustee*, *settlor* und *beneficiary*.[1084]

§ 37 Abs. 1 S. 1 TrustG bestimmt, dass Verbindlichkeiten, die gegenüber Dritten eingegangen worden sind, vom Trustvermögen getragen werden. Gläubiger des Trust dürfen daher wie einige andere, in § 17 Abs. 1 TrustG genannte Gläubiger in das Trustvermögen vollstrecken, wenn eine der folgenden Umstände vorliegt: (1) der Gläubiger hat ein bei Errichtung des Trust bestehendes Recht auf bevorzugte Befriedigung am Trustvermögen inne[1085], oder (2) der Gläubiger fordert von aus der Verwaltung des Trust herrührende Schulden, oder (3) die Vollstreckung erfolgt wegen vom Trustvermögen zu tragende Steuern oder (4) es liegt eine Vollstreckung aufgrund anderer gesetzlich bestimmter Umstände vor.

Das Trustgesetz gibt *settlor*, *trustee* und *beneficiary* einen Rechtsbehelf an die Hand, wenn zu Unrecht in das Trustvermögen vollstreckt wird. Gem. § 17 Abs. 2 TrustG können diese Einwendungen gegen die Zwangsvollstreckung beim Vollstreckungsgericht erheben. Das Gesetz unterscheidet offenkundig nicht nach der Art der konkreten Berechtigung des Beteiligten im Einzelfall, sondern erlaubt beispielsweise dem *settlor* auch dann Einwendungen zu erheben, wenn dieser kein Eigentum am Trustvermögen haben sollte. Einwendungen erheben kann aber nur derjenige, der nicht selbst bereits Beteiligter des Zwangsvollstreckungsverfahrens ist.[1086]

3) Erbfall, Auflösung und Insolvenz

§§ 15 und 16 TrustG fassen die Fälle des Todes, der Auflösung, der Aufhebung und Insolvenz des *trustee* und *settlor* zusammen und bestimmen für diese Fälle, dass das Trustvermögen nicht in das Erbe bzw. Liquidationsvermögen fällt.

4) Vermischung

Eine Gefahr für das Sondervermögen rührt auch aus der Vermischung des Trustvermögens mit anderen Vermögensmassen, insbesondere dem übrigen Vermögen des *trustee*. Entsprechende Verwaltungspflichten legen daher § 27 und § 29 TrustG auf.[1087] Auch § 16 Abs. 1 2. HS TrustG beschreibt einen Aspekt der Existenz des Sondervermögens, indem er bestimmt, dass das Trustvermögen nicht als eigenes Vermögen des *trustee* bezeichnet oder Teil dessen werden darf. Nach der Kommentarliteratur ist § 16 TrustG Ausdruck des Fehlens einer allgemeinen Regelung im chinesischen Zivilrecht, die den Untergang von Rechten aufgrund Vermischung und Konfusion regelt.

1084 *Hu/Zhang*, S. 83 f.; *Xu Mengzhou*, Trustrecht, S. 143; *Arbeitsgruppe*, S. 58.
1085 Beispielsweise eine Hypothek, vgl. *Hu/Zhang*, S. 84.
1086 *Wang/Guo*, S. 48 f.
1087 Siehe dazu bereits oben S. 136.

5) Aufrechnung

Auch das Aufrechnungsverbot[1088] des § 18 Abs. 1 TrustG ist Ausdruck der Vermögenstrennung des Trustrechts und zielt auf den Schutz vor Aufrechnungen durch den *trustee* oder Dritte zulasten des Trustvermögens ab.[1089] Es schließt damit nicht allgemein Aufrechnungen mit Forderungen und Verbindlichkeiten des Trustvermögens aus. Es erfasst vielmehr Fälle, in denen ein Dritter beispielsweise dem *trustee* als Privatperson ein Darlehen gegeben hat. Hier kann der *trustee* mit einem Rückzahlungsanspruch aus einer Schuld des Dritten gegenüber ihm als *trustee* (und damit dem Trust) nicht aufrechnen.[1090] Unklar ist, ob das Aufrechnungsverbot auch für den umgekehrten Fall gilt, in dem der *trustee* als solcher verpflichtet und als Privatperson Inhaber einer Forderung ist.[1091] Wird das Aufrechnungsverbot verletzt, ist die Aufrechnung unwirksam.[1092]

1088 Siehe zur Aufrechnung §§ 99f. VertragsG sowie *Wang Liming*, Zivilrecht, S. 374ff.

1089 *Wang/Guo*, S. 50. Entsprechend soll § 18 S. 2 TrustG ebenfalls die Vermögenstrennung verdeutlichen, wenn der *trustee* mehrere Trusts verwaltet.

1090 *Hu/Zhang*, S. 86.

1091 Siehe hierzu (im Ergebnis die Aufrechnung zulassend) *Wang/Guo*, S. 51. Wohl ablehnend *Xu Mengzhou*, Trustrecht, S. 142.

1092 *Wang/Guo*, S. 51.

H. Der *beneficiary*

Das Vorhandensein eines *beneficiary*, der Rechte gegenüber dem *trustee* geltend machen kann, ist einer der zentralen Grundsätze des angelsächsischen Trustrechts[1093], den das chinesische Recht übernommen hat. So ist ein chinesischer Trust unwirksam, wenn ein *beneficiary* oder der Kreis der *beneficiary* nicht bestimmt werden kann, § 11 Nr. 5 TrustG. Auch die Kommentarliteratur betont regelmäßig die Bedeutung des *beneficiary* für das Trustrecht.[1094] Vielfach wird formuliert, beim Trust handele es sich um ein Vermögensverwaltungssystem, das zum Nutzen des *beneficiary* entwickelt wurde, so dass ein Trust ohne *beneficiary* unwirksam sei.[1095]

Eine Konsequenz aus diesem Prinzip ist daher, dass der *beneficiary* Rechte zur Durchsetzung des Trust gegenüber dem *trustee* haben muss.[1096] Im englischen Recht ist trotz eines Jahrhunderte währenden Streits um die Rechtsnatur des *equitable title* unbestritten, dass der *beneficiary* Rechte gegenüber dem *trustee* den Trust durchsetzen kann, darüber hinaus aber auch Rechte am Trustvermögens selbst innehat. Auch das chinesische Recht räumt dem *beneficiary* zahlreiche Rechte unterschiedlicher Art ein. Die in der Literatur umstrittene Frage ist aber, wie die Rechte des *beneficiary* zivilrechtlich zu klassifizieren ist. Nach einer kurzen Darstellung der persönlichen Voraussetzungen (unter I.) soll die damit verbundene Problematik zunächst (unter II.) dargestellt werden, bevor die in Kommentarliteratur überwiegend knappen Ausführungen zu den einzelnen Rechten des *beneficiary* wiedergegeben werden (unter III.).

I. Person des *beneficiary*

Ein Trust kann zugunsten eines oder mehrerer *beneficiaries* errichtet werden.[1097] Der *beneficiary* ist nach den Grundsätzen der Trustdogmatik nicht Beteiligter des Errichtungsgeschäftes (d.h. des Trustvertrages) und muss daher im Zusammenhang mit der Errichtung keine Willenserklärung abgeben. Er ist vielmehr Beteiligter des Trustverhältnisses.[1098] Im Einklang mit der gängigen internationalen Trustpraxis können ein am Trustvertrag unbeteiligter Dritter, aber auch der *settlor* und der *trustee beneficiary* sein, letzterer allerdings nicht allein, § 43 Abs. 3 TrustG.[1099] Da der *beneficiary* ausschließlich Rechte genießt und er auch sonst nicht zur aktiven Teilnahme verpflichtet ist, genügt, dass der *beneficiary* rechtsfähig ist. Nicht geschäftsfähige natürliche Personen oder sonstige Organisationen können daher auch *beneficiary* werden.[1100]

1093 *Hayton*, Principles, S. 48; *Hayton*, S. 99; *He Baoyu*, S. 165 f.
1094 Z.B. *Bian Yaowu*, S. 130; *Huang Musheng*, S. 24.
1095 So *Zhou Xiaoming*, S. 9 f. Ebenso *Bian Yaowu*, S. 120 f.
1096 Vgl. *Hayton*, Principles, S. 32, 41, 48.
1097 *Arbeitsgruppe*, S. 112 f.
1098 *Xu Mengzhou*, Trustrecht, S. 113.
1099 *Ho*, S. 117.
1100 *Arbeitsgruppe*, S. 112; *Xu Mengzhou*, Trustrecht, S. 114.

II. Rechtsposition des *beneficiary*

Nach der Definition des § 43 Abs. 1 S. 1 TrustG ist der *beneficiary* derjenige, der das Recht auf Erhalt der Vorteile des Trust innehat. Das TrustG verwendet damit nicht den in Geschichte und Struktur des englischen Rechts verwurzelten Begriff „*equitable title*“[1101] zur Beschreibung der Rechtsposition des *beneficiary*, sondern den des „Vorteilsrechts“[1102], der auch in anderen kontinentaleuropäisch geprägten Rechtssystemen Anwendung findet.[1103] Das TrustG bestimmt die Rechtsposition des *beneficiary* damit auf einem vergleichsweise abstrakten Niveau.[1104]

Die Literatur unterscheidet in der Regel zwischen enger und weiter Bedeutung des Begriffes.[1105] Der engen Bedeutung nach umfasst das Vorteilsrecht nur das Recht auf die aus der Verwaltung des Trustvermögens entstehenden Vorteile. Neben diesem (engen) Vorteilsrecht hat der *beneficiary* noch weitere Rechte inne, die er sich teilweise mit dem *settlor* teilt. Dies sind in erster Linie die dem *settlor* zustehenden Überwachungsrechte aus §§ 20 ff. TrustG einschließlich des Aufhebungsrechtes in § 21 TrustG, die auch der *beneficiary* gem. § 49 Abs. 1 TrustG ausüben kann. Das Vorteilsrecht im weiteren Sinne erfasst alle diese Rechte des *beneficiary* einschließlich des Vorteilsrechts im engeren Sinne.[1106]

Trotz dieser klaren Unterscheidung ist die Bestimmung der Rechtsnatur des Vorteilsrechts einer der Hauptschauplätze dogmatischer Diskussionen im chinesischen Trustrecht. Die Schwierigkeit der Festlegung der Rechtsnatur ist unmittelbare Folge der Rezeption, die nicht zu einer Entscheidung für ein bestimmtes Rezeptionsmodell geführt hat. Wie bereits dargestellt, war es vielmehr Ziel des chinesischen Gesetzgebers, eine Entscheidung für eines der bestehenden Modelle zu vermeiden.[1107] Entsprechend hat der Gesetzgeber eine ausdrückliche Festlegung der Rechtsnatur des Vorteilsrechts unterlassen.[1108]

In diesem Zusammenhang werden in der Literatur überwiegend vier Ansätze zur Einordnung des Vorteilsrechts diskutiert. Weil sie sich mit den bereits dargestellten Rezeptionsmodellen decken, sollen sie hier nur kurz referiert werden.[1109] Nach der Theorie des Forderungsrechtes hat der *beneficiary* nur einen schuldrechtlichen Anspruch gegenüber dem *trustee*, der Eigentümer des Trustvermögens ist. Der dinglichen Theorie nach hat der *beneficiary* hingegen das Vollrecht inne, während der *trustee* mittels Besitz- und Verwaltungsrecht den *beneficiary* vertritt. Der dualen Theorie nach hat der *beneficiary*, was die Vorteile des Trust angeht, ein Forderungs-

1101 衡平法上的所有权.
1102 受益权.
1103 Vgl. *Chen Xiangcong*, S. 39.
1104 *Wu Hong*, S. 104.
1105 *Xu Mengzhou*, Trustrechtslehre, S. 169; *Wang/Guo*, S.112.; vgl. ferner *He Baoyu*, S. 168.
1106 *He Baoyu*, S. 168.
1107 Siehe dazu oben S. 79 ff.
1108 *Zhou Yuhua*, S. 230.
1109 Siehe dazu oben S. 84 sowie den Überblick bei *Xu Mengzhou*, Trustrecht, S. 117 und *Huang Musheng*, S. 25 f.

recht, während beispielsweise das Recht zur Aufhebung zweckwidriger Verfügungen dinglicher Natur ist.

Ein interessanter Aspekt des Streits um die Rechtsnatur ist die Tatsache, dass eine überwiegende Gruppe chinesischer Wissenschaftler die ungelöste Frage um die Einordnung des Vorteilsrechts zum Anlass nimmt, um über die Grenzen der zivilrechtlichen Kategorien und ihre Fortentwicklung nachzudenken. Diesem vierten Ansatz nach lässt sich das Vorteilsrecht nicht in eine der klassischen zivilrechtlichen Kategorien einreihen, da das Trustverhältnis nicht mit normalen Zivilrechtsverhältnissen vergleichbar sei.[1110] Das Recht des *beneficiary* umfasse einerseits das Recht auf Erhalt der Trustvorteile, gleichzeitig aber auch Überwachungsrechte.[1111] Das Vorteilsrecht des *beneficiary* sei daher ein selbständiges Recht, ähnlich dem Gesellschaftsanteil oder dem geistigem Eigentum, und unterliege seinen eigenen Wirksamkeitsregeln.[1112] Daher sei weniger eine Kategorisierung als vielmehr die Fragen nach dem Ursprung, Inhalt und der Ausübung dieses Rechts entscheidend.[1113] Einige Ansichten halten im Hinblick auf die fortschreitende Rechtsentwicklung sogar die Schaffung eines Vermögensrechts für denkbar, das sich an den verschiedenen Funktionen orientiert und entsprechend Verwaltungs- und Vorteilsziehungsfunktionen unterscheidet und diese dem *trustee* bzw. dem *beneficiary* zuordnet.[1114] Andere wollen in ähnlicher Weise das Eigentumsrecht in Besitz-, Nutzung-, Vorteilsziehungs- und Verfügungsrecht zerlegen und die Verteilung der Aspekte auf verschiedene Subjekte als unvollständiges Eigentum zulassen, so dass durch eine solche Funktionstrennung das Problem des Trustvermögens erklärt werden könne.[1115]

Auch wenn wohl die Mehrheit der Kommentatoren eine Klassifizierung ablehnt, sind diese Diskussionen im Fluss und werden im Hinblick auf das neue Sachenrechtsgesetz sicher überdacht werden müssen. Das Absehen von einer Klassifizierung des Vorteilsrechts des *beneficiary* führt allerdings zu dem überraschenden Ergebnis, dass im zivilrechtlichen Rechtssystem Chinas eine dem englischen Recht vergleichbare Situation besteht, in der wegen der Fruchtlosigkeit dogmatischer Einteilungen das Augenmerk auf den konkreten Einzelrechten des *beneficiary* liegt.[1116] Damit sei gleichzeitig festgestellt, dass das chinesische Recht in einer eher pragmatischen Herangehensweise charakteristische Elemente des angelsächsischen Trustrechts übernommen hat.

1110 *Zhong/Chen*, S. 139; *Chen Xiangcong*, S. 40. Vertreten wird diese Ansicht ferner u.a. von *Lai/Wang*, S. 99 f.; *He Baoyu*, S. 169; *Xu Mengzhou*, Trustrecht, S. 118 f.; *Sun Xiujuan*, S. 21.
1111 *Chen Xiangcong*, S. 40.
1112 *Chen Xiangcong*, S. 40.
1113 *Zhong/Chen*, S. 139.
1114 *Lai/Wang*, S. 100.
1115 *Sun Xiujuan*, S. 21.
1116 Vgl. im Ansatz ebenso *Ma Tao*, S. 110.

III. Rechte des *beneficiary*

Entsprechend der Einteilung des Vorteilsrechts sollen das Recht auf Ziehung der Trustvorteile sowie die übrigen Rechte zur Überwachung der Verwaltung des Trust kurz vorgestellt werden.

1) Vorteilsrecht (im engeren Sinne)

Das Vorteilsrecht im engeren Sinne ist nach allgemeiner Ansicht das Recht, vom *trustee* die Vorteile aus der Verwaltung und Verfügung des Trustvermögens verlangen zu können.[1117] Angesichts der vielfältigen Verwendungsmöglichkeiten des Trust wird der genaue Inhalt und Umfang des Vorteilsrechts im Regelfall von dem Willen des *settlor* und damit von seiner Ausgestaltung im Trustvertrag abhängen. In diesem Sinne regelt das TrustG selbst kaum Einzelheiten, sondern verpflichtet die Parteien, in der Trusturkunde Angaben zur Form und Methode des Erhalts der Trustvorteile zu machen, § 9 Abs. 1 Nr. 5 TrustG.

Neben den Erträgen aus der laufenden Verwaltung[1118] gehört nach der Kommentarliteratur zu den Trustvorteilen auch die Auszahlung des Trustkapitals[1119] nach Beendigung des Trust.[1120] Das Trustkapital umfasst nicht nur das Trustvermögen bei Errichtung des Trust, sondern auch Vermögen, das erwirtschaftet, aber nicht ausgezahlt wurde.[1121] Ungeachtet des Streits um die Natur des Vorteilsrechts besteht offenbar Konsens darüber, dass der *beneficiary* gegenüber dem *trustee* ein Forderungsrecht auf Herausgabe der Trustvorteile innehat.[1122] Ob es sich um ein schuldrechtliches oder aber dingliches Forderungsrecht handelt, ist aber umstritten.[1123] Finden sich im Trustvertrag keine Bestimmungen über das Verhältnis der Beteiligung mehrerer *beneficiaries*, dann genießen diese zu gleichen Teilen die Vorteile des Trust, § 45 TrustG.

2) Vorteilsrecht (im weiteren Sinne)

Das Vorteilsrecht im weiteren Sinne gewährt dem *beneficiary* Rechte, die ihm die Überwachung des *trustee* bei der Verwaltung und Verfügung des Trustvermögens ermöglichen und damit der Sicherung seiner Interessen und des Trustvermögens dienen.[1124] § 49 Abs. 1 S. 1 TrustG legt fest, dass auch der *beneficiary* die dem *settlor*

1117 *Arbeitsgruppe*, S. 112; *Zhong/Chen*, S. 134; *Hu/Zhang*, S. 161.
1118 收益受益.
1119 本金受益.
1120 *Bian Yaowu*, S. 123; *Xu Mengzhou*, Trustrecht, S. 126. Vgl. insoweit § 54 TrustG.
1121 *Xu Mengzhou*, Trustrecht, S. 126.
1122 *Bian Yaowu*, S. 120; *Xu Mengzhou*, Trustrecht, S. 126.
1123 Rechtsvergleichend *Wang/Guo*, S. 112 f. *Ma Tao*, S. 111 vertritt die Ansicht, dass es sich bei diesem um ein dingliches Herausgaberecht handele, weil der *beneficiary* dinglich Berechtigter an den Trustvorteilen sei.
1124 *Bian Yaowu*, S. 123.

zugewiesenen Rechte in §§ 20 bis 23 TrustG ausüben darf. Dabei handelt es sich um das Informations- und Einsichtsrecht, § 20 TrustG, das Recht auf Anpassung der Verwaltungsgrundsätze, § 21 TrustG, das Recht auf Aufhebung von Verfügungen und auf Wiederherstellung und Schadensersatz, § 22 TrustG, sowie das Recht auf Entlassung des *trustee*, § 23 TrustG.[1125] Die Durchsetzung der Ziele des Trust erfolgt wie beim *settlor* in erster Linie mithilfe des § 22 TrustG, mit dem die Folgen einer pflichtwidriger Verwaltung des *trustee* wieder rückgängig gemacht werden können. Sind sich *trustee* und *settlor* in der Ausübung der genannten Rechte nicht einig, so entscheidet das Gericht, § 49 Abs. 1 S. 2 TrustG. Nach welchen Grundsätzen ein Interessenkonflikt zwischen *settlor* und *beneficiary* aufzulösen ist, stellt das Gesetz aber nicht klar.[1126] Neben diesen Rechten hat der *beneficiary* noch weitere zahlreiche Zustimmungs- und Mitwirkungsrechte, vgl. §§ 28, 31, 38, 40, 41 TrustG.

3) Entstehung, Verzicht und Übertragung

Gem. § 44 S. 1 TrustG genießt der *beneficiary* vom Zeitpunkt der Wirksamkeit des Trust an das Vorteilsrecht. Der Trust wird im Regelfall wirksam, wenn der Trustvertrag geschlossen wird, kann unter Umständen aber erst mit Eintritt einer Bedingung wirksam werden.[1127] Der Erwerb des Vorteilsrechts selbst kann auch von dem Eintritt bestimmter Voraussetzungen abhängig gemacht werden.[1128]

Der *beneficiary* kann jederzeit auf sein Vorteilsrecht verzichten, § 46 Abs. 1 TrustG, also bereits bei Wirksamwerden des Trust bzw. Erhalt des Vorteilsrechts.[1129] Eine Beschränkung dieses Rechtes im Trustvertrag ist unwirksam.[1130] Umstritten ist, ob der *beneficiary* die Durchsetzung von Forderungen seiner Gläubiger durch Verzicht auf sein Vorteilsrecht vereiteln darf.[1131] Anders als beim Erhalt des Vorteilsrechts ist für den Verzicht die Abgabe einer Willenserklärung erforderlich. Diese Willenserklärung darf aber nicht konkludent erfolgen.[1132] Als Folge des Verzichts endet der Trust, wenn alle *beneficiary* den Verzicht erklärt haben, § 46 Abs. 2 TrustG, andernfalls wird geht das Vorteilsrecht entsprechend der Reihenfolge des § 46 Abs. 3 TrustG über.[1133] Wenn der Trustvertrag keine Angaben über das Verhältnis der Zuteilung enthält, ist § 45 TrustG anzuwenden.[1134]

Das Vorteilsrecht ist grundsätzlich übertragbar, § 48 TrustG. Eine Übertragung führt zu einem Wechsel in der Person des *beneficiary*.[1135] Die Literatur verlangt

---

1125 Es wird insoweit auf die Ausführungen zum *settlor* bzw. zum Trustvermögen verwiesen.
1126 Vgl. *Ho*, S. 121, die eine Entscheidung zugunsten aller *beneficiary* verlangt. Vgl. hierzu auch oben S. 123.
1127 *Zhong/Chen*, S. 140.
1128 *Arbeitsgruppe*, S. 114.
1129 *Arbeitsgruppe*, S. 117.
1130 *Xu Mengzhou*, Trustrecht, S. 121.
1131 *Xu Mengzhou*, Trustrecht, S. 121 plädiert für ein Aufhebungsrecht des Gläubigers.
1132 *Zhong/Chen*, S. 140; *Xu Mengzhou*, Trustrecht, S. 121.
1133 Zur Kritik an dieser Regelung siehe *Ho*, S. 118 f.
1134 *Xu Mengzhou*, Trustrecht, S. 122.
1135 *Xu Mengzhou*, S. 123.

überwiegend die folgenden Voraussetzungen für die Übertragung des Vorteilsrechts[1136]: (1) Abschluss eines Übertragungsvertrag, nach teilweise vertretener Ansicht muss dieser schriftlich abgeschlossen werden[1137], (2) Benachrichtigung des *trustee*, eine Zustimmung des *settlor* oder *trustee* ist aber nicht erforderlich, und (3) ggf. eine Änderung der Registrierung bei registrierungspflichtigem Vermögen.[1138] Der Trustvertrag kann die Übertragbarkeit oder Vererblichkeit des Vorteilsrechts aber einschränken, § 48 TrustG.[1139]

4) Befriedigung von Verbindlichkeiten

Das Vorteilsrecht stellt einen Teil des Vermögens des *beneficiary* dar, den der *beneficiary* daher auch zur Befriedigung von Verbindlichkeiten verwenden kann, vgl. § 47 TrustG.[1140] Ein Gläubiger hat aber prinzipiell keinen Anspruch auf das Trustvermögen selbst, sondern nur auf die Vorteile, die aus dem Vorteilsrecht des *beneficiary* herrühren.[1141] Indem der *beneficiary* die Vorteile aus der Trustverwaltung zur Befriedigung seiner Verbindlichkeiten verwendet, verliert er nicht seine Stellung als Trustbeteiligter. Entsprechend kann der Gläubiger keine Überwachungs- oder Gestaltungsrechte des *trustee* geltend machen. Ferner soll der Gläubiger auch nicht berechtigt sein, unmittelbar vom *trustee* eine Auszahlung der Vorteile verlangen zu können; der *trustee* kann daher ein solches Verlangen zurückweisen.[1142] Kann der *beneficiary* seine Schulden aber nicht begleichen ohne auf das Trustvermögen zurückzugreifen, so soll es möglich sein den Trust zu beenden, so dass die Verbindlichkeiten mit dem resultierenden Erlös befriedigt werden können.[1143] Teilweise wird als alternativer Weg zur Befriedigung der Verbindlichkeiten vorgeschlagen, dass der *beneficiary* sein Vorteilsrecht gem. § 48 TrustG überträgt.[1144]

Das chinesische Trustrecht ermöglicht dem *settlor*, den Zugriff auf das Vorteilsrechts durch Gläubiger zu beschränken, vgl. § 47 TrustG. Eine Beschränkung kann sich aus dem Trustvertrag oder aus dem Zweck des Trust ergeben.[1145] Bei Trusts, die zugunsten des *settlor* selbst errichtet wurden, soll aber aus Gründen des Gläubigerschutzes eine solche Klausel unwirksam sein.[1146]

1136 Teilweise wortgleich *Zhong/Chen*, S. 142; *Bian Yaowu*, S. 131.
1137 *Xu Mengzhou*, Trustrecht, S. 124.
1138 So *Xu Mengzhou*, Trustrecht, S. 124.
1139 Zu der Frage, ob und inwieweit einzelne Rechte des Vorteilsrechts übertragen werden können, findet sich in der Literatur kein Hinweis.
1140 *Arbeitsgruppe*, S. 118.
1141 *Xu Mengzhou*, Trustrecht, S. 122.
1142 *Bian Yaowu*, S. 129.
1143 *Bian Yaowu*, S. 129 f.
1144 *Xu Mengzhou*, Trustrecht, S. 123.
1145 *Bian Yaowu*, S. 130.
1146 *He Baoyu*, S. 176; *Ho*, S. 120.

5) Entzug durch den *settlor*

In § 51 Abs. 1 TrustG sieht das Gesetz vor, dass der *settlor* den *beneficiary* verändern oder über das Vorteilsrecht verfügen und dieses dem *beneficiary* damit entziehen kann. Dies ist insbesondere dann möglich, wenn der *beneficiary* erhebliche deliktische Handlungen gegenüber dem *settlor* oder anderen *beneficiary* verübt oder der Trustvertrag andere Umstände bestimmt hat.

Auch in dieser Regelung spiegelt sich die Vorstellung des chinesischen Gesetzgebers wider, dass der *settlor* als Initiator des Trust bestimmte Einflussrechte auch während der Durchführung des Trust haben muss.[1147] Während der Gesetzesberatungen sind insoweit gegen das angelsächsische Modell, das im Grundsatz jegliche nachträgliche Veränderungen durch den *settlor* ausschließt, Einwendungen erhoben worden, weil eine solche Regelung den Erwartungen der asiatischen Kultur und Gesellschaft nicht entspreche. Auch könne ein Änderungsrecht etwaigen Befürchtungen des *settlor* entgegenwirken, einen Trust zugunsten des *beneficiary* zu errichten.[1148]

Die Möglichkeit des Entzuges des Vorteilsrechts wird im Hinblick auf Trusts, denen keine einseitige Schenkung des *settlor* an den *beneficiary*, sondern eine Abmachung zwischen *settlor* und *beneficiary* zugrunde liegt, teilweise kritisiert.[1149]

1147 *Xu Mengzhou*, Trustrecht, S. 182.
1148 *Arbeitsgruppe*, S. 125.
1149 Vgl. *Ho*, S. 116 mit dem Beispiel eines *pension trust*.

I. Beendigung des Trust

Das chinesische Trustrecht verleiht dem wirksam errichteten Trust eine gewisse strukturelle Kontinuität, die ihn von tatsächlichen oder rechtlichen Veränderungen insbesondere bezüglich der Beteiligten unabhängig machen soll. Ausdruck dieser institutionellen Verfestigung ist insbesondere § 52 TrustG, der Gründe in der Person des *settlor* oder des *trustee* wie Tod, Verlust der Zivilgeschäftsfähigkeit oder die Insolvenz für das Fortbestehen des Trust für irrelevant erklärt. Im Hinblick auf den *trustee* gilt damit – allerdings erst für die Zeit nach der vertraglichen Errichtung des Trust – auch im chinesischen Recht der Grundsatz *„A trust shall not fail for want of a trustee"*.[1150] Ungeachtet des Grundsatzes der Kontinuität des Trust sieht das TrustG aber zahlreiche gesetzliche Beendigungssituationen vor, aufgrund derer der Trust *ex nunc* beendet werden kann. Die Voraussetzungen und Folgen der Beendigung sind im Folgenden vorzustellen.

I. Beendigungsgründe

Die gesetzlichen Beendigungsgründe finden sich überwiegend[1151] in § 53 TrustG. Der Trust wird gem. § 53 Nr. 1 TrustG beendet, wenn ein im Trustvertrag benannter Beendigungsgrund eintritt. Ebenso wie die Parteien Inhalt des Trust bestimmen können, so steht es ihnen aufgrund der Geltung des Grundsatzes der Privatautonomie frei, Gründe zu bestimmen, die zur Beendigung des Trust führen.[1152] Das Gesetz verzichtet daher auf eine Aufzählung zulässiger Beendigungsgründe.[1153] Der *settlor* kann beispielsweise die Dauer des Trust befristen.[1154] Typischerweise werden die Gründe entweder an die Person des *trustee* anknüpfen, beispielsweise wenn der *settlor* gerade einen bestimmten Verwalter, den er besonders vertraut, einsetzen wollte, oder an die Person des *beneficiary*, wenn es dem *settlor* darauf ankam, dass nur eine bestimmte Person das Trustvermögen erhält.[1155] Auch kann die Beendigung des Trust von dem (Nicht-)Eintritt bestimmter Ereignisse abhängig gemacht werden, wie etwa dem Erwerb einer beruflichen Qualifikation durch den *beneficiary*.[1156]

Ein Trust endet gem. § 53 Nr. 2 TrustG, wenn das Fortbestehen des Trust gegen den Trustzweck verstößt. *Zhong/Chen* führen das Beispiel an, dass ein Trust für die Zwecke des Umweltschutzes die Erforschung eines Abfallverwertungsprojektes fördert, das sich aber als letztlich umweltschädlich herausstellt. In einem solchen Fall soll der Trust beendet sein.[1157] Der Trust wird ferner beendet, wenn der Trust-

1150 *Arbeitsgruppe*, S. 127; *Ho*, S. 132.
1151 Zu § 15 S. 2 TrustG siehe sogleich.
1152 Arbeitsgruppe, S. 128.
1153 *Zhong/Chen*, S. 165 f.
1154 *Arbeitsgruppe*, S. 128.
1155 *Zhong/Chen*, S. 166.
1156 *Arbeitsgruppe*, S. 129.
1157 *Zhong/Chen*, S. 166.

zweck erreicht ist oder nicht mehr erreicht werden kann, § 53 Nr. 3 TrustG. Dies ist beispielsweise der Fall, wenn der *beneficiary*, für dessen Ausbildung ein Trust zur Übernahme von Studiengebühren errichtet wurde, verstorben ist. Unklar ist, ob das Gesetz eine Entscheidung eines Gerichts über die Beendigung des Trust erfordert.[1158]

Auch das gemeinsame Einverständnis der drei Trustbeteiligten kann den Trust beenden, § 53 Nr. 4 TrustG. § 53 Nr. 5 TrustG zielt dagegen auf die Vorschrift des § 12 TrustG.

Schließlich führt gem. § 53 Nr. 6 TrustG die Kündigung des Trust zu seiner Beendigung. Die Kündigungsgründe ergeben sich aus §§ 50 f. TrustG. Den Trust kündigen kann der *settlor*, der zugleich einziger *beneficiary* ist, weil unter diesen Bedingungen eine Schädigung der Interessen anderer Beteiligter ausgeschlossen ist.[1159] Ferner ermöglichen erhebliche deliktische Handlungen des *beneficiary* gegenüber dem *settlor* sowie andere Gründe des § 51 Abs. 2 TrustG eine Kündigung des Trust durch den *settlor*.

Einen weiteren Beendigungsgrund hat das Gesetz in § 15 S. 2 TrustG platziert, der bestimmt, dass der Trust beendet ist, wenn der *settlor*, der gleichzeitig der einzige *beneficiary* ist, stirbt bzw. aufgelöst oder für insolvent erklärt wird. Den Grund für diese Regelung sieht die Literatur darin, dass in diesem Fall eine der zentralen Voraussetzungen des Trust, die Existenz eines *beneficiary*, nicht mehr gegeben sei.[1160] § 15 S. 2 TrustG ist damit in gewissen Sinne das Gegenstück zu § 52 TrustG, der Veränderungen in der Person des *trustee* oder *settlor* gerade für unerheblich erklärt. Unter dieser Prämisse ist allerdings unklar, warum das Gesetz diese Regel auf die Fälle beschränkt, in denen der *beneficiary* zugleich *settlor* ist.[1161]

II. Folgen der Beendigung

Die Rechtsfolgen einer Beendigung des Trust regelt das Gesetz in den §§ 54ff. TrustG. Im Mittelpunkt der Vorschriften steht die Neuzuordnung des Trustvermögens und die Abwicklung des Trust.

Die Beendigung des Trust führt zum Erlöschen der Trustrechtsbeziehung zwischen den Beteiligten. Als Folge der Beendigung erlöschen alle Rechte und Pflichten der Beteiligten, und zwar mit Wirkung für die Zukunft.[1162] Das Trustvermögen fällt infolge der Beendigung entweder an die im Trustvertrag bestimmte Person oder eine der in § 54 TrustG bestimmten Trustbeteiligten bzw. deren Erben. Fehlt eine vertragliche Bestimmung, steht das Trustvermögen im Grundsatz dem *beneficiary* zu, weil das Gesetz als Ziel der Trusterrichtung eine Zuwendung an den *bene-*

1158 *Arbeitsgruppe*, S. 130.
1159 *Zhong/Chen*, S. 168.
1160 *Arbeitsgruppe*, S. 55.
1161 Ebenso *Ho*, S. 133.
1162 *Arbeitsgruppe*, S. 131; *Zhong/Chen*, S. 169.

ficiary unterstellt.[1163] Ist der *beneficiary* verstorben, erhalten seine Erben das Trustvermögen. Erst danach erhält der *settlor* oder seine Erben das Trustvermögen. Ist keine der genannten Personen mehr vorhanden, so fällt das Trustvermögen dem Staat zu.[1164] Der Empfänger hat aber nur Anspruch auf das verbleibende Trustvermögen und etwaige nach Beendigung neu entstandene Vorteile, nicht aber auf Vorteile, die dem früheren *beneficiary* zustanden.[1165]

Das Trustvermögen geht nicht automatisch auf den Empfänger über, sondern der *trustee* ist verpflichtet, das verbleibende Vermögen zu übertragen.[1166] Entsprechend kann der Empfänger die Übertragung des Trustvermögens sowie die Übergabe von Dokumenten der Vermögensverwaltung verlangen. Der *trustee* hat ferner gegebenenfalls eine Änderung der Registrierung vorzunehmen und das registrierungspflichtige Vermögen auf den Namen des Empfängers eintragen zu lassen.[1167] Für die Zeit der Abwicklung fingiert § 55 TrustG den Trust als weiter fortbestehend. Dabei gilt der Empfänger des Trustvermögens nunmehr als *beneficiary*. Dieser hat damit die Rechte eines *beneficiary* inne. Das Verfahren gilt als vollständig abgeschlossen, wenn das Trustvermögen verteilt wurde, der Empfänger auf das Vermögen verzichtet hat, der *trustee* der Empfänger ist oder das Trustvermögen untergeht.[1168]

Gläubiger des Trust müssen sich nach Beendigung und Verteilung des Trustvermögens gem. § 56 TrustG an den Empfänger wenden. Die Vorschrift lässt allerdings keine Beschränkung der Haftung auf das erhaltene Vermögen erkennen. Eine über das erhaltene Trustvermögen hinausgehende Haftung wird in der Literatur aber als unbillig und praxisfern abgelehnt.[1169]

Das TrustG gewährt dem *trustee* für seine Vergütung oder etwaige von ihm geleisteten Aufwendungen oder erfüllte Verbindlichkeiten ein Zurückbehaltungsrecht am Trustvermögen, § 57 TrustG.

Der *trustee* hat schließlich über die Erledigung der Trustaufgaben einen „Liquidationsbericht“[1170] zu erstellen. Der Inhalt dieses Berichtes betrifft vor allem die Frage der Erfüllung der Sorgfaltspflichten aus § 25 Abs. 2 TrustG und dient damit der Entlastung des *trustee*. In diesem Bericht hat der *trustee* die grundlegende Situation der Verwaltung des Trustvermögens darzulegen und detaillierte Erklärungen sowie Berechnungen hinsichtlich seiner Verfügungen über das Trustvermögen zu geben.[1171] Der *trustee* wird entlastet, wenn der *beneficiary* und, soweit verschieden, der Empfänger des Trustvermögens den Bericht billigen.[1172] Dies gilt aber nur für

1163 *Zhong/Chen*, S. 169.
1164 *Arbeitsgruppe*, S. 133; *Zhong/Chen*, S. 170.
1165 *Arbeitsgruppe*, S. 135.
1166 *Arbeitsgruppe*, S. 134; *Xu Mengzhou*, Trustrecht, S. 187. Vgl. auch § 55 TrustG.
1167 *Arbeitsgruppe*, S. 134.
1168 *Arbeitsgruppe*, S. 135 f.
1169 *Arbeitsgruppe*, S. 137.
1170 清算报告.
1171 *Arbeitsgruppe*, S. 140.
1172 *Arbeitsgruppe*, S. 141.

die in den Bericht aufgenommenen Punkte und nur dann, wenn der *trustee* bei der Aufstellung des Berichts keine unlauteren Methoden, beispielsweise durch Verfälschung, Verschleierung oder ungenaue Darstellung seiner Verwaltungsarbeit, angewandt hat.[1173]

1173 *Arbeitsgruppe*, S. 141 f.

Zusammenfassung

Die vorstehende Darstellung des chinesischen Trustrechts hat gezeigt, dass der chinesische Gesetzgeber einerseits versucht hat, das angelsächsische Trustrecht nachzubilden, andererseits aber auch gewillt war, den Besonderheiten des Rechts, der Gesellschaft und der Kultur Chinas Platz einzuräumen, wo immer dies erforderlich erschien. Zusammenfassend lassen sich die Ergebnisse der Arbeit wie folgt festhalten:

1) Das TrustG wurde in Reaktion auf die zahlreichen Krisen der Trustgesellschaften erlassen, die in ihrer über achtzigjährigen Geschichte aber selten Trustgeschäfte im angelsächsischen Sinne, sondern vielmehr überwiegend Darlehens- und Bankgeschäfte durchführten. Das Gesetz zielt trotzdem nicht auf die Regulierung der Trustgesellschaften, sondern schafft vielmehr ausschließlich die zivilrechtliche Grundlage des Instituts des Trust. In Anlehnung an das angelsächsische Trustrecht definiert das TrustG damit zum ersten Mal den Begriff „Trust" innerhalb der Rechtsordnung der V.R. China.

2) Der chinesische Gesetzgeber hat eine eigenwillige Trustdefinition gefunden, die anfällig ist für eine Verwischung des Anwendungsbereichs des Trust. Ursache ist die Verwendung des Begriffes „Anvertrauen", aufgrund dessen die dingliche Zuordnung des Trustvermögens unklar bleibt. Die Ursachen dieser Begriffswahl sind in einem rein dinglichen Verständnis des Trust sowie in bestimmten kulturellen Prämissen zu suchen.

3) Der chinesische Trust ist als ein vertraglich begründetes, dreiseitiges Rechtsverhältnis konzipiert, auf das die allgemeinen Regeln des chinesischen Zivilrechts anzuwenden sind. Das Recht der Errichtung hat das Prinzip der *three certainties* übernommen, ist aber geprägt von der Unsicherheit, ob eine Rechteübertragung an den *trustee* erforderlich ist. Belastet wird das Recht der Errichtung ferner dadurch, dass der Gesetzgeber das Verfahrensrecht bzgl. der Registrierung des Trust im Wesentlichen ungeregelt gelassen hat.

4) Während der Bereich der Pflichten des *trustee* detailliert ausgestaltet und in großem Umfang dem angelsächsischen Trustrecht nachgebildet ist, geben weder das Gesetz noch die Kommentarliteratur Aufschluss über das Kompetenz- und Außenverhältnis des *trustee*. Einige Quellen lassen aber annehmen, dass der *trustee* wie ein Eigentümer über das Trustvermögen verfügen kann.

5) Der *settlor* hat im Vergleich zum angelsächsischen Recht eine starke Stellung inne, die sich aus einem Verständnis als Initiator des Trust und Aufsichtsperson der Verwaltung des Trustvermögens herleitet.

6) Das chinesische Trustrecht misst anders als das deutsche Treuhandrecht dem Unmittelbarkeitsprinzip und Surrogationsverbot keine Bedeutung bei. Das Vermögen des Trust ist gegen zweckwidrige Verfügungen des *trustee* geschützt, solange ein Erwerber positive Kenntnis von der Pflichtwidrigkeit des Verhaltens des *trustee* hat. Es schützt damit den Rechtsverkehr umfassender als das englische Recht, gesteht aber richtigerweise anders als das deutsche Recht dem Treuhänder kein unbeschränktes Verfügungsrecht zu.

7) Der *beneficiary* hat ein Recht auf den Erhalt der Vorteile des Trust. Während in der Kommentarliteratur hieraus zahlreiche Einzelrechte abgeleitet werden, ist die Rechtsnatur dieses Rechts weithin ungeklärt.

Verzeichnis der abgekürzt zitierten Literatur

Hinweis: Autoren von Werken in chinesischer Sprache werden mit ihrem vollständigen chinesischen Namen (Nachname Vorname) in lateinischer Umschrift zitiert, Autoren englischer und deutscher Werke allein mit ihrem Nachnamen.

A. Literatur in chinesischer Sprache

Arbeitsgruppe des Nationalen Volkskongresses zum Entwurf eines Trustgesetzes, Erläuterung des Trustgesetzes der V.R. China, Verlag für das chinesische Finanzwesen, Peking, 2001 (zit.: *Arbeitsgruppe*) – 全国人大信托法起草工作小组，中华人民共和国信托法释义，中国金融出版社，北京，2001

Bian Yaowu, Erläuterung des Trustgesetzes der V.R. China, Rechtsverlag, Peking, 2002 – 卞耀武，中国人民共和国信托法释义，法律出版社，北京，2002

Cao Xinzhai, Versuchsweise Erörterung der Besonderheiten unseres Trustgesetzes, in: Verwaltung und Recht 2003, S. 90 ff. – 曹新寨，试论我国信托法的特色，行政与法，2003年第3期，第90页

Cha Zhigang, Vergleichende Analyse der Natur des Trustvermögens, in: Zeitgenössische Rechtslehre 2002, S. 116 ff. – 查志刚，信托财产性质的比较分析，当代法学，2002年第10期，第116 页

Chen Dagang, Neuerungen des chinesischen Trustrechts und des Trustsystems, Verlag für das verlässliche Rechnungswesen, Shanghai, 2004 (zit.: *Chen Dagang*, Trustrecht) – 陈大钢，中国信托法与信托制度创新，立信会计出版社，上海，2004

Chen Dagang, Abschied vom Fehlverständnis der Rechtsnatur des Trust, in: Rechtsstaatsforum 2006, S. 36 ff. – 陈大钢，走出信托法律性质的认识误区，法治论丛，2006年第4期，第36页

Chen Xiangcong, Diskussion und Untersuchung der rechtlichen Probleme der Begünstigtenrechte am Trust, in: Zeitschrift des Pekinger Berufskollegs für Politik und Recht 2006, S. 39 ff. – 陈向聪，信托受益权法律问题论析，北京政法职业学院学报，2006年第2期，第39页

Cheng Xinghua; Zhang Lei, Untersuchung der Probleme der Besteuerung von Trustgeschäften, in: Zeitgenössische Finanzökonomie 2005, S. 56 ff. (zit.: *Cheng/Zhang*) – 程兴华，张雷，信托业务税收问题研究，当代财经，2005年第8期，第56页

Cui Caihong, Wertvorstellungen unseres Trustgesetzes, in: Theorie und Praxis des Finanzwesens 2002, S. 28 ff. – 崔彩虹，我国信托法的价值取向，金融理论与实现，2002年第11期，第28页

Fang Jialin, Theorie und Praxis des Trustrechtsystems, Verlag der Universität für Politik und Recht, Peking, 2003 – 方嘉麟，信托法制理论与实务，中国政法大学出版社，北京，2003

Forschungsinstitut für Trusts und Fonds der Volksuniversität Chinas, Bericht über die Entwicklung des Trustsektors (2004), Verlag der chinesischen Wirtschaft, Peking, 2005 (zit.: *Entwicklungsbe-*

richt 2004) – 中国人民大学信托与基金研究所，中国信托业发展报告(2004)，中国经济出版社，北京，2005

Gao Fuping, Prinzipien und Theorien des Sachenrechts: Untersuchung der grundlegenden Probleme der chinesischen Sachenrechtsgesetzgebung (mehrbändig), Verlag für das chinesische Rechtssystem, Peking, 2001 (zit.: *Gao Fuping*, Sachenrecht) – 高富平，物权法原论：中国物权立法基本问题研究，中国法制出版社，北京，2001

Gao Fuping, Zivilrechtslehre, Rechtsverlag, Peking, 2005 (zit.: *Gao Fuping*, Zivilrechtslehre) – 高富平，民法学，法律出版社，北京，2005

Guo Dexiang, Untersuchungen des Rechtssystems des Finanztrust, Verlag der Zhengzhou Universität, Zhengzhou, 2003 (zit.: *Guo Dexiang*, Finanztrust) – 郭德香，金融信托法律制度研究，郑州大学出版社，郑州，2003

Guo Dexiang, Die einzigartigen Regelungen des Trustgesetzes der Volksrepublik China, in: Zeitschrift des Luoyanger Pädagogischen Instituts 2003, S. 27ff. (zit.: *Guo Dexiang*, Regelungen) – 郭德香，论中国人民共和国信托法的独特性规定，洛阳师范学院学报，2003年第3期，第27页

Guo Yuping, Zuordnung des Eigentums am Trustvermögen, in: Zeitschrift des Henaner Instituts für Finanzverwaltungsbeamte 2002, S. 43ff. – 郭玉萍，信托财产的所有权归属，河南金融管理干部学院学报，2002年第5期，第43页

Han Shiyuan, Grundlegende Abhandlung über das Vertragsrecht, Rechtsverlag, Peking, 2006 – 韩世元，合同法总论，法律出版社，北京，2006

He Baoyu, Untersuchung der Prinzipien des Trustrechts, Verlag der Universität für Politik und Recht, Peking, 2004 – 何宝玉，信托法原理研究，中国政法大学出版社，北京，2004

Hou Guoyue, Versuchsweise Bestimmung der grundlegenden Prinzipien des Sachenrechtsgesetzes, in: Zeitschrift der Anhui Universität (Philosophie und Sozialwissenschaften) 2006, S. 58ff. – 候国跃，试论物权法基本原则的确定，安徽大学学报（哲学社会科学版），2006年第3期，第58页

Hou Huaixia, Zhong Ruidong, Die Natur des Trustvermögensrechtes und seine Position im Zivilgesetzbuch, in: Wahrheitsfindung 2006, S. 96ff. (zit.: *Hou/Zhong*) – 候怀霞，钟瑞栋，信托财产权的性质及其在民法典中的地位，求是学刊，2006年1月第1期，第96页

Hu Guangzhi, Chen Qing, Trennung von Recht und Befugnis: Das Trustvermögenseigentum unseres Trustgesetzes, in: Zeitschrift der Zhengzhou Universität (Philosophie und Sozialwissenschaften) 2006, S. 84ff. (zit.: *Hu/Chen*) – 胡光志，陈晴，权能分割：论我国信托法之信托财产所有权，郑州大学学报（哲学社会科学版），2006年第6期，第84页

Hu Jihua; Zhang Guilong (Hrsg.), Kommentierte Artikel des Trustgesetzes der V.R. China, Verlag der Volksgerichte, Peking, 2001 (zit.: *Hu/Zhang*) – 扈纪华，张桂龙主编，中华人民共和国信托法条文释义，人民法院出版社，北京，2001

Huang Laiji, Versuchsweise Erörterung der Besonderheiten unseres Trustgesetzes, in: Finanzrechtssystem 2002, S. 48ff. – 黄来纪，试论我国信托法的特点，金融法制，2002年第1期，第48页

Huang Musheng, Vergleich der Begünstigtenrechte am Trust auf beiden Seiten der Taiwanstrasse, in: Zeitschrift für Untersuchungen des taiwanesischen Rechts 2005, S. 24ff. – 黄木生，海峡两岸信托受益权之比较，台湾法研究学刊，2005年第1期，第24页

A. Literatur in chinesischer Sprache

Huo Yufen, Wesentliche Theorien des Trustrechts, Verlag der Universität für Politik und Recht, Peking, 2003 – 霍玉芬，信托法要论，中国政法大学出版社，北京，2003

Jiang Ping, Perspektiven der künftigen Verwendung des Trustsystems in China, in: Sichtung der Literatur und Geschichte × Theorie 2005, S. 7 ff. – 江平，信托制度在中国的应用前景展望，文史博览 · 理论，2005年2月，第7页

Lai Yuanhe; Wang Zhicheng, Moderne Trustrechtstheorie, Verlag der Universität für Politik und Recht, Peking, 2002 (zit.: *Lai/Wang*) – 赖源河，王志诚，现代信托法论，中国政法大学出版社，北京，2002

Liang Huixing, Vorgeschlagener Entwurf eines chinesischen Sachenrechtsgesetzes, Verlag für sozialwissenschaftliche Schriften, Peking, 2001 – 梁慧星，中国物权法草案建议稿，社会科学文献出版社，北京，2001

Liu Baoyu, Das System der Sachenrechte – Die Konzeption der Sachenrechtstypen im chinesischen Sachenrecht, Verlag der Volksgerichte, Peking, 2004 – 刘保玉，物权体系论 – 中国物权法上的物权类型设计，人民法院出版社，北京，2004

Ma Tao, Die Natur des Begünstigtenrechtes am Trust, in: Zeitschrift des Luoheer Instituts für Berufstechnik 2005, S. 110 ff. – 马涛，论信托受益权的性质，漯河职业技术学院学报，2005年第1期，第110页

Ma Yulin, Vergleich der Errichtungsarten des Trust, in: Theorie und Praxis der Finanzökonomie 2002, S. 151 f. – 马玉林，信托设立方式的比较，财经理论与实践，2002年4月，第151页

Pan Jiawei, Die Rechtsnatur des Trust und die Vorzüge und Mängel unseres Trustgesetzes, in: Guangdonger Sozialwissenschaften 2002, S. 121 ff. – 潘嘉玮，论信托的法律性质及我国信托法的得失，广东社会科学，2002年第1期，第121页

Peng Liping, Gesetzliche Mängel der Trusterrichtung und Vorschläge, in: Zeitschrift der Parteischule der Stadt Chengdu 2006, S. 46 f. – 彭丽萍，论我国信托设立的立法缺陷及建议，中共成都市委党校学报，2006年4月，第46页

Qin Su, Untersuchung des Problems der Zuordnung des Eigentums am Trustvermögen, in: Zeitschrift der Universität für Bergbau (Sozialwissenschaften) 2004, S. 33 ff. – 秦甦，信托财产所有权归属问题研究，中国矿业大学学报(社会科学版)，2004年12月，第33页

Qiu Xin, Mängel unseres Trustgesetzes und seine Ursachen, in: Forum der Sun Yatsen Universität 2003, S. 157 ff. – 邱新，我国信托法之缺陷及其原因，中山大学学报论丛，2003年第6期，第157页

Sheng Xuejun, Mängel des chinesischen Trustgesetzes und ihre beeinträchtigende Auswirkung auf die Trustfunktionen, in: Zeitgenössische Rechtswissenschaft 2003, S. 139 ff. – 盛学军，中国信托立法缺陷及其对信托功能的消解，现代法学，2003年第6期，第139页

Sun Xiujuan, Kursorische Analyse der Rechtsnatur des Trustvermögens, in: Zeitgenössische Rechtswissenschaft 2003, S. 20 ff. – 孙秀娟，对信托财产法律性质的浅析，当代法学，2003年第5期，第20页

Tang Yihu, Untersuchung des Trustvermögensrechts, Verlag der Universität für Politik und Recht, Peking, 2005 – 唐义虎，信托财产权利研究，中国政法大学出版社，北京，2005

Wang Liming, Vorgeschlagener Entwurf eines chinesischen Sachenrechtsgesetzes mit Erläuterungen, Verlag für das chinesische Rechtssystem, Peking, 2001 (zit.: *Wang Liming*, Entwurf) – 王利明，中国物权法草案建议稿及说明，中国法制出版社，北京，2001

Wang Liming, Qu Maohui, Allgemeine Prinzipien des Sachenrechts, Rechtsverlag, Peking, 2005 (zit.: *Wang/Qu*) – 王利明，屈茂辉, 物权法 总则，法律出版社，北京，2005

Wang Liming (Hrsg.), Zivilrecht, Verlag der Volksuniversität, Peking, 2006 (zit.: *Wang Liming*, Zivilrecht) – 王利明主编，民法，中国人民大学出版社，北京，2006

Wang Liming; Yang Lixin; Wang Yi; Cheng Xiao, Zivilrechtslehre, Rechtsverlag, Peking, 2005 (zit.: *Wang Liming*, Zivilrechtslehre) – 王利明，杨立新，王轶，程啸，民法学，法律出版社，北京，2005

Wang Qing; Guo Ce, Kommentierte Artikel des Trustgesetzes der V.R. China, Verlag für das chinesische Rechtssystem, Peking, 2001 (zit.: *Wang/Guo*) – 王清， 郭策，中国人民共和国信托法条文诠释，中国法制出版社，北京，2001

Wang Zhaolei; Jiang Nan, Diskussion des Zeitpunkts der Trusterrichtung – eine prüfende Betrachtung des § 8 TrustG, in: Zeitschrift des Shandonger Polizeiinstituts 2006, S. 46 ff. (zit: *Wang/Jiang*) – 王兆雷，姜南，信托成立时间之辨 ——对我国信托法第8条的检视，山东警察学院学报，2006年第4期，第46页

Wen Shiyang; Feng Xingjun, Das Trustvermögenseigentum – gleichzeitig Diskussion der Vervollkommnung der damit zusammenhängenden Gesetzgebung unseres Landes, in: Zeitschrift der Wuhan Universität (Philosophie und Sozialwissenschaften) 2005, S. 203 ff. (zit.: *Wen/Feng*) – 温世杨，冯兴俊，论信托财产所有权 – 兼论我国相关立法的完善，武汉大学学报（哲学社会科学版），2005年第2期，第203页

Wu Hong u.a., Erörterung des Trustrechts: Die gesetzliche Regulierung der Entwicklung des chinesischen Trustmarkts, Verlag für das verlässliche Rechnungswesen, Shanghai, 2003 – 吴弘等著，信托法论: 中国信托市场发育发展的法律调整，立信会计出版社，上海，2003

Xia Bin, Die Normierung eines allgemeinen Gesetzes für Vermögensverwaltungssysteme: geschrieben anlässlich des Erlasses des Trustgesetzes der V.R. China, in: chinesisches Finanzwesen 2001, S. 14 ff. – 夏斌，规范财产管理制度的基本法 – 写在中华人民共和国信托法颁布之际，中国金融，2001年第6期，第14页

Xiao Minjuan, Vergleichende Untersuchung des Rechtssystems des *trustee*, in: Zeitschrift der Hengyanger Pädagogischen Universität 2005, S. 125 ff. – 肖敏娟，信托受托人法律制度之比较研究，衡阳师范学院学报，2005年第5期，第125页

Xiao Yunduan, Gesetzgebungsorientierte Überlegungen zu den grundlegenden Prinzipien unseres Sachenrechts – zugleich Bewertung der §§ 3, 4 des Entwurfes eines Sachenrechtsgesetzes, in: Zeitschift der Xiaogan Universität 2006, S. 69 ff. – 肖云端，我国物权法基本原则的立法思考 – 兼评物权法草案第3、4条，孝感学院学报，2006年第2期，第69页

Xu Mengzhou, Trustrechtslehre, Verlag für das chinesische Finanzwesen, Peking, 2004 (zit.: *Xu Mengzhou*, Trustrechtslehre) – 徐孟洲，信托法学，中国金融出版社，北京，2004

Xu Mengzhou (Hrsg.), Trustrecht, Rechtsverlag, Peking, 2006 (zit.: *Xu Mengzhou*, Trustrecht) – 徐孟洲主编，信托法，法律出版社，北京，2006

A. Literatur in chinesischer Sprache

Xu Suping, Erörterung des treuhänderischen Rechtsverhältnisses des Trust, in: Zeitschrift der Shaoguan Universität Sozialwissenschaften 2006, S. 5 ff. – 徐素萍，论信托中的信任关系，韶关学院学报 社会科学，2006年第4期，第5页

Xu Wei; Cha Dalai, Das Delegationsrecht des *trustee* - gleichzeitig Bewertung des § 30 unseres TrustG, in: Zeitschrift der Fujianer Kaderschule für Finanzverwaltung 2003, S. 41 ff. (zit.: *Xu/Cha*) – 徐卫，查达来，论受托人的委托权——兼评我国信托法第30条，福建金融管理干部学院学报，2003年第3期，第41页

Yi Xiaolan, Erörterung der allgemeinen Prinzipien des Trustrechts, in: Wirtschaft und Kultur der Grenzgebiete 2006, S. 64 ff. – 仪晓兰，论信托法的基本原则，边疆经济与文化，2006年第4期，第64页

Yin Tian, Prinzip der Unteilbarkeit des Eigentums und dessen Konflikt mit der Theorie des „dualen Eigentums", in: Chinesische Rechtswissenschaft 2002, S. 73 ff. – 尹田，论一物一权原则及其与"双重所有权"理论的冲突，中国法学，2002年第3期，第73页

Zhang Chun, Die innovativen Regelungen des Trustgesetzes der Volksrepublik China und ihre kritische Untersuchung, in: Rechtswissenschaft 2002, S. 110 – 张淳，中国人民共和国信托法中的创造性规定及其评析，法律科学，2002年 第2期，第110页

Zhang Tianmin, Trust ohne Equity: Die Ausweitung des Trustbegriffs und die Möglichkeiten und Herausforderungen des chinesischen Trustgesetzes, Zhongxin Verlag, Peking, 2003 – 张天民，失去衡平法的信托 - 信托概念的扩张与中国信托法的机遇和挑战，中信出版社，北京，2003

Zhang Yihua, Sachenrechtstheorie, Verlag der Hochschule der chinesischen Volkspolizei, Peking, 2003 – 张义华，物权法论，中国人民公安大学出版社，北京，2003

Zhao Kui; Zhu Chongli, Theorie und Praxis des Finanztrust, Verlag der Wirtschaftswissenschaften, Peking, 2003 (zit.: *Zhao/Zhu*) – 赵奎，朱崇利，金融信托理论与实务，经济科学出版社，北京，2003

Zhao Xuming; Luo Dajun, Untersuchung der Natur der Rechtszuständigkeit am Trustvermögen, in: Zeitschrift der Huaoqiao Universität (Philosophie und Sozialwissenschaften) 2002, S. 55 ff. (zit.: *Zhao/Luo*) – 赵许明，罗大钧，信托财产权属本质探究，华侨大学学报（哲学社会科学版），2002年第3期，第55页

Zhong Ruidong; Chen Xiangcong, Trustrecht, Verlag der Xiamen Universität, Xiamen, 2003 (zit.: *Zhong/Chen*) – 钟瑞栋，陈向聪，信托法，厦门大学出版社，厦门，2003

Zhong Xiangchun; Zhou Xiaoming, Zentrale Rechtsprobleme bei Trustbetätigungen und ihre Lösungen, in: Chinesisches Finanzwesen, S. 31 ff. (zit.: *Zhong/Zhou*) – 钟向春，周小明，信托活动中的主要法律问题与对策，中国金融，2001年 第11期，第31页

Zhong Ye Zheng Jun; Zhang Junjian, Trustrecht, Fangzheng Verlag, Peking, 2004 (zit.: *Zhong Ye/Zhang*) – 中野正俊，张军建，信托法，中国方正出版社，北京，2004

Zhou Xiaoming, Rechtsvergleichende Untersuchung der Trustsysteme, Rechtsverlag, Beijing, 1996 – 周小明，信托制度的比较法研究，法律出版社，北京，1996

Zhou Yuhua, Trustrechtslehre, Verlag der Universität für Politik und Recht, Peking, 2001 – 周玉华，信托法学，中国政法大学出版社，北京，2001

Zou Yixiang, Die Unzulänglichkeiten unseres Trustgesetzes aus Sicht eines Vergleichs der Unterschiede in der Gesetzgebung der Trustgesetze Chinas und Japans, in: Zeitschrift der Jiangxier Sozialwissenschaften 2003, S. 192 ff. – 邹颐湘，从中日信托法立法差异的比较看我国信托法的不足，江西社会科学，2003年第3期，第192页

B. Literatur in deutscher und englischer Sprache

Allen, Archie J., Notwendigkeit und Einführungsmöglichkeiten des Trust in continentalen Rechtssystemen, München, 1961

Assfalg, Dieter, Wirtschaftliches Eigentum als Rechtsbegriff, in: Neue Juristische Wochenschrift 1963, S. 1582 ff. (zit.: *Assfalg*, Wirtschaftliches Eigentum)

Assfalg, Dieter, Der Schutz des Treuhandbegünstigten gegen abredewidrige Verfügungen des Treuhänders in rechtsvergleichender Sicht, in: Neue Juristische Wochenschrift 1970, S. 1902 ff. (zit.: *Assfalg*, Treuhandbegünstigter)

Baumann, Xiaoyan, Das neue chinesische Sachenrecht, Baden-Baden, 2005

Baur, Fritz und Jürgen; Stürner, Rolf, Sachenrecht, 17. Auflage, München, 1999 (zit.: *Baur/Stürner*)

Becker, Rainer, Die fiducie von Québec und der trust, Tübingen, 2007

Bernstorff, Christoph Graf von, Der Trust als Instrument zur Vermögensverwaltung, in: Recht der Internationalen Wirtschaft 2007, S. 641 ff.

Bitter, Georg, Rechtsträgerschaft für fremde Rechnung, Tübingen, 2006

Bodde, Derk; Clarence, Morris, Law in Imperial China, Cambridge, 1967 (zit.: Bodde/Morris)

Bösch, Harald, Die liechtensteinische Treuhänderschaft zwischen trust und Treuhand, Mauren, 1995

Bokeloh, Bettina, Rechtliche Grundlagen der chinesischen Aktiengesellschaft – Privatisierungstendenzen einer Planwirtschaft, Frankfurt a.M., Berlin, Bern, New York, Paris, Wien, 1998

Bolgar, Vera, Why No Trusts in the Civil Law?, in: The American Journal of Comparative Law, Vol. 2, No. 2 (Spring, 1953), S. 204 ff.

Bünger, Karl, Die Rezeption des europäischen Rechts in China, in: Ernst Wolff (Hrsg.), Beiträge zur Rechtsforschung, Sonderveröffentlichung der Zeitschrift für ausländisches und internationales Privatrecht, Berlin, Tübingen, 1950

Cameron, Edwin, Honoré's South African law of trusts, Lansdowne, 2002

Canaris, Dieter, Die Verdinglichung obligatorischer Rechte, in: Festschrift für Werner Flume, S. 371 ff.

Chen, Jianfu, Chinese Law: Towards an Understanding of Chinese Law, its Nature, and Development, Leiden, 1999 (zit.: *Chen*, Chinese Law)

Chen, Jianfu, From Administrative Authorization to Private Law, Dordrecht, 1995 (zit: *Chen*, Private Law)

Coing, Helmut, Die Treuhand kraft privaten Rechtsgeschäfts, München, 1973

Drewes, Eva, Zur Abstraktion in der Tradition des Sachenrechts in der VR China, Newsletter der Deutsch – Chinesischen Juristenvereinigung 2002, S. 144 ff. (www.zchinr.de)

Edwards, Richard; Stockwell, Nigel, Trusts and Equity, 5. Auflage, London 2002 (zit.: *Edwards/Stockwell*)

Einsele, Dorothee, Inhalt, Schranken und Bedeutung des Offenkundigkeitsprinzips, in: Juristenzeitung 1990, S. 1005 ff.

Epstein, Edward J., The Theoretical System of Property Rights in China's General Principles of Civil Law: Theoretical Controversy in the Drafting Process and beyond, in: Law and Contemporary Problems, Vol. 52 No. 2, 1989, S. 177 ff. (zit.: *Epstein*, Property Rights)

Epstein, Edward J., The Evolution of China's General Principles of Civil Law, in: The American Journal of Comparative Law, Vol. 34 No. 4, 1986, S. 705 ff. (zit.: *Epstein*, Evolution)

Gernhuber, Joachim, Die fiduziarische Treuhand, in: Juristische Schulung 1988, S. 355 ff.

Glück, Ulrike, Das Dian, Berlin, 1999

Gruber, Michael, Der Treuhandmissbrauch, in: Archiv für die civilistische Praxis 202 (2002), S. 435 ff.

Grundmann, Stefan, Das neue chinesische Treuhandgesetz, in: Recht der internationalen Wirtschaft 2003, S. 166 ff. (zit.: *Grundmann*, Treuhandgesetz)

Grundmann, Stefan, Der Treuhandvertrag, insbesondere die werbende Treuhand, München, 1997 (zit.: *Grundmann*, Treuhandvertrag)

Hanbury and Martin (bearbeitet von Jill E. Martin), Modern Equity, 17. Auflage, London, 2005 (zit.: *Hanbury/Martin*)

Hansmann, Henry; Mattei, Ugo, The Functions of Trust Law: a comparative legal and economic analysis, 73 N.Y.U.L. Rev. 434 (zit.: *Hansmann/Mattei*)

Hayton, D.J., The Law of Trusts, 4. Auflage, London, 2003 (zit.: *Hayton*, Trusts)

Hayton, D.J. (Hrsg.), Principles of European Trust Law, The Hague, 1999 (zit.: *Hayton*, Principles)

Heinsius, Theodor, Der Sicherheitentreuhänder im Konkurs, in: Festschrift für Wolfram Henckel, Berlin, 1995

Helmholz, Richard; Zimmermann, Richard, Itinera Fiduciae: trust and Treuhand in historical perspective, Berlin, 1998 (zit: *Helmholz/Zimmermann*)

Henssler, Martin, Treuhandgeschäft – Dogmatik und Wirklichkeit, in: Archiv für die civilistische Praxis 196 (1996), S. 37 ff.

Heuser, Robert, Einführung in die chinesische Rechtskultur, Hamburg, 1999

Hirschberger, Helge, Die Doppeltreuhand in der Insolvenz und Zwangsvollstreckung, Köln, Berlin, München, 2005

Ho, Lusina, Trust Law in China, Hong Kong, 2003

Ho, Lusina, The Reception of Trust in Asia: Emerging Asian Principles of Trust?, in: Singapore Journal of Legal Studies [2004], S. 287 ff. (zit.: *Ho*, Reception)

B. Literatur in deutscher und englischer Sprache

Honoré, Tony, On Fitting Trusts into Civil Law Jurisdictions, unter: http://users.ox.ac.uk/ alls0079/ chinatrusts2.PDF

Hudson, Alastair Hudson, Equity & Trusts, 4. Auflage, London, Sydney, Portland, 2005

Hutchens, Walter, The PRC's First Trust Law: Trusts Without Chinese Characteristics?, in: China Law & Practice Juni 2001, S. 18ff.

Julius, Heinrich, China auf dem Weg zu einem Zivilgesetzbuch: Zur Nichtverabschiedung des Sachenrechtsgesetzes, in: Zeitschrift für chinesisches Recht 2006, S. 270ff. (www.zchinr.de)

Kötz, Hein, Trust und Treuhand, Göttingen, 1963

Krauss, Frank Martin, Das geteilte Eigentum im 19. und 20. Jahrhundert, Frankfurt a.M., 1999

Kumar, Anjali u.a., China's Non-Bank Financial Institutions: Trust and Investment Companies, World Bank Discussion Paper No. 358, 1996

Kunnasma, Kai M., Banking and financial institutions in China, 1996

Larenz, Karl; Wolf, Manfred, Allgemeiner Teil des Bürgerlichen Rechts, München, 2004 (zit.: *Larenz/Wolf*)

Liang, Huixing, Die Rezeption ausländischen Zivilrechts in China, in: Newsletter der Deutsch-Chinesischen Juristenvereinigung, Heft 2/2003, S. 68ff. (www.zchinr.de).

Ling, Bing, Contract Law in China, Hong Kong, 2002

Liebich, Dieter;Mathews, Kurt, Treuhand und Treuhänder in Recht und Wirtschaft, 2. Auflage, Herne, Berlin, 1983

Luney, Percy R., Traditions and Foreign Influences: Systems of Law in China and Japan, in: Law and Contemporary Problems, Vol. 52 No. 2, 1989, S. 129ff.

Lupoi, Maurizio, Trusts: a comparative study, Cambridge, 2000

Maitland, Frederick W., Equity: A Course of Lectures, 2. Auflage, Cambridge, 1936

Manthe, Ulrich, Bürgerliches Recht und Bürgerliches Gesetzbuch in der Volksrepublik China, in: Jahrbuch für Ostrecht, Band XXVIII, 1987, S. 11 ff.

Moosmann, Kurt, Der angelsächsische Trust und die liechtensteinische Treuhänderschaft unter besonderer Berücksichtigung des wirtschaftlich Begünstigten, Zürich, 1999

Münchener Kommentar zum Bürgerlichen Gesetzbuch, Band 1: Allgemeiner Teil 1. Halbband: §§ 1–240 , 5. Auflage, München, 2006 (zit.: *MüKo/Bearbeiter*)

Münzel, Frank, Huainanzi und das Halbblutrecht – Zum Entwurf eines Sachenrechtsgesetzes in der VR China, in: Zeitschrift für Chinesisches Recht 2006, S. 1 ff. (www.zchinr.de)

Olzen, Dirk, Die geschichtliche Entwicklung des zivilrechtlichen Eigentumsbegriffs, in: JuS 1984, S. 328ff.

Palandt, Bürgerliches Gesetzbuch, 66. Auflage, München, 2007 (zit.: *Palandt/Bearbeiter*)

Parker and Mellows (bearbeitet von A. J. Oakley), The Modern Law of Trusts, 8. Auflage, London, 2003 (zit.: *Parker/Mellows*)

Penner, J.E., The Law of Trusts, 5. Auflage, New York, 2006

Pettit, Philip H., Equity and the Law of Trusts, 10. Auflage, New York, 2006

Pißler, Knut Benjamin, Chinesisches Kapitalmarktrecht: Börsenrecht und Recht der Wertpapiergeschäfte mit Aktien in der Volksrepublik China, Tübingen, 2004 (zit.: *Pißler*, Kapitalmarktrecht)

Pißler, Knut Benjamin, Das neue Wertpapierinvestmentfondsgesetz der VR China – Eine Einführung, in: ZChinR 2004, S. 132 (www.zchinr.de) (zit.: *Pißler*, Wertpapierinvestmentfondsgesetz)

Pluskat, Sorika, Der Trust im Recht von Quebec und die Treuhand: Probleme der Rezeption einer englischen Rechtsfigur in einer Civil-Law-Rechtsordnung, Berlin, 2001

Qu, Charles Zhen, The Doctrinal Basis of the Trust Principles in China's Trust Law, in: Real Property, Probate and Trust Journal 2003, S. 345 ff.

Raiser, Ludwig, Funktionsteilung des Eigentums, in: Festgabe für Johannes Sontis, München 1977, S. 167 ff.

Reinhardt, Rudolf; Erlinghagen, P., Die rechtsgeschäftliche Treuhand – ein Problem der Rechtsfortbildung, Juristische Schulung 1962, S. 41 ff. (zit.: Reinhardt/Erlinghagen)

Ruhe, Bettina, Gewährleistung und Grenzen von Eigentum in der VR China, Berlin, 2007

Shao, Jiandong, Die Rezeption des deutschen Zivilrechts im alten China, in: Juristenzeitung 1999, S. 80 ff.

Shao, Jiandong, China sollte gegenüber dem deutschen Zivilrecht nicht „nein“ sagen, in: Newsletter der Deutsch-Chinesischen Juristenvereinigung 3/2003, S. 132 ff.

Siebert, Wolfgang, Das rechtsgeschäftliche Treuhandverhältnis, Marburg, 1933

Silk, Mitchell; Openshaw, Michael, The Lessons of GITIC, in: China Business Review, Ausgabe 5–6, 1999, S. 36 ff. (zit.: *Silk/Openshaw*)

Soergel, Bürgerliches Gesetzbuch, Band 2, Allgemeiner Teil (§§ 104 – 240), 13. Auflage, Stuttgart, Berlin, Köln, 1999 (zit.: *Soergel/Bearbeiter*)

Spence, Jonathan, The Search for Modern China, 2.Auflage, New York, London, 1999

J. von Staudinger, Kommentar zum Bürgerlichen Gesetzbuch mit Einführungsgesetzen und Nebengesetzen, Buch 3 Sachenrecht §§ 925–984, Anh. zu §§ 929 ff., Berlin, Neubearbeitung 2004 (zit.: *Staudinger*/Bearbeiter)

Theusner, Alexander, Das Konzept von allgemeinem und besonderem Teil im chinesischen Zivilrecht, Hamburg, 2005

B. Literatur in deutscher und englischer Sprache

Thomas, Geraint; Hudson, Alastair, The Law of Trusts, New York, 2004 (zit.: Thomas/Hudson)

Tong Rou, The "General Principles of Civil Law of the PRC": Its Birth, Characteristics, and Role, in: Law and Contemporary Problems, Vol. 52 No. 2, 1989, S. 151 ff.

Tong Zhen, Das Bodenrecht der V. R. China, Hamburg, 2004

Underhill and Hayton (bearbeitet von David J. Hayton), Law Relating to Trusts and Trustees, 16. Auflage, London, 2003 (zit.: *Underhill/Hayton*)

Wang, Liming; Liu, Zhaonian; Fu, Xiaoshuang, On the Property Rights System of the State Enterprises in China, in: Law and Contemporary Problems, Vol. 52 No. 3, 1989, S. 19 ff. (zit.: *Wang/Liu/Fu*)

Westermann, Harry, Sachenrecht, 7. Auflage, Heidelberg, 1998

Wiegand, Wolfgang, Die Entwicklung des Sachenrechts im Verhältnis zum Schuldrecht, in: Archiv für die civilistische Praxis 190 (1990), S. 112 ff.

Wang, Tze-chièn, Die Aufnahme des europäischen Rechts in China, in: Archiv für die civilistische Praxis 166 (1966), S. 343 ff.

Wolff, Josef, Trust, Fiducia und fiduziarische Treuhand, Frankfurt am Main, 2005

Zhu, Shaoping; Gebhardt, Immanuel, The Chinese Trust Law – Materials on the Drafting Process, Chinese/English, Publishing House of the Supreme Chinese Procuratorate, Beijing 2001 (zit.: *Autor*, in: *Zhu/Gebhardt*)

Zöller, Richard (Begr.), Zivilprozessordnung, 26. Auflage, Köln, 2007 (zit.: *Zöller/Bearbeiter*)

Zweigert, Konrad; Kötz, Hein, Einführung in die Rechtsvergleichung auf dem Gebiet des Privatrechts, 3. Auflage, Tübingen, 1996 (zit.: *Zweigert/Kötz*)

Stichwortverzeichnis

FSC
www.fsc.org
MIX
Papier | Fördert gute Waldnutzung
FSC® C083411

Kolibri 360 GmbH
Ferdinand-Jühlke-Straße 7
99095 Erfurt, Deutschland
produktsicherheit@kolibri360.de